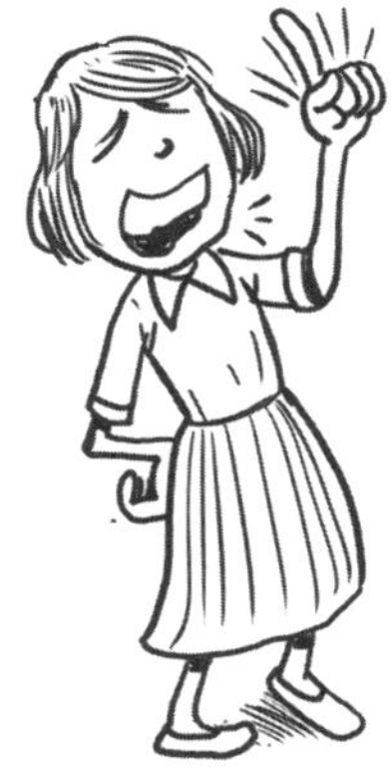

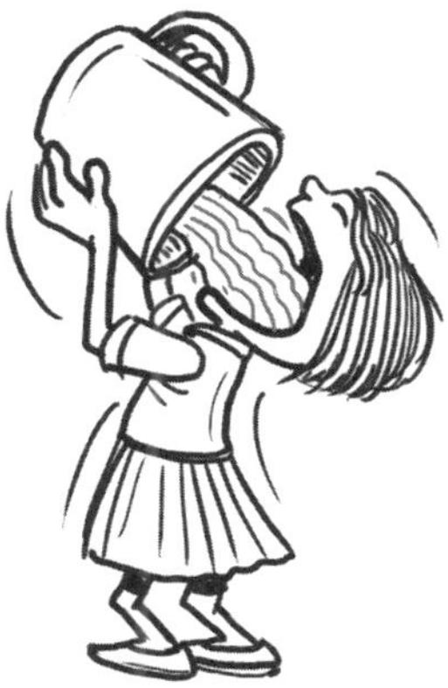

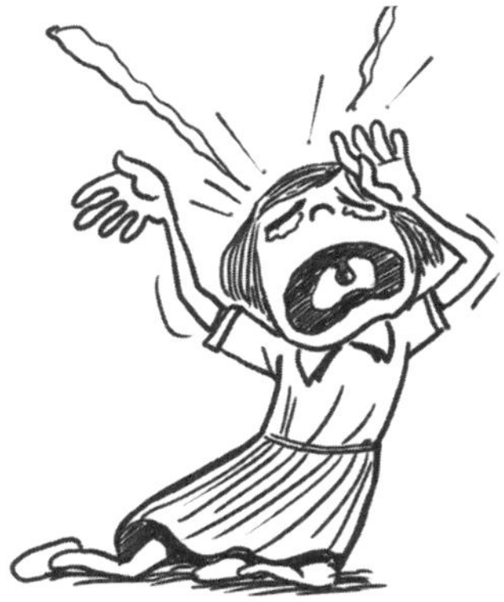

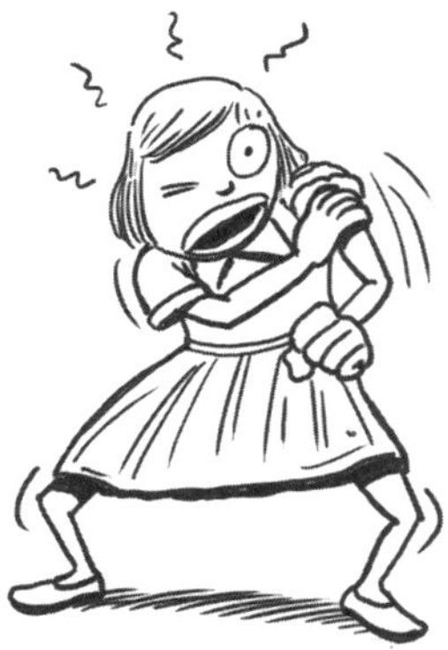

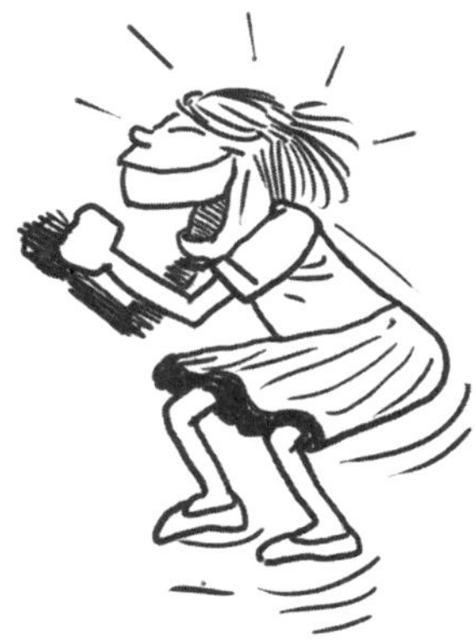

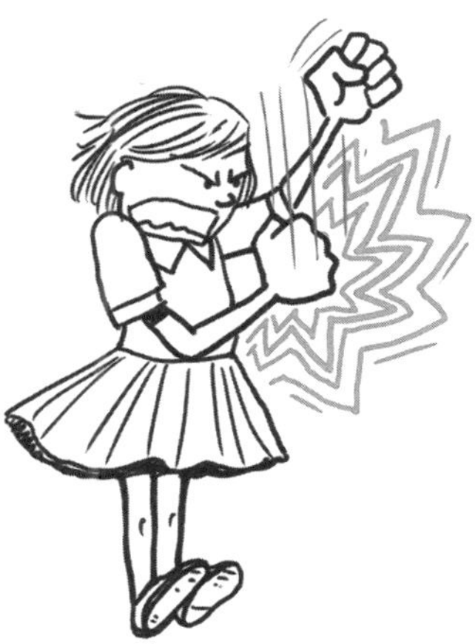

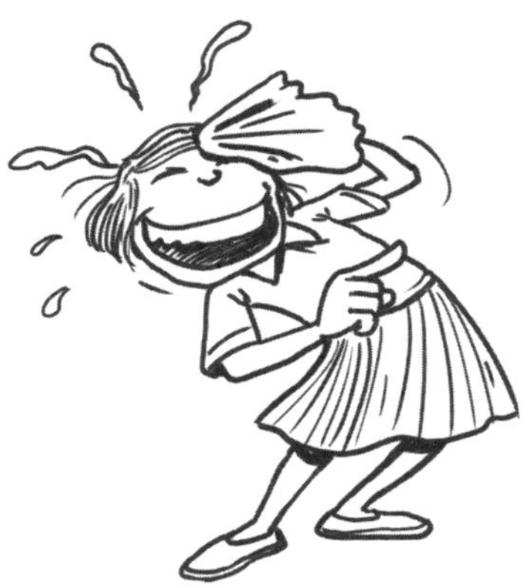

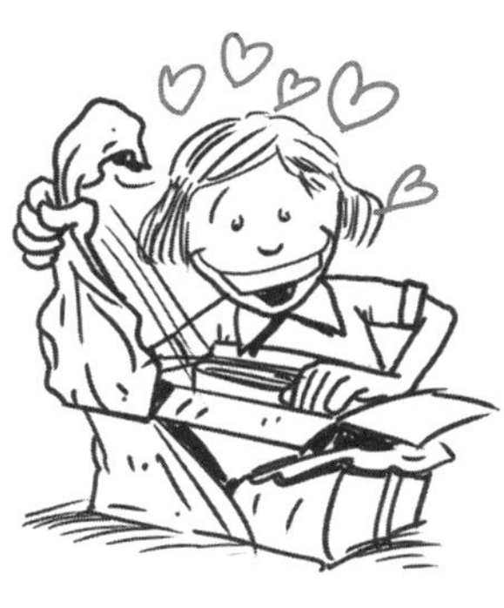

THOMAS HENSELER / SUSANNE BUDDENBERG

MEINE FREIE DEUTSCHE JUGEND

THOMAS HENSELER / SUSANNE BUDDENBERG

MEINE FREIE DEUTSCHE JUGEND

Nach dem Bestseller von
Claudia Rusch

Ch. Links Verlag

Für Babette, Thomas und Konrad

Gefördert mit Mitteln der
Bundesstiftung zur Aufarbeitung der SED-Diktatur

BUNDESSTIFTUNG
AUFARBEITUNG

Auch als e-book erhältlich

Die Deutsche Nationalbibliothek verzeichnet
diese Publikation in der Deutschen Nationalbibliografie;
detaillierte bibliografische Angaben sind im Internet
über www.dnb.de abrufbar.

1. Auflage, März 2020

Prinzenstraße 85 D, 10969 Berlin, Tel.: (030) 44 02 32-0
www.christoph-links-verlag.de; mail@christoph-links-verlag.de

Umschlaggestaltung: Zoom und Tinte Buddenberg und Henseler GbR
Idee, Szenario, Illustration, Kolorierung: Zoom und Tinte Buddenberg und Henseler GbR

Satz und Grafik: Andreas Rupprecht

Lektorat: Jana Fröbel, Ch. Links Verlag
Druck und Bindung: Druckerei F. Pustet, Regensburg
Gedruckt auf säurefreiem, alterungsbeständigem Papier

ISBN 978-3-96289-083-4

Inhalt

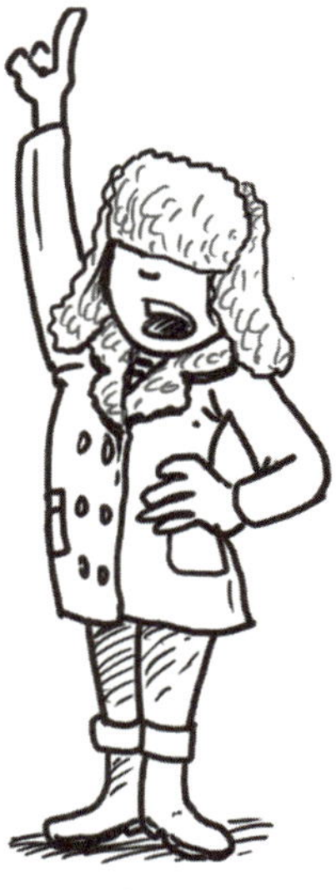

DIE SCHWEDENFÄHRE

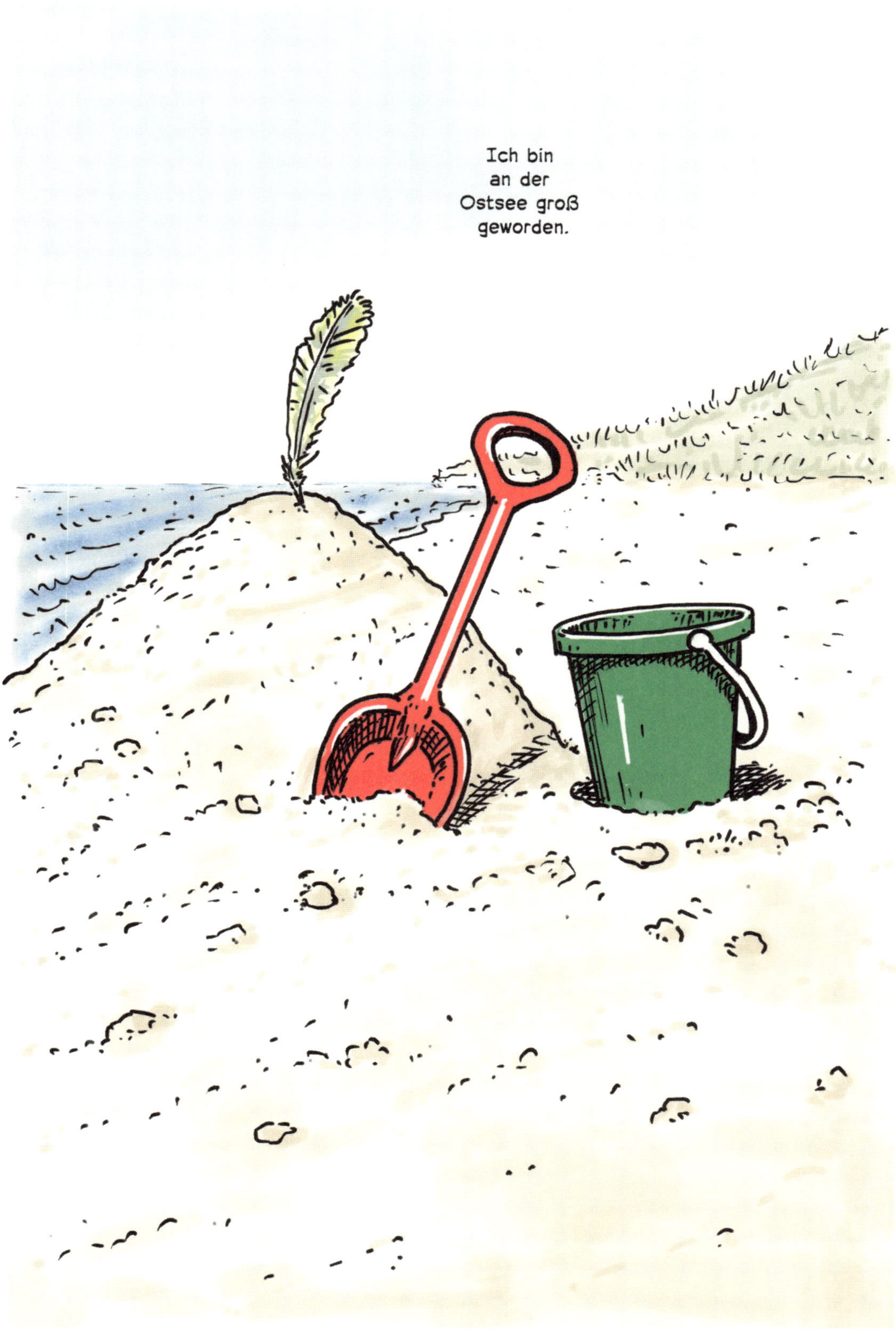

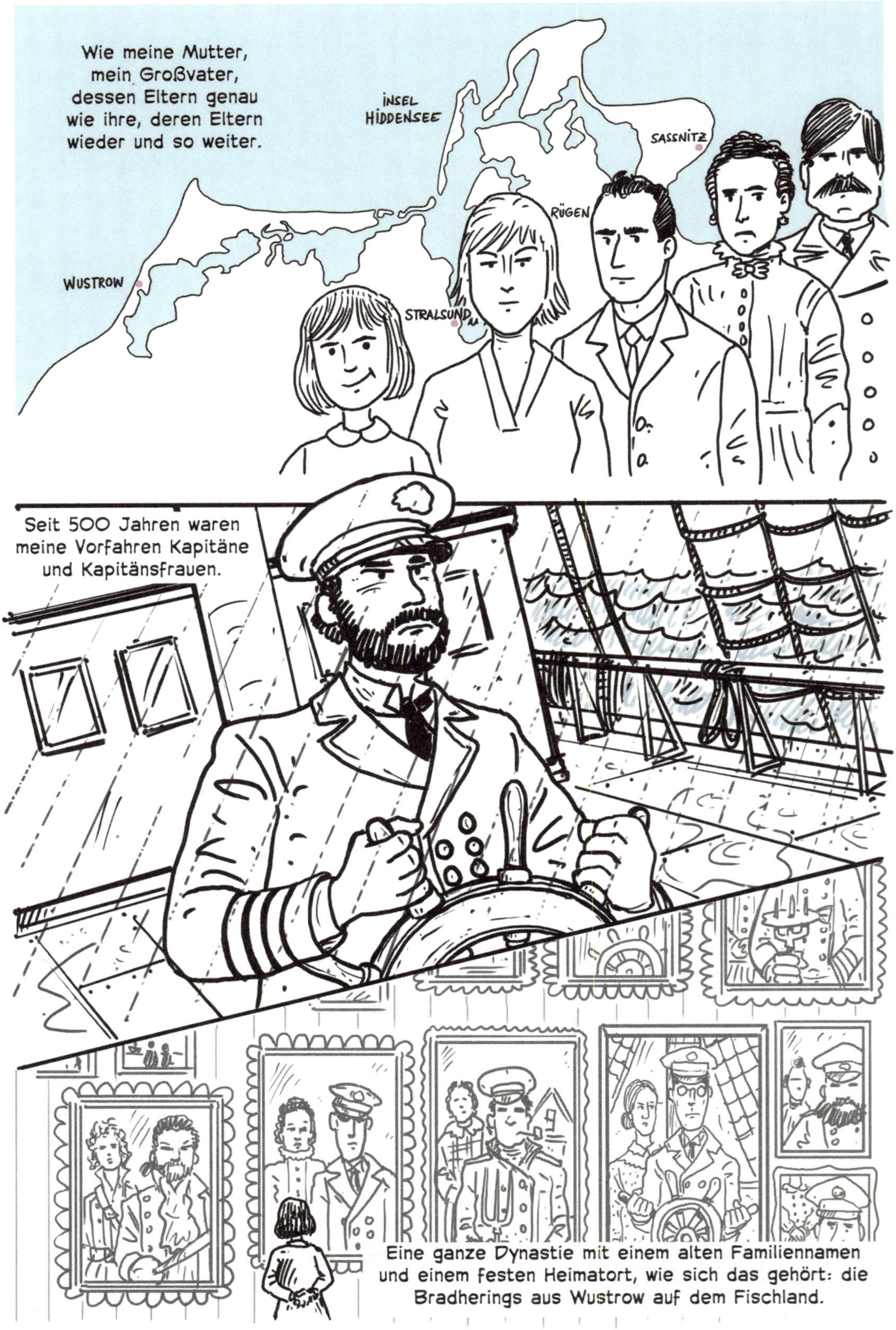
Wie meine Mutter, mein Großvater, dessen Eltern genau wie ihre, deren Eltern wieder und so weiter.
INSEL HIDDENSEE
SASSNITZ
RÜGEN
WUSTROW
STRALSUND
Seit 500 Jahren waren meine Vorfahren Kapitäne und Kapitänsfrauen.
Eine ganze Dynastie mit einem alten Familiennamen und einem festen Heimatort, wie sich das gehört: die Bradherings aus Wustrow auf dem Fischland.

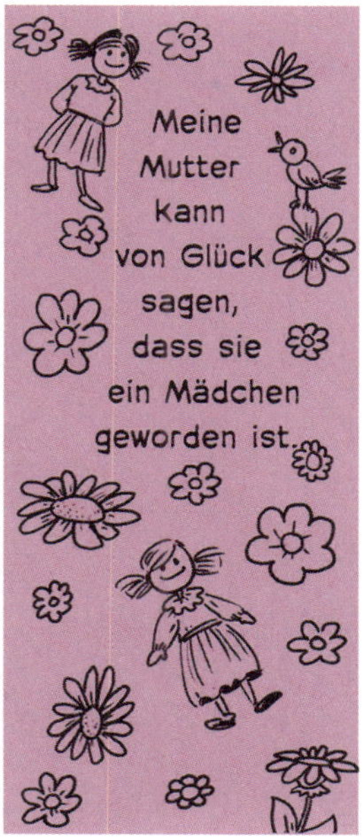

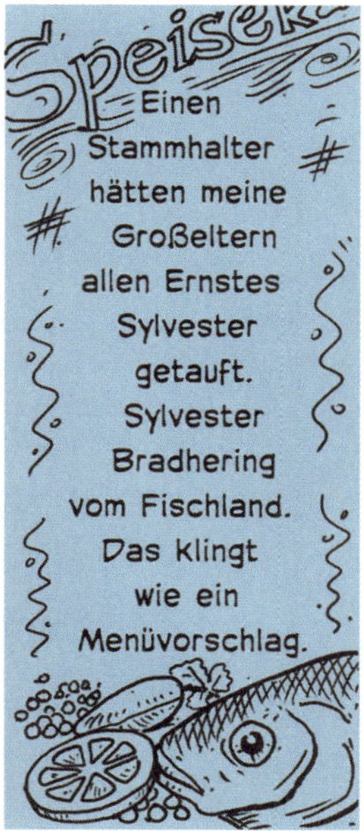

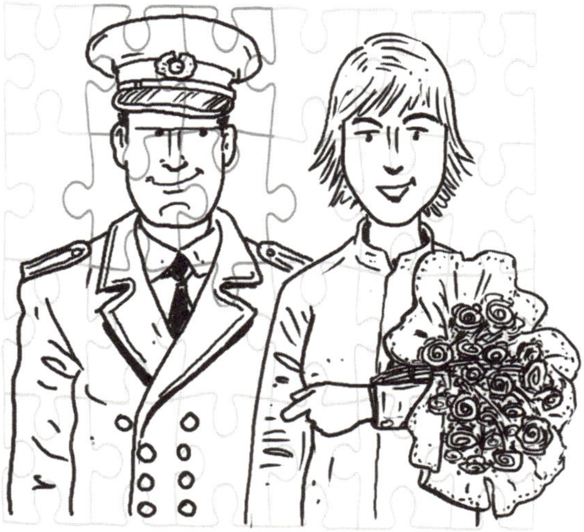

Mein leiblicher Vater war nicht der Traum meiner Mutter, doch er passte ganz gut ins Familienkonzept. Nur ein Marineoffizier zwar, noch dazu ein sächsischer, aber ein Kapitän.

Er war an der Nordküste der Insel Rügen stationiert.

Irgendwo hinter dem Meer lag das Königreich Schweden.

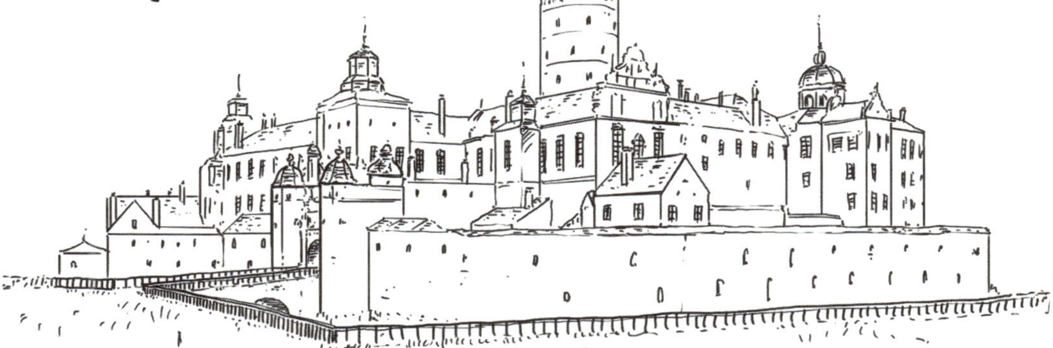

Schweden war für mich ein Märchenland.

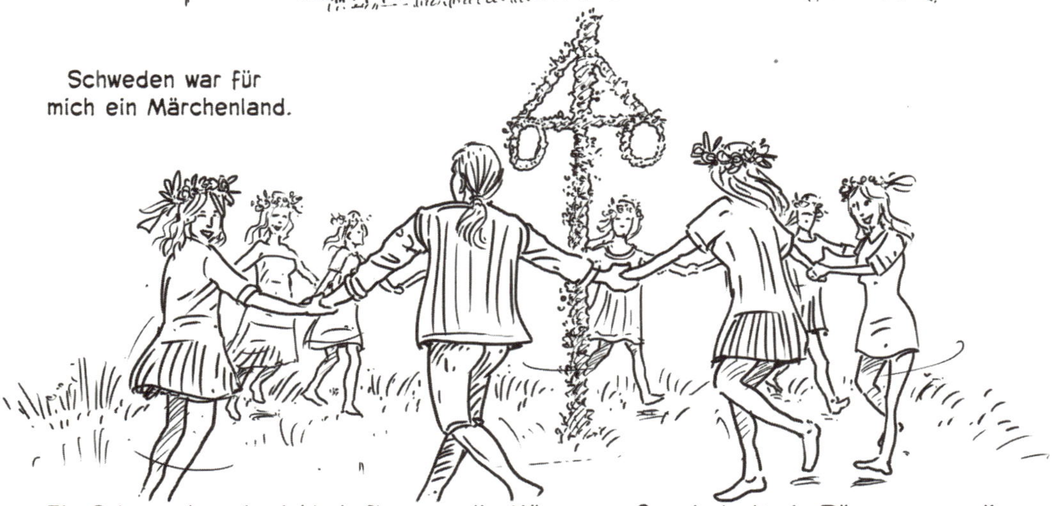

Ein Ort, an den wir nicht durften, wo die Männer groß und stark wie Bären waren, die Frauen aussahen wie Agnetha von ABBA und alle mit bunten Bändern um Maibäume tanzten.

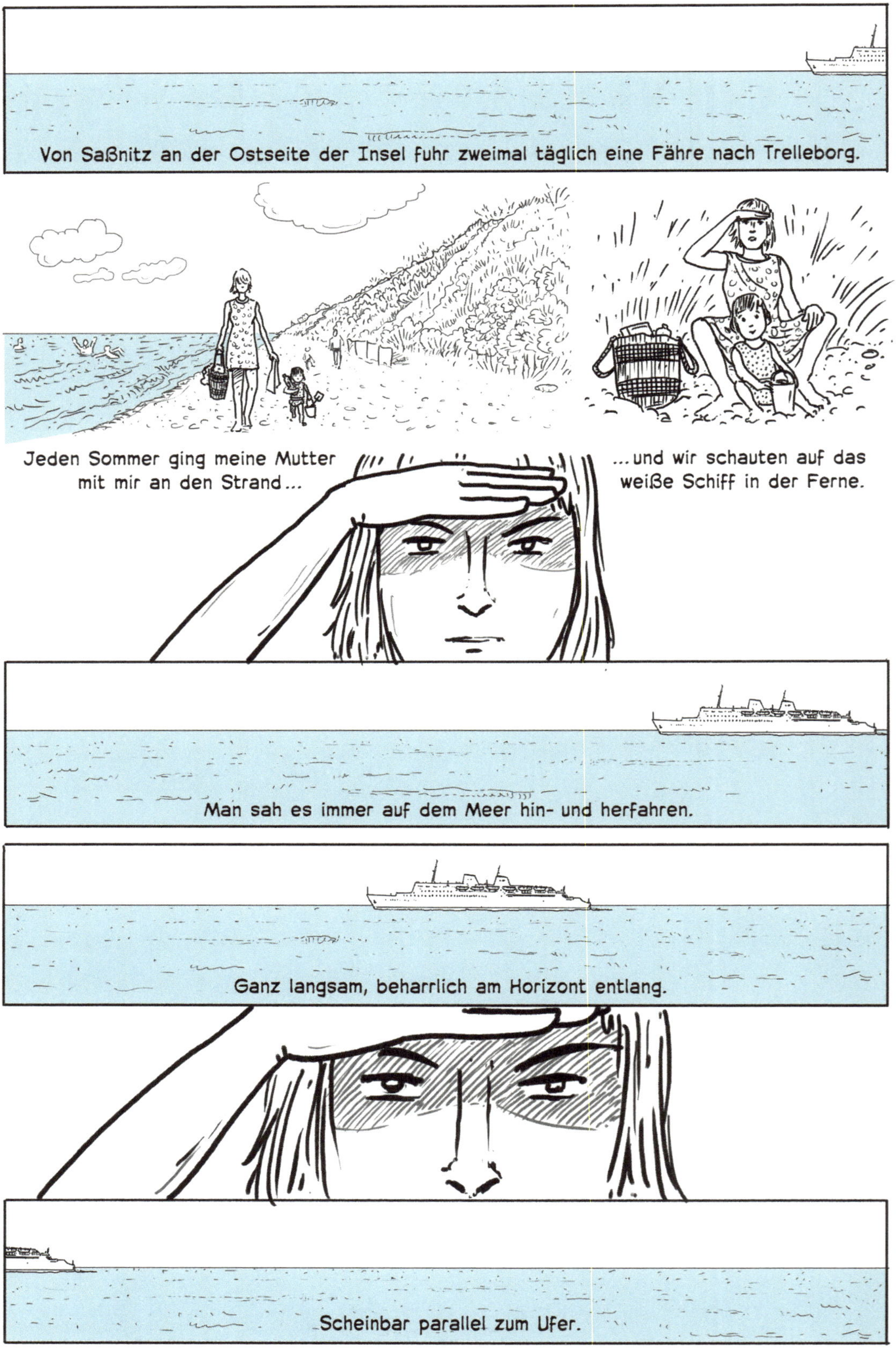

Von Saßnitz an der Ostseite der Insel fuhr zweimal täglich eine Fähre nach Trelleborg.
Jeden Sommer ging meine Mutter mit mir an den Strand...
...und wir schauten auf das weiße Schiff in der Ferne.
Man sah es immer auf dem Meer hin- und herfahren.
Ganz langsam, beharrlich am Horizont entlang.
Scheinbar parallel zum Ufer.

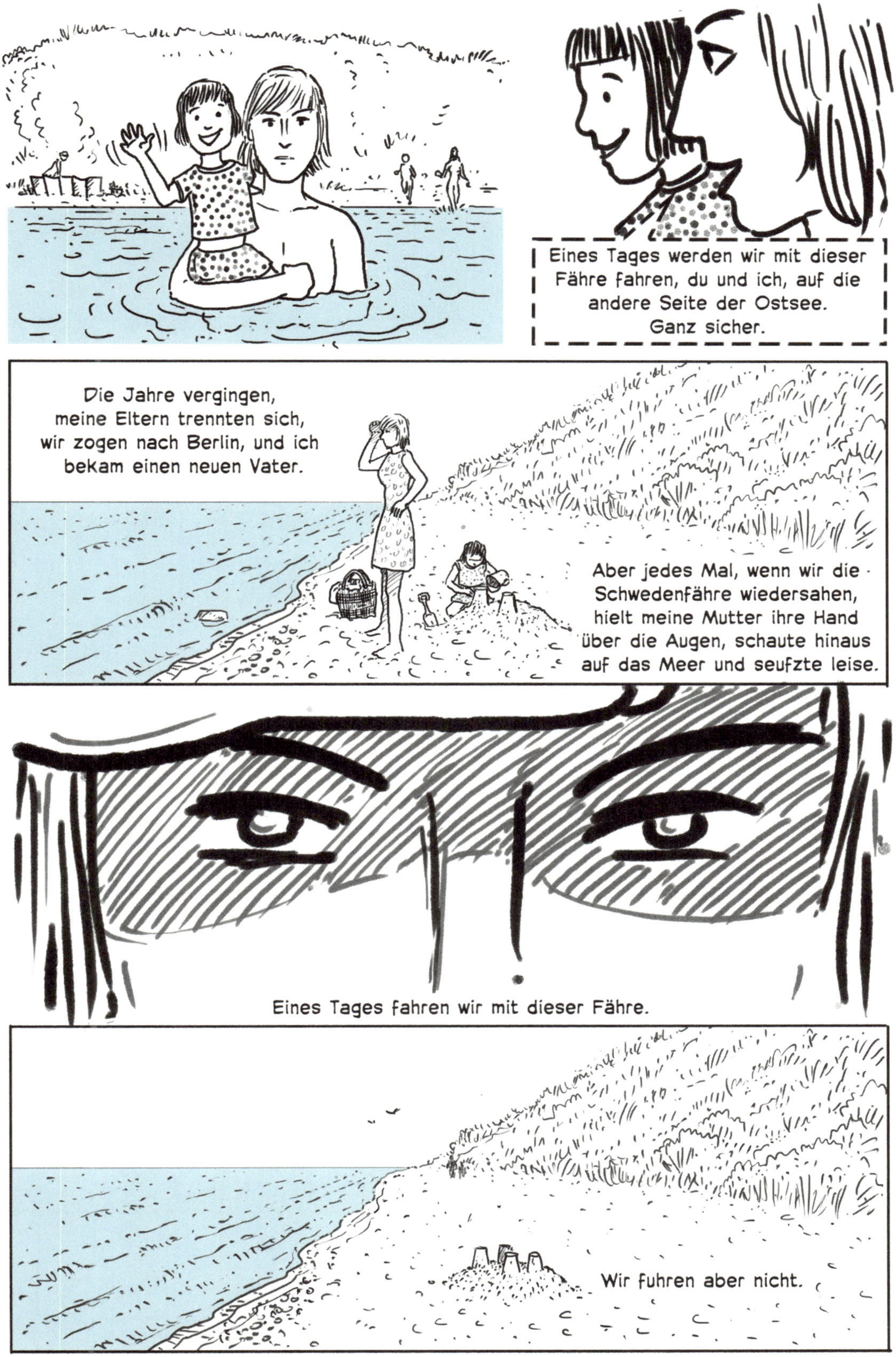
Eines Tages werden wir mit dieser Fähre fahren, du und ich, auf die andere Seite der Ostsee. Ganz sicher.
Die Jahre vergingen, meine Eltern trennten sich, wir zogen nach Berlin, und ich bekam einen neuen Vater.
Aber jedes Mal, wenn wir die Schwedenfähre wiedersahen, hielt meine Mutter ihre Hand über die Augen, schaute hinaus auf das Meer und seufzte leise.
Eines Tages fahren wir mit dieser Fähre.
Wir fuhren aber nicht.

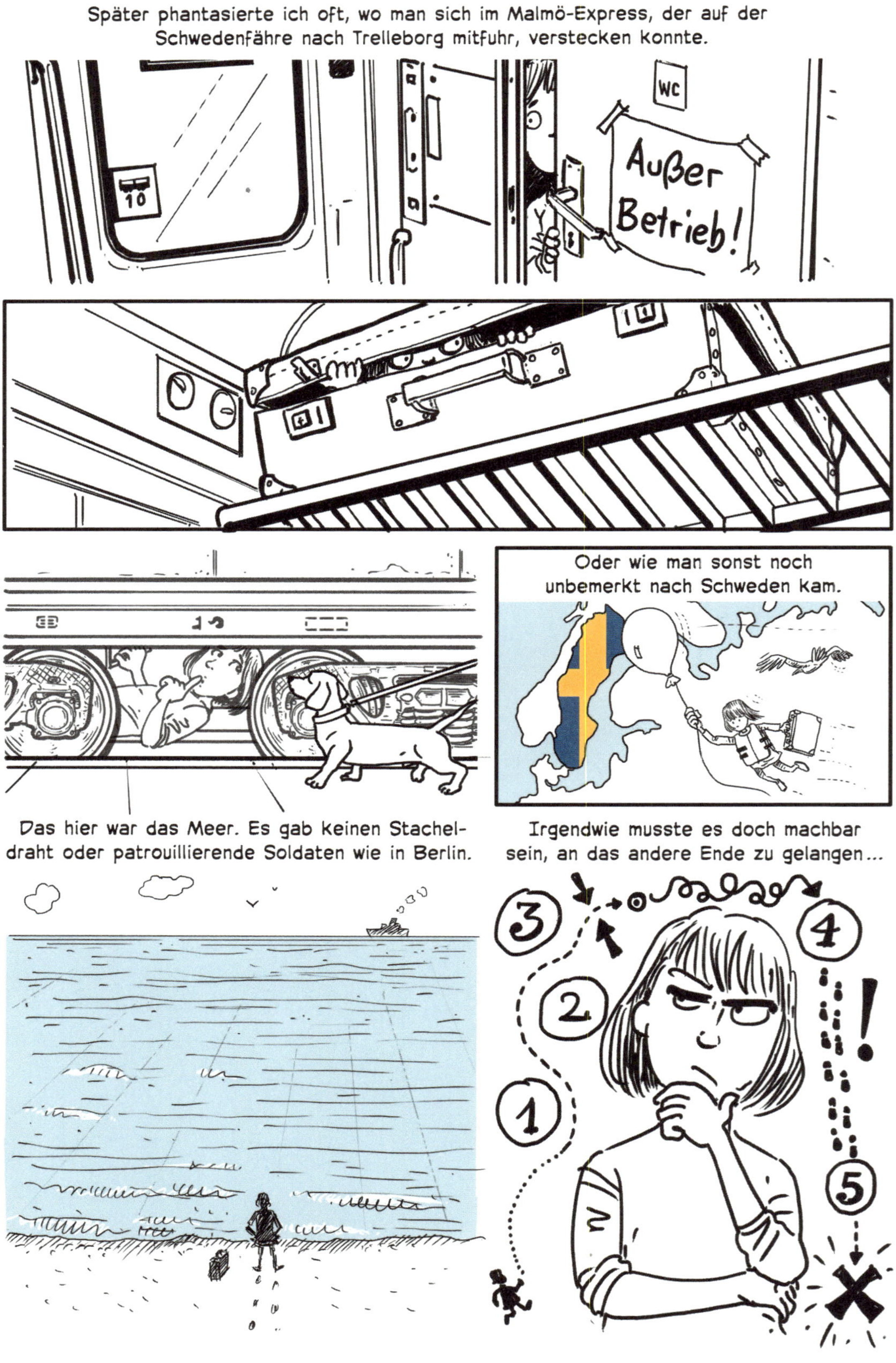

Später phantasierte ich oft, wo man sich im Malmö-Express, der auf der Schwedenfähre nach Trelleborg mitfuhr, verstecken konnte.
10
WC
Außer Betrieb!
Oder wie man sonst noch unbemerkt nach Schweden kam.
Das hier war das Meer. Es gab keinen Stacheldraht oder patrouillierende Soldaten wie in Berlin.
Irgendwie musste es doch machbar sein, an das andere Ende zu gelangen…
3
2
1
4
5

Ich wusste nicht, wie viele Menschen bei Fluchtversuchen über die Ostsee umgekommen waren, dass skandinavische Fischer über Jahre hinweg immer wieder Leichen in ihren Netzen fanden.

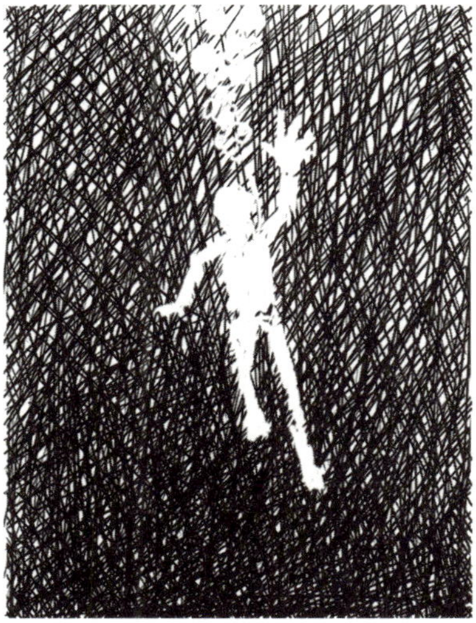

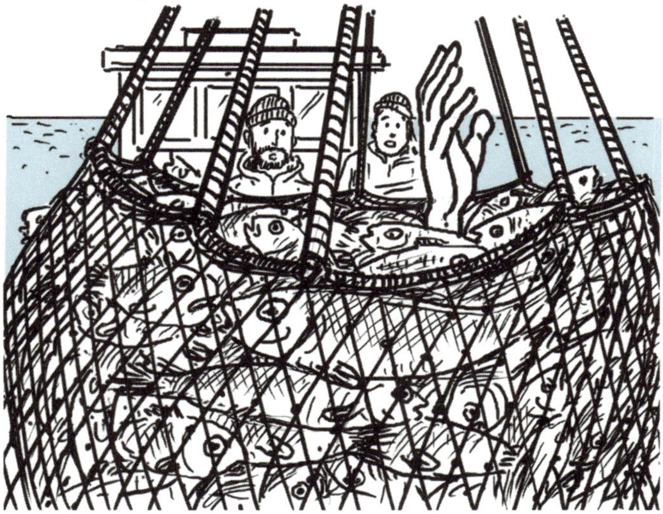

Mein geliebtes Meer war von der DDR zur mörderischen Falle umfunktioniert worden.

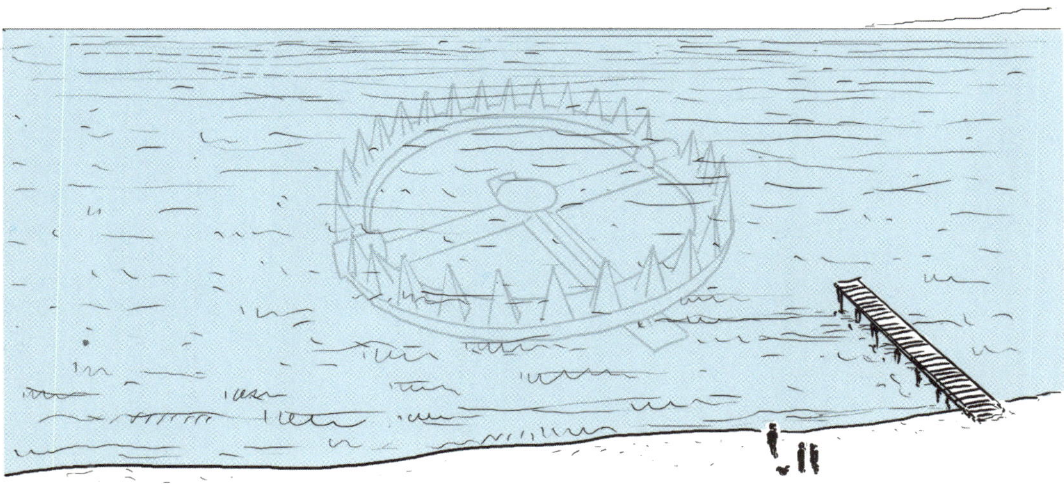

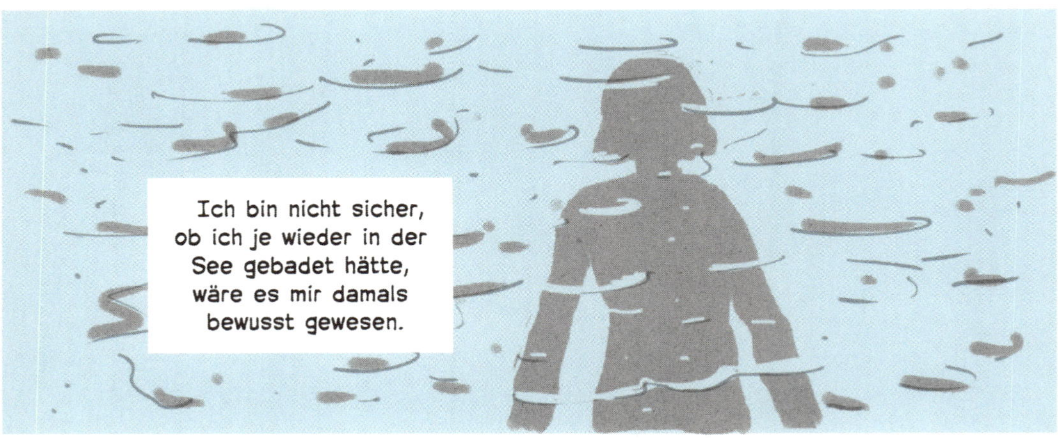

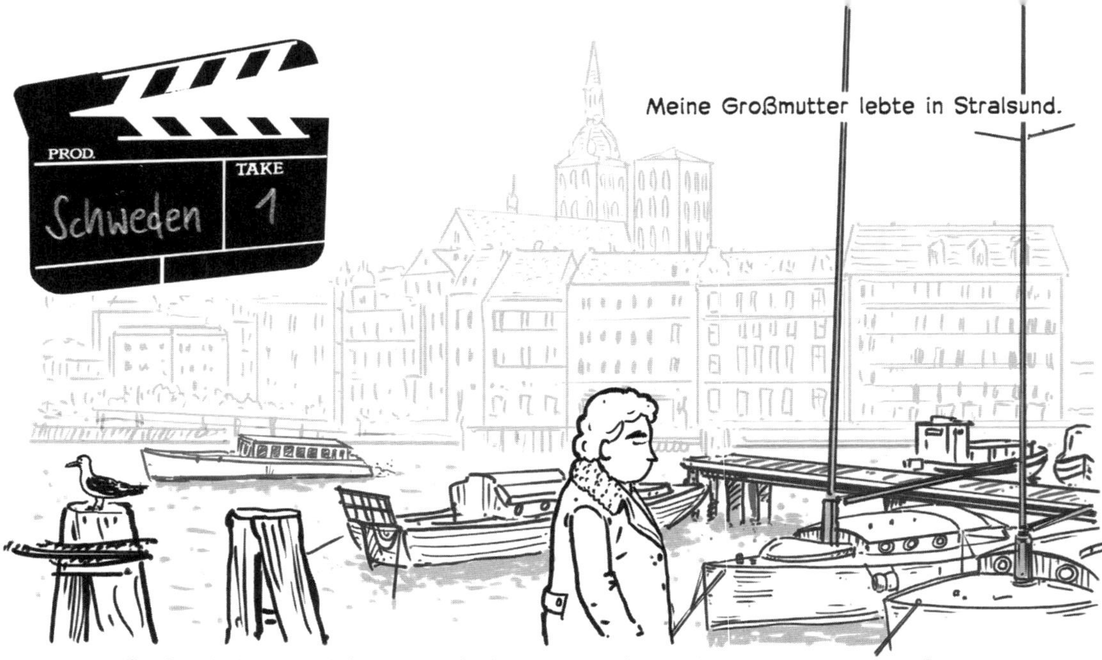

Sooft sie konnte, fuhr sie nach Hiddensee. Natürlich kannte meine Großmutter alle Damen im Fahrscheinschalterhäuschen am Stralsunder Hafen.

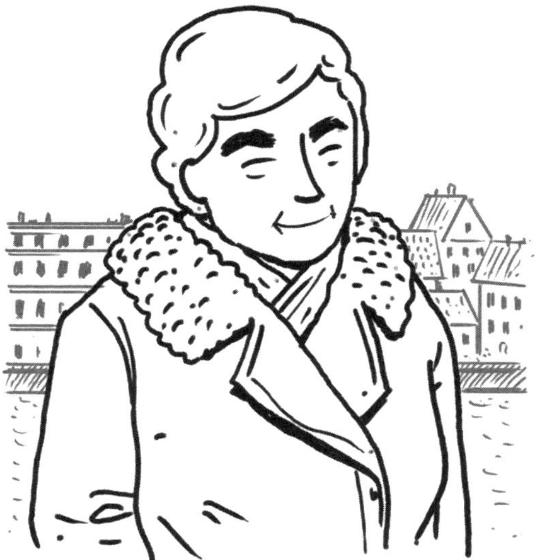

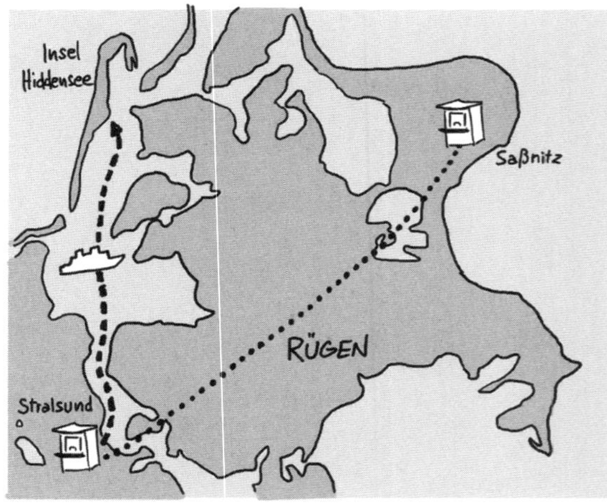

Und natürlich hatten diese wiederum gute Verbindungen zu den Fahrscheinschalterdamen in Saßnitz.

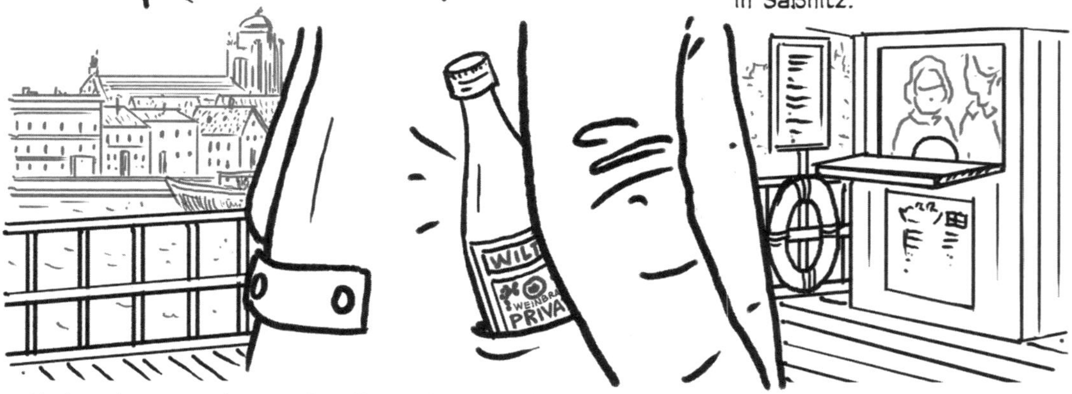

Und so kam es, dass meine Oma, eine Flasche Ost-Cognac in der Tasche, am Morgen des 10. November 1989 an den Stralsunder Hafen ging und die Damen um einen Gefallen bat.

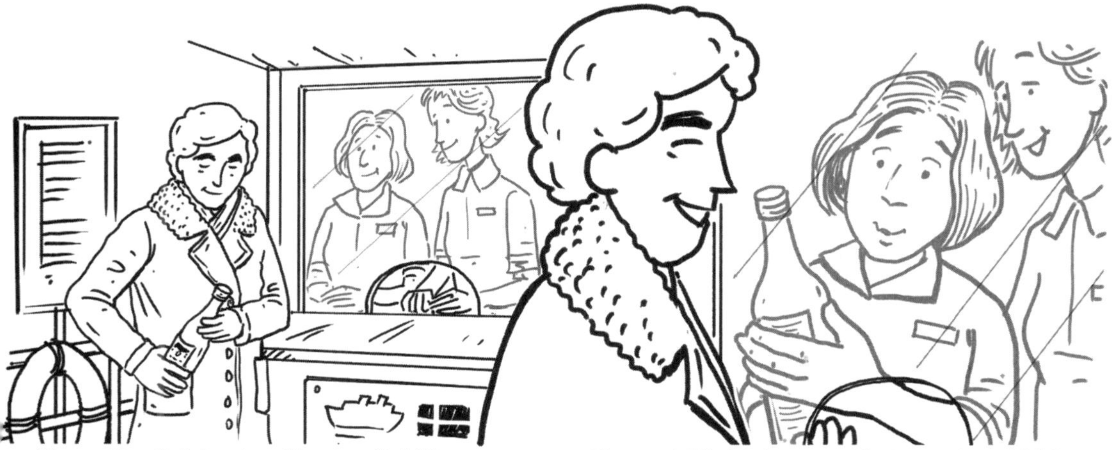

Sie wollte Fahrkarten für das Schiff von Saßnitz nach Trelleborg.

Hin- und Rückfahrt am 24. Dezember 1989. Es war ihr Weihnachtsgeschenk für die Familie.

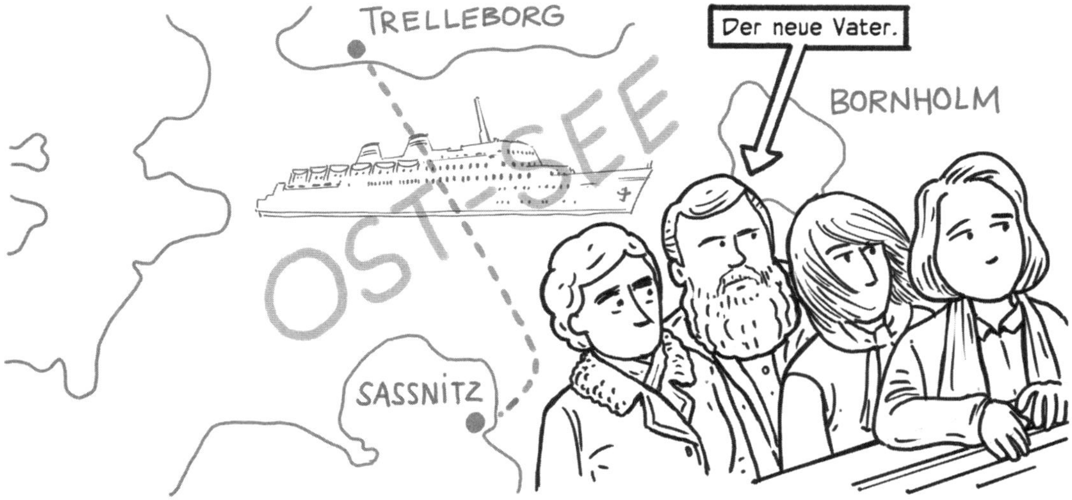

Die Fähre hatte an diesem Weihnachtstag fast eine Stunde Verspätung, und es gab keine Zeit mehr für einen Aufenthalt in Trelleborg. Wir gingen trotzdem von Bord. Zehn Minuten Schweden.

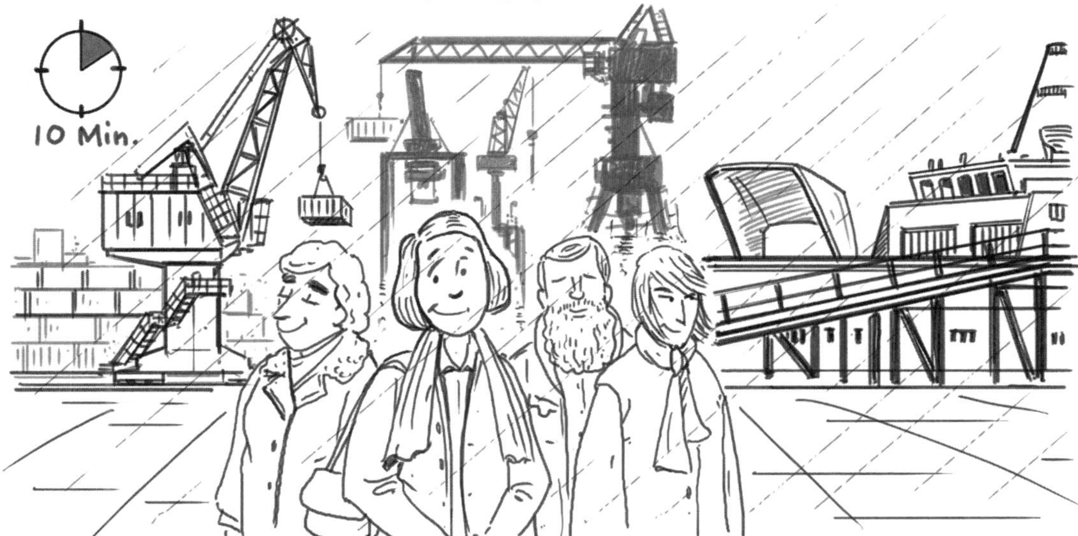

Ein hässlicher anonymer Hafen, Industrieanlagen, alles grau vom Regen – aber Schweden. Endlich.

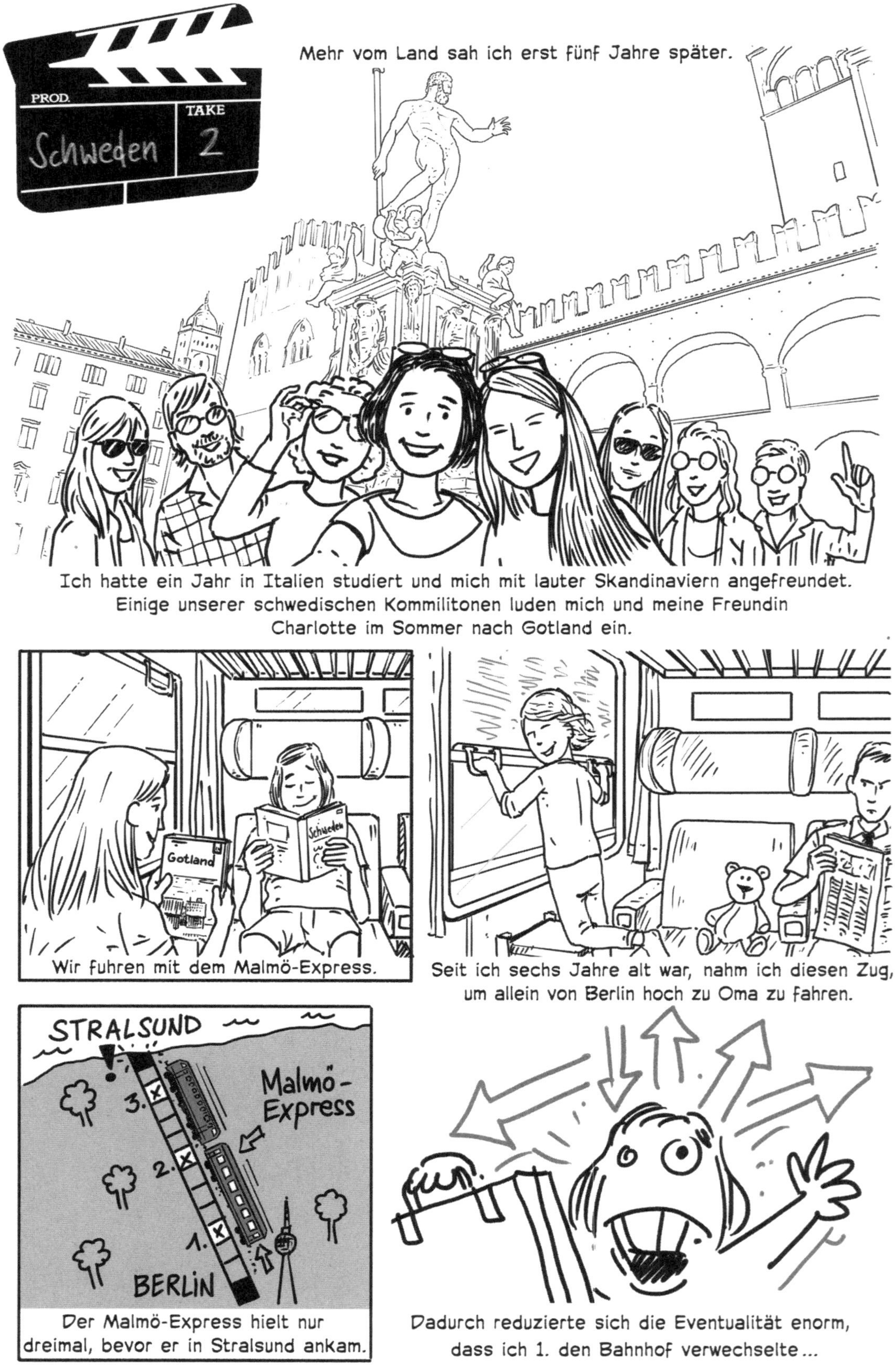
PROD.
TAKE
Schweden
2
Mehr vom Land sah ich erst fünf Jahre später.
Ich hatte ein Jahr in Italien studiert und mich mit lauter Skandinaviern angefreundet. Einige unserer schwedischen Kommilitonen luden mich und meine Freundin Charlotte im Sommer nach Gotland ein.
Gotland
Schweden
Wir fuhren mit dem Malmö-Express.
Seit ich sechs Jahre alt war, nahm ich diesen Zug, um allein von Berlin hoch zu Oma zu fahren.
STRALSUND
Malmö-Express
3.
2.
1.
BERLIN
Der Malmö-Express hielt nur dreimal, bevor er in Stralsund ankam.
Dadurch reduzierte sich die Eventualität enorm, dass ich 1. den Bahnhof verwechselte ...

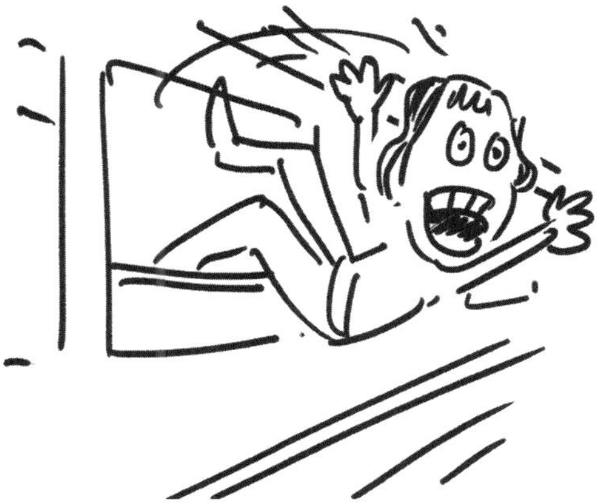

...2. aus dem Abteil fiel...

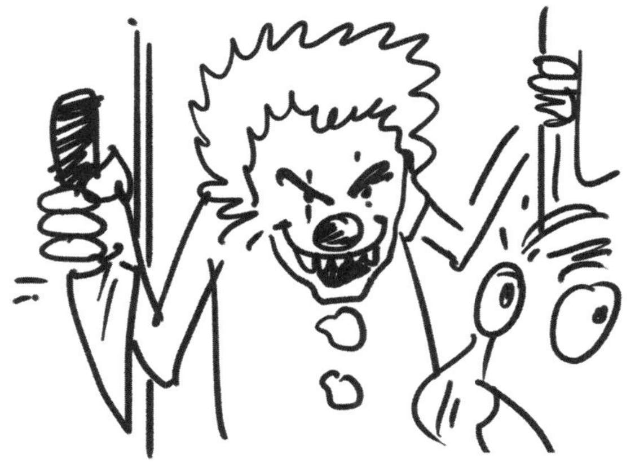

...oder 3. Irre zustiegen. Also saß ich jahraus, jahrein immer wieder in diesem Zug.

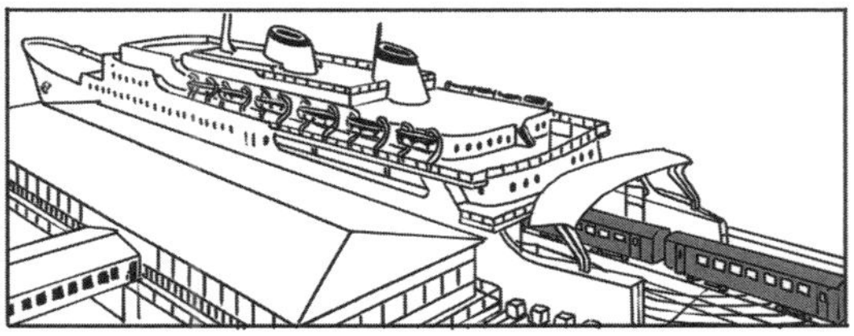

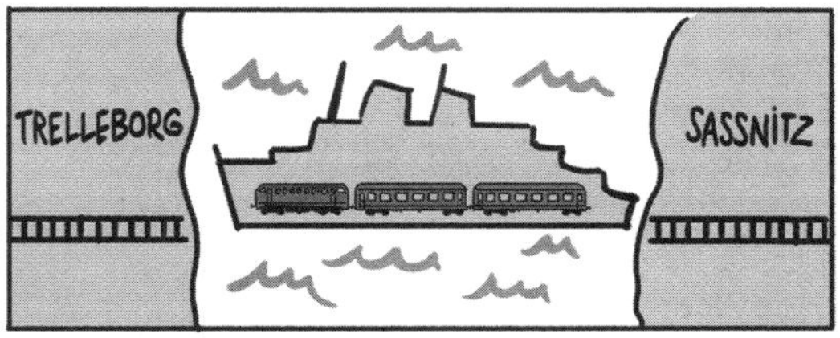

Ich fand es aufregend, weil ich wusste, dass er in Saßnitz auf die Schwedenfähre verladen wurde und dann von Trelleborg einfach weiterfuhr.

Außerdem hatte mein Zug einen richtigen Namen:

Malmö-Express

Das klang nach großer weiter Welt.

Doch ich musste immer am Rügendammbahnhof in Stralsund aussteigen.

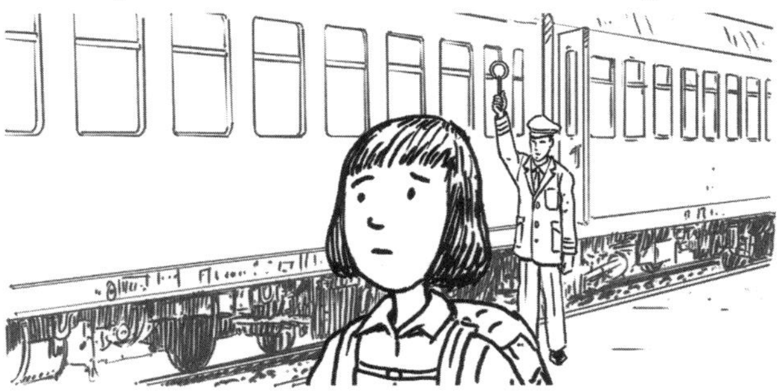

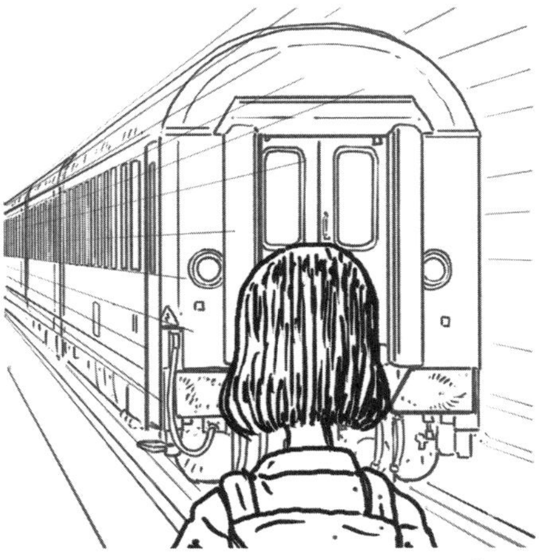

Zurückbleiben, die Türen schließen.

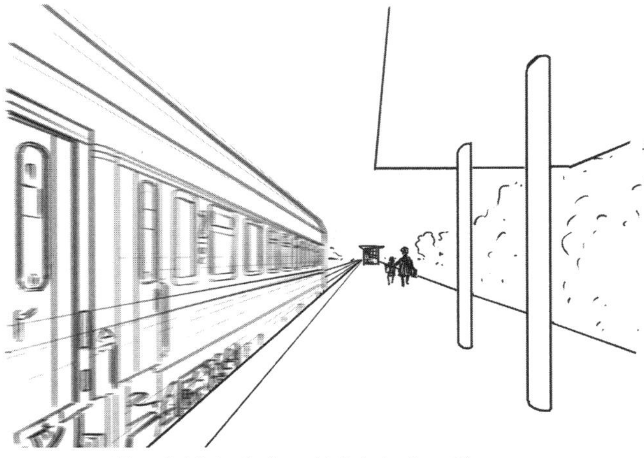

Vorsicht bei der Abfahrt des Zuges.

Dieses Mal blieb ich mit Charlotte sitzen und fuhr bis Malmö durch. Ich konnte eine gewisse Befriedigung nicht leugnen. Es hatte etwas von Ätsch – ich fahre doch damit!

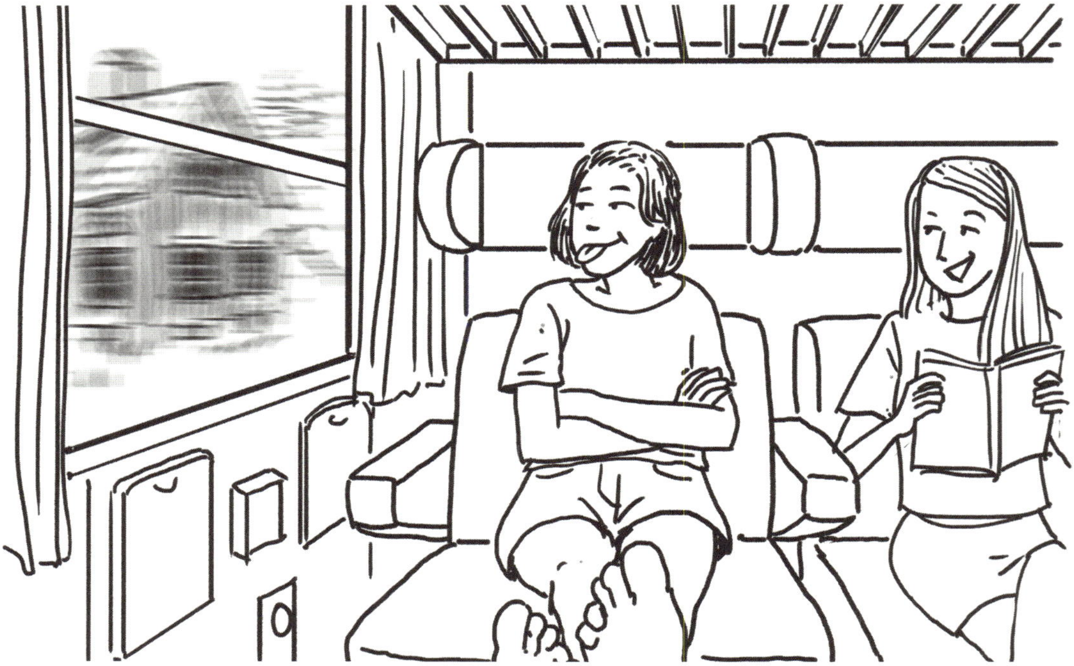

Schweden gefiel mir sehr. Die Menschen waren nett, die Häuser wunderschön, und überall gab es Lachs und Wodka. Ein polares Paradies.

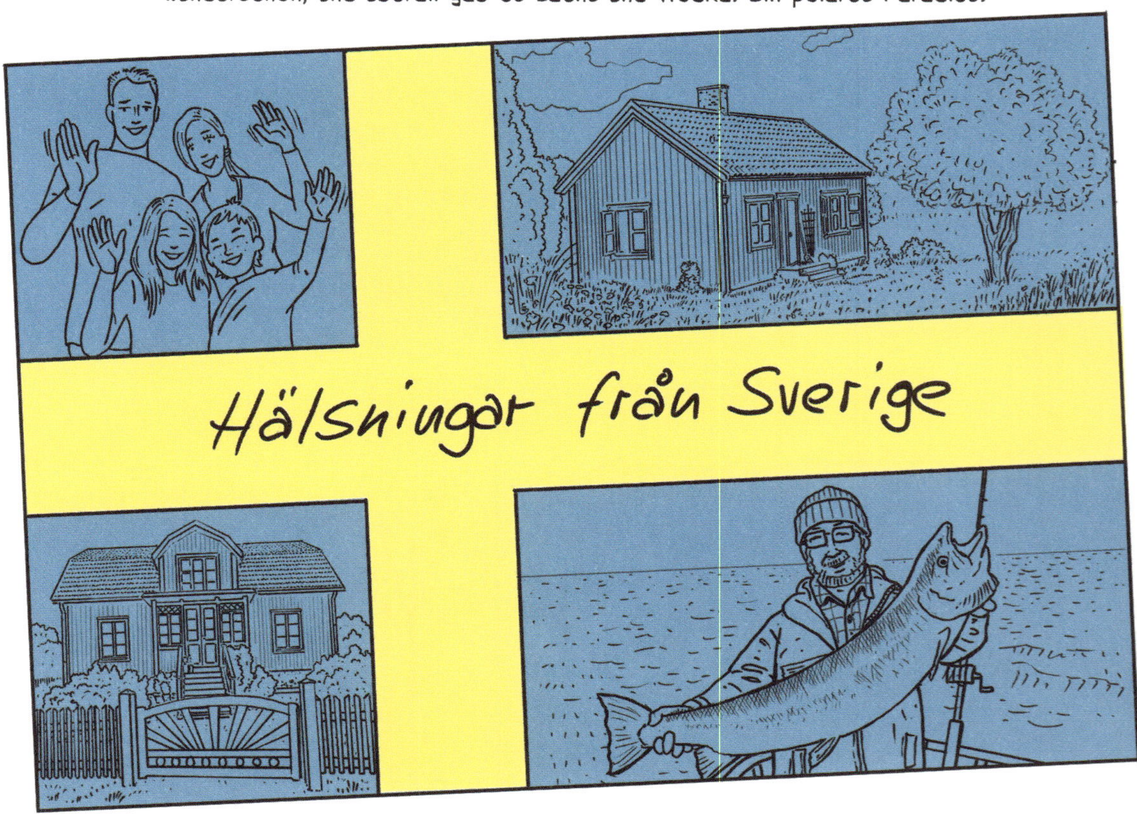

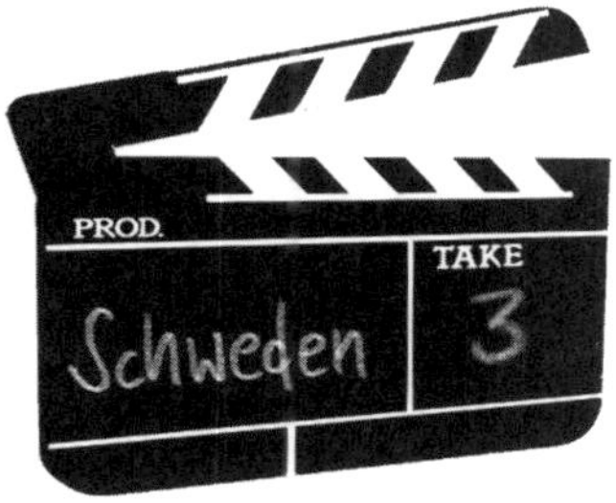

Als ich dann 1996 zum dritten Mal die Schwedenfähre nahm, holte mich meine Kindheit ein. Ich wollte zur Sommersonnenwende nach Nordschweden. Es war der 19. Juni, und sowohl mein Ausweis als auch der Europa-Pass liefen an diesem Tag ab. Ich hatte das erst unmittelbar vor dem Aufbruch entdeckt. Keine Zeit für deutsche Behörden mehr, also blieb mir nichts anderes übrig, als zu pokern.

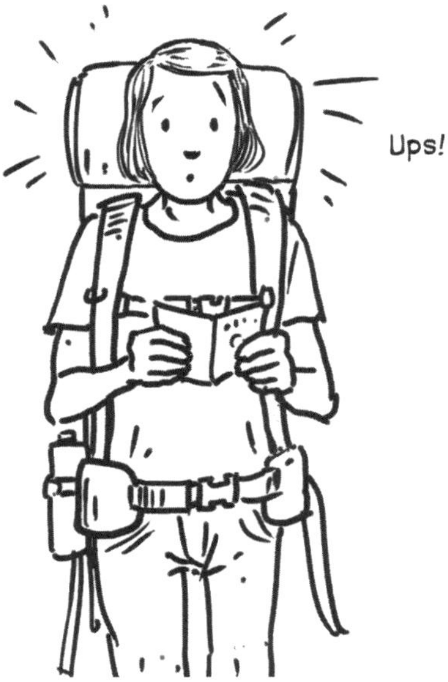

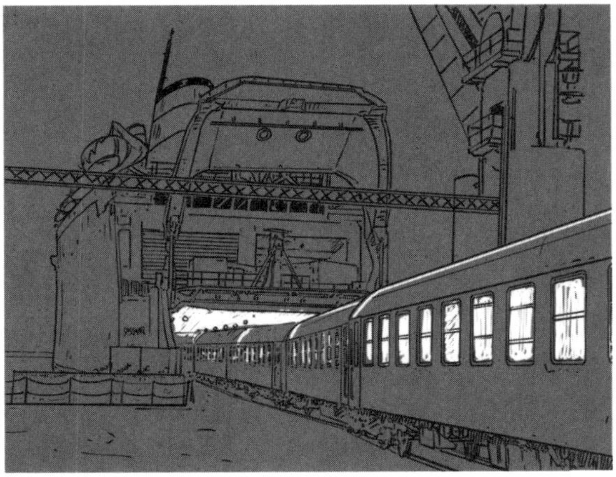

Der Malmö-Express kam gegen zwei Uhr nachts am Hafen von Saßnitz an.

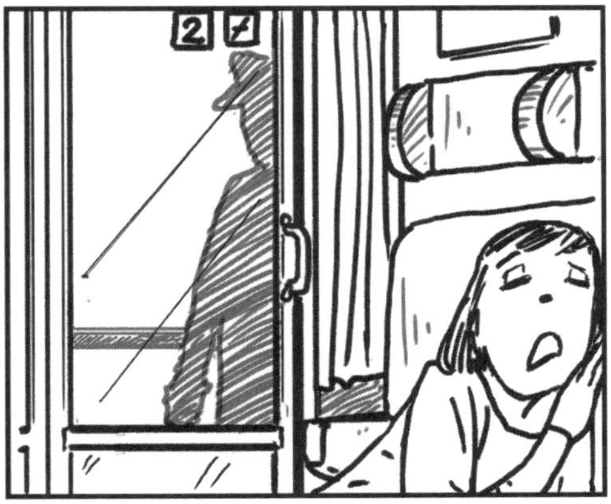

Entweder ich hatte Glück und es kam niemand mehr, oder ich stellte mich schlafend und würde vielleicht übersehen.

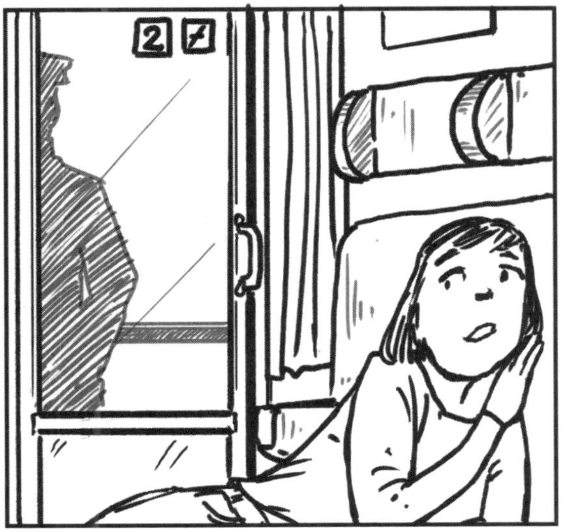

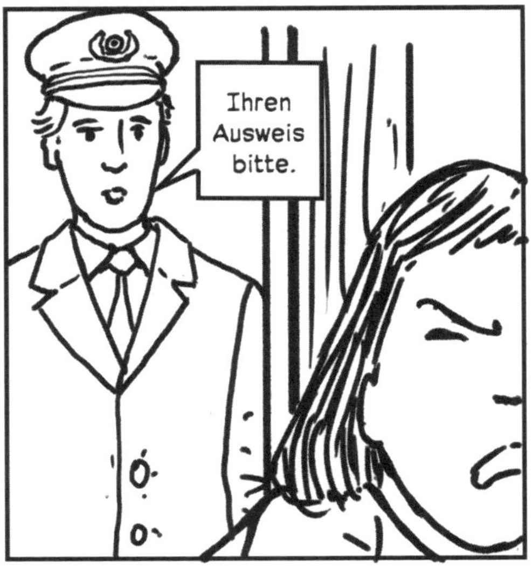

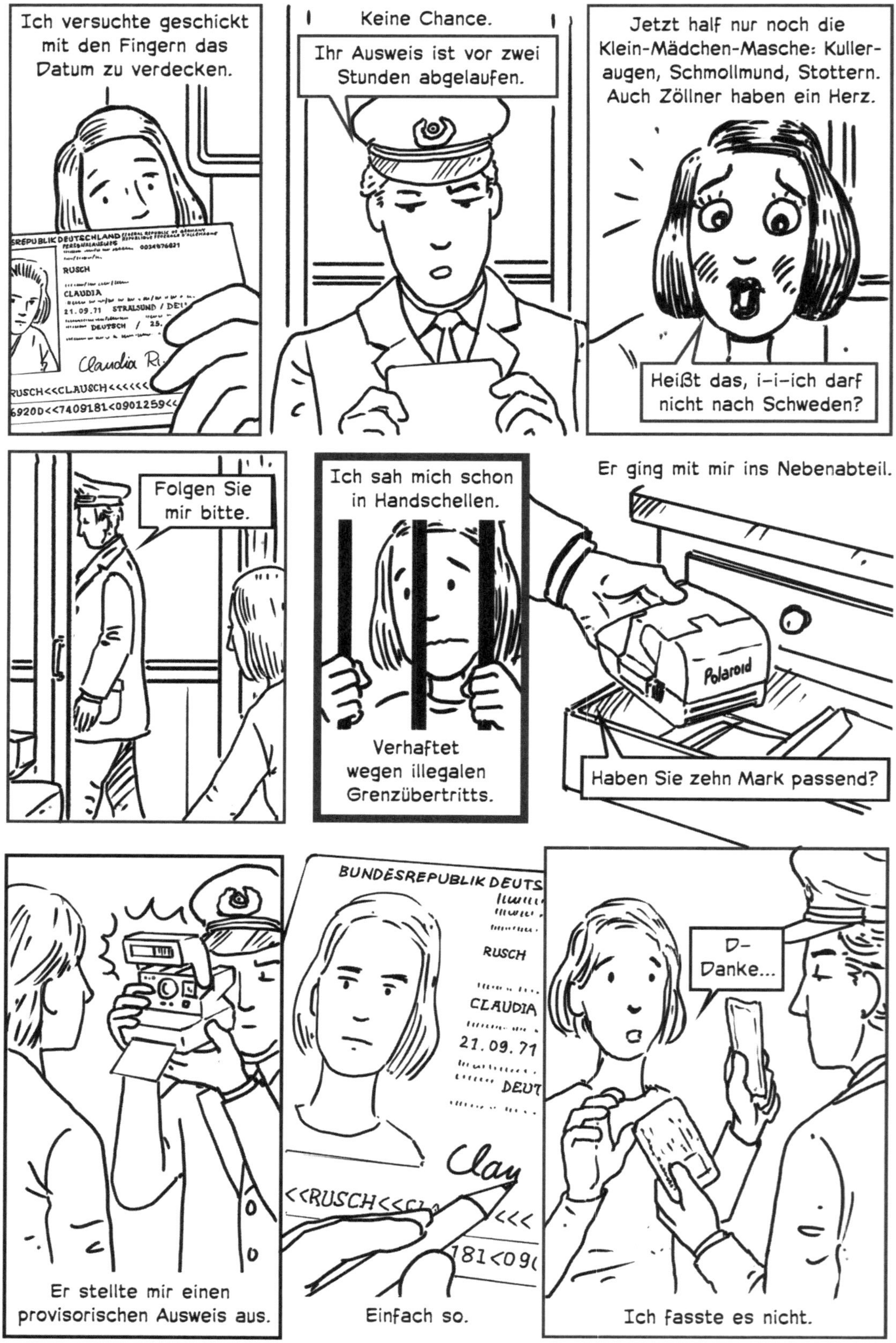
Ich versuchte geschickt mit den Fingern das Datum zu verdecken.
Keine Chance.
Ihr Ausweis ist vor zwei Stunden abgelaufen.
Jetzt half nur noch die Klein-Mädchen-Masche: Kuller-augen, Schmollmund, Stottern. Auch Zöllner haben ein Herz.
Heißt das, i-i-ich darf nicht nach Schweden?
Folgen Sie mir bitte.
Ich sah mich schon in Handschellen.
Verhaftet wegen illegalen Grenzübertritts.
Er ging mit mir ins Nebenabteil.
Polaroid
Haben Sie zehn Mark passend?
Er stellte mir einen provisorischen Ausweis aus.
BUNDESREPUBLIK DEUTS
RUSCH
CLAUDIA
21.09.71
Einfach so.
D-
Danke...
Ich fasste es nicht.

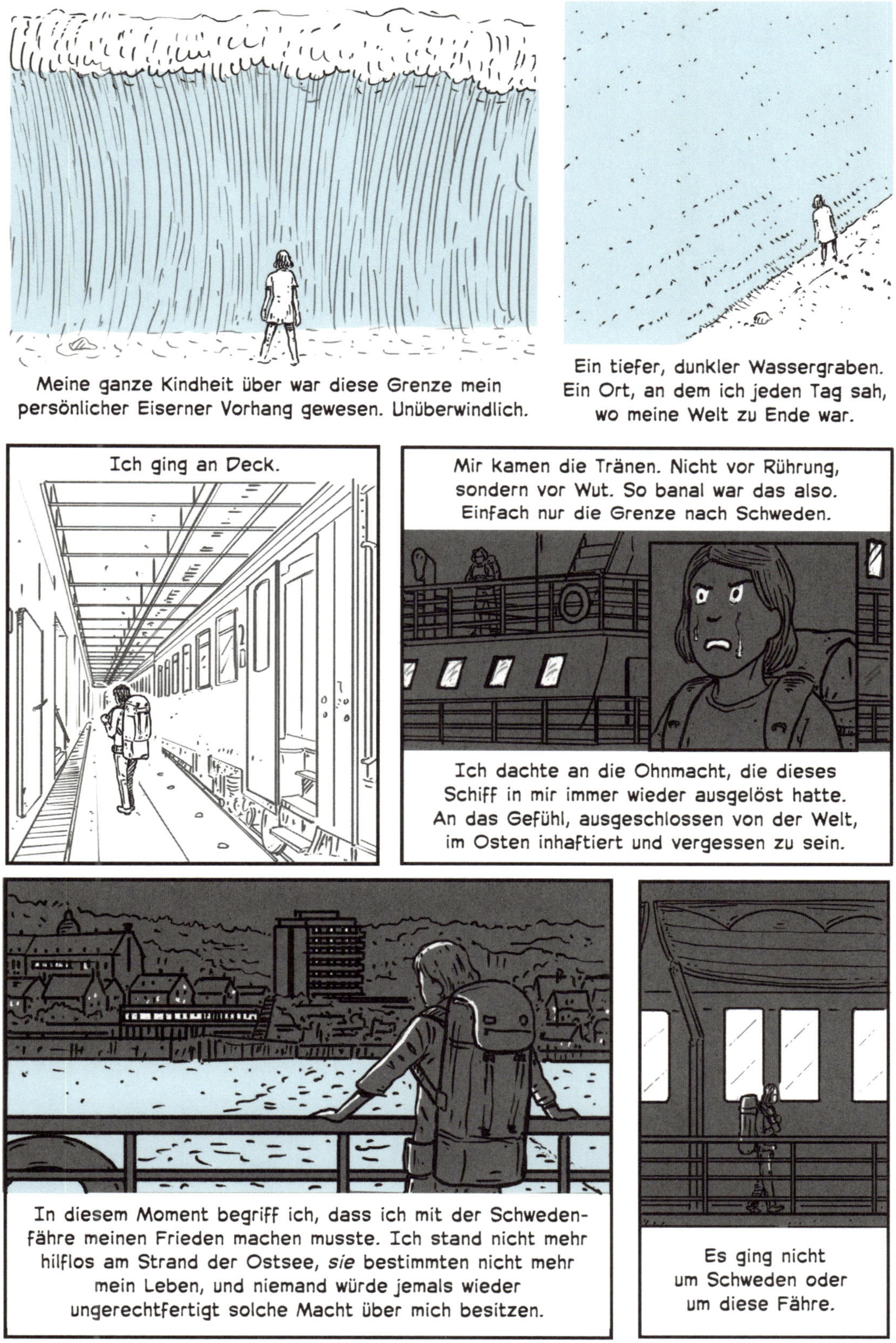
Meine ganze Kindheit über war diese Grenze mein persönlicher Eiserner Vorhang gewesen. Unüberwindlich.
Ein tiefer, dunkler Wassergraben. Ein Ort, an dem ich jeden Tag sah, wo meine Welt zu Ende war.
Ich ging an Deck.
Mir kamen die Tränen. Nicht vor Rührung, sondern vor Wut. So banal war das also. Einfach nur die Grenze nach Schweden.
Ich dachte an die Ohnmacht, die dieses Schiff in mir immer wieder ausgelöst hatte. An das Gefühl, ausgeschlossen von der Welt, im Osten inhaftiert und vergessen zu sein.
In diesem Moment begriff ich, dass ich mit der Schwedenfähre meinen Frieden machen musste. Ich stand nicht mehr hilflos am Strand der Ostsee, *sie* bestimmten nicht mehr mein Leben, und niemand würde jemals wieder ungerechtfertigt solche Macht über mich besitzen.
Es ging nicht um Schweden oder um diese Fähre.

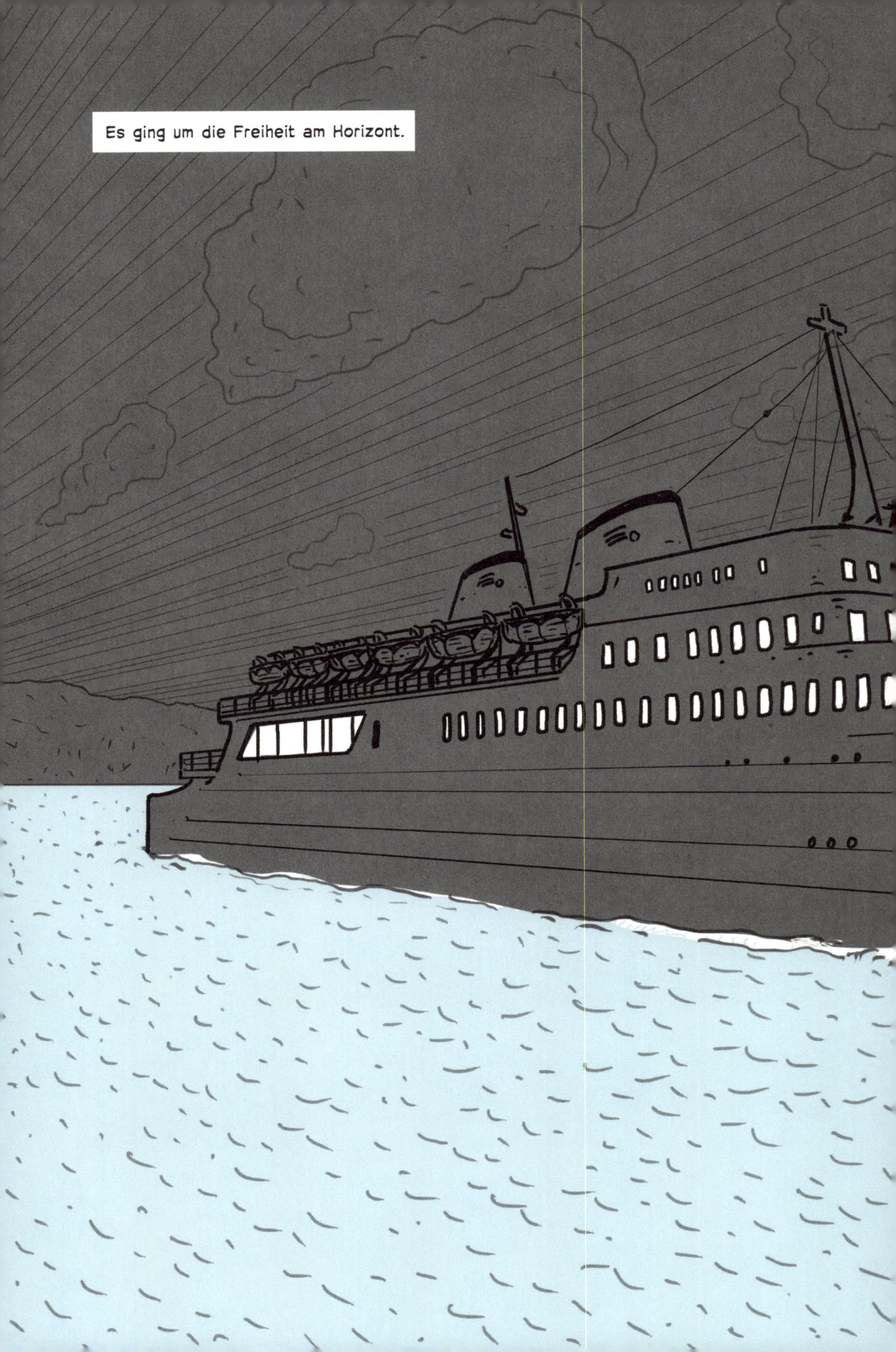
Es ging um die Freiheit am Horizont.

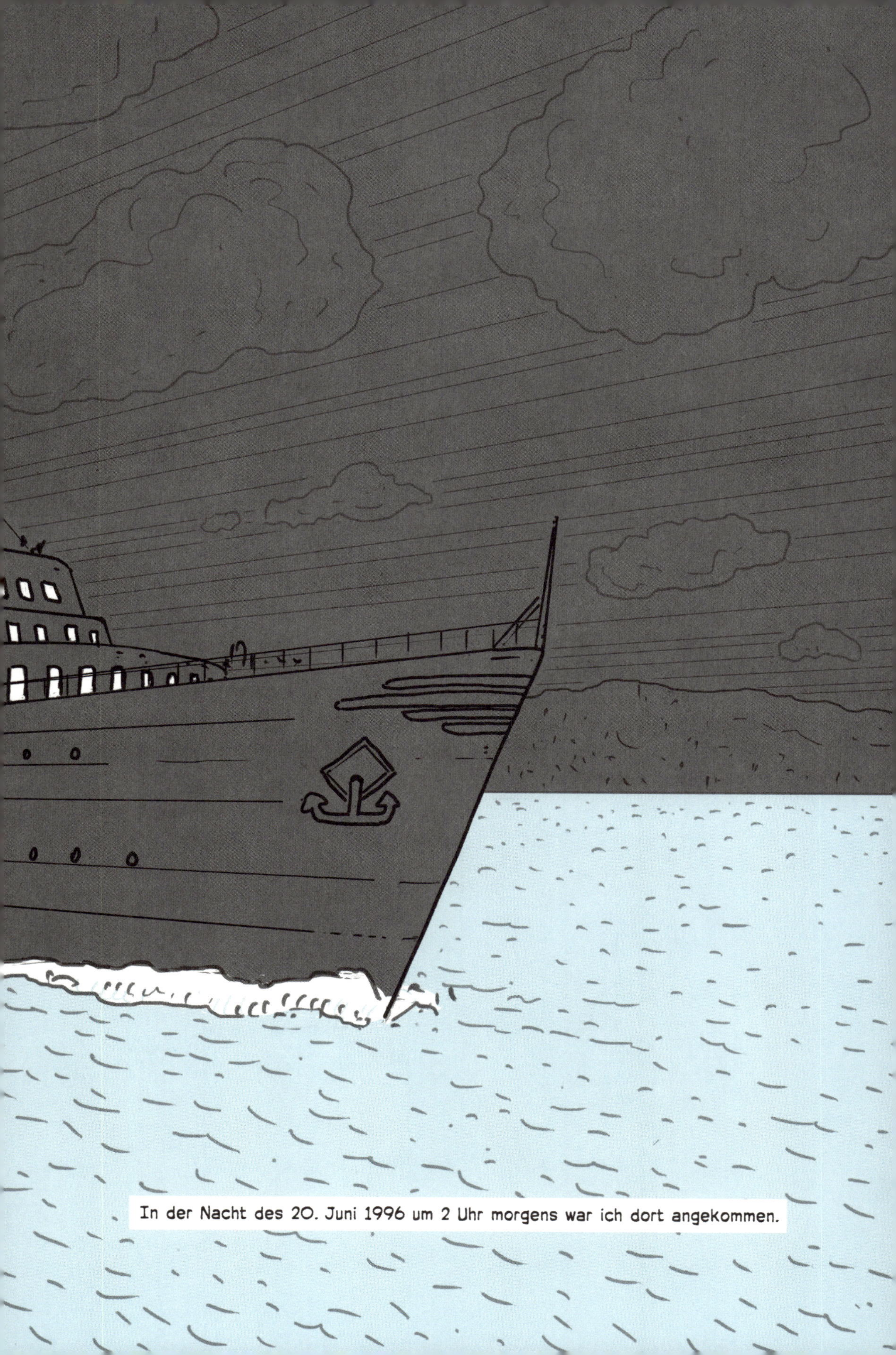
In der Nacht des 20. Juni 1996 um 2 Uhr morgens war ich dort angekommen.

DIE STASI HINTER DER KÜCHENSPÜLE

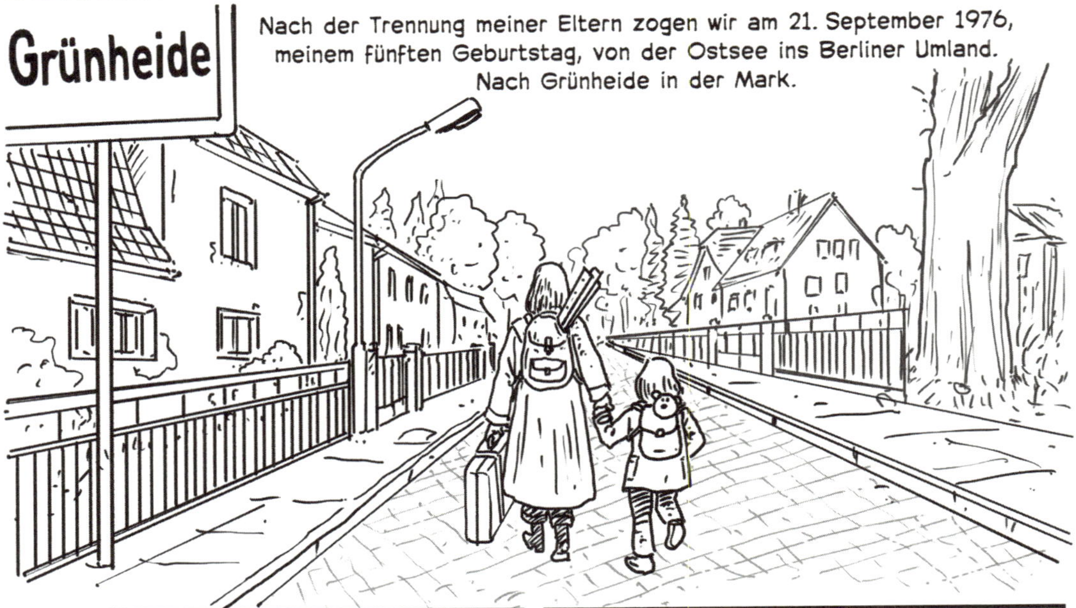

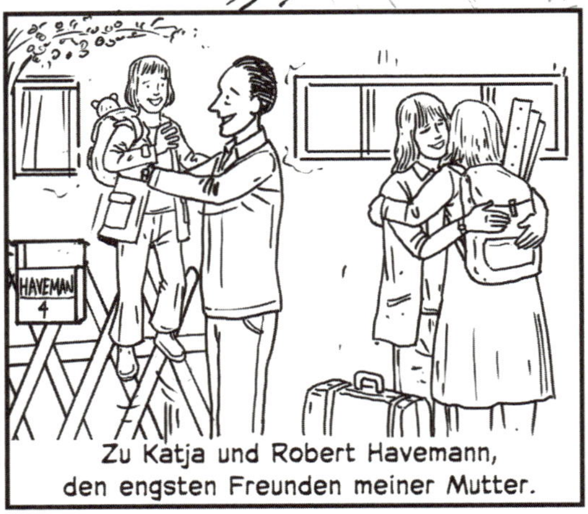

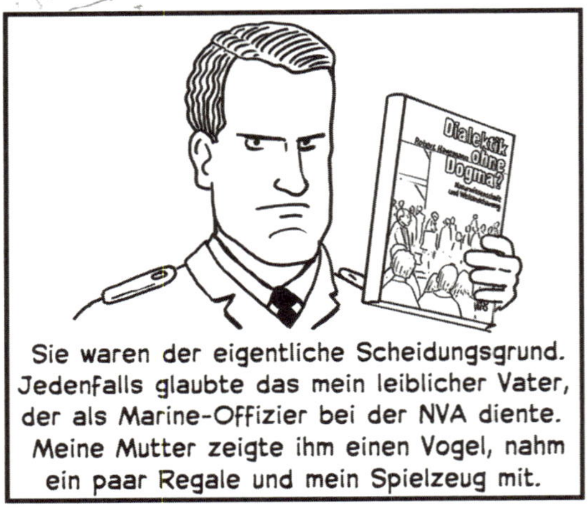

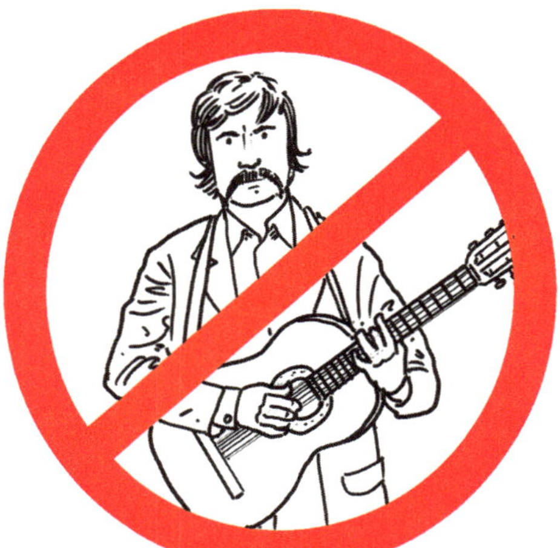

Zwei Monate später wurde Wolf Biermann ausgebürgert.

Über Robert Havemann wurde ein Hausarrest verhängt, und mein Leben änderte sich.

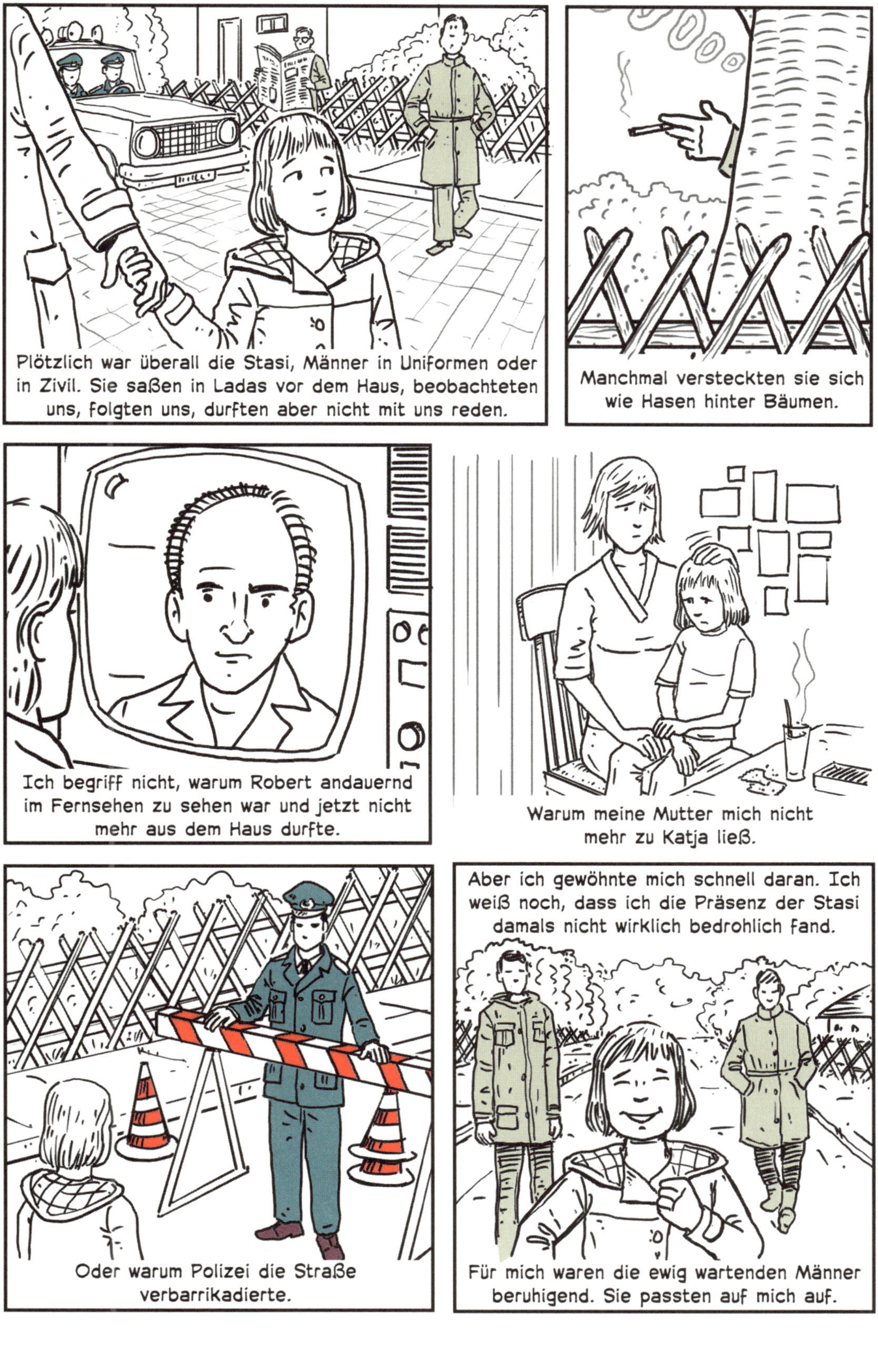
Plötzlich war überall die Stasi, Männer in Uniformen oder in Zivil. Sie saßen in Ladas vor dem Haus, beobachteten uns, folgten uns, durften aber nicht mit uns reden.
Manchmal versteckten sie sich wie Hasen hinter Bäumen.
Ich begriff nicht, warum Robert andauernd im Fernsehen zu sehen war und jetzt nicht mehr aus dem Haus durfte.
Warum meine Mutter mich nicht mehr zu Katja ließ.
Oder warum Polizei die Straße verbarrikadierte.
Aber ich gewöhnte mich schnell daran. Ich weiß noch, dass ich die Präsenz der Stasi damals nicht wirklich bedrohlich fand.
Für mich waren die ewig wartenden Männer beruhigend. Sie passten auf mich auf.

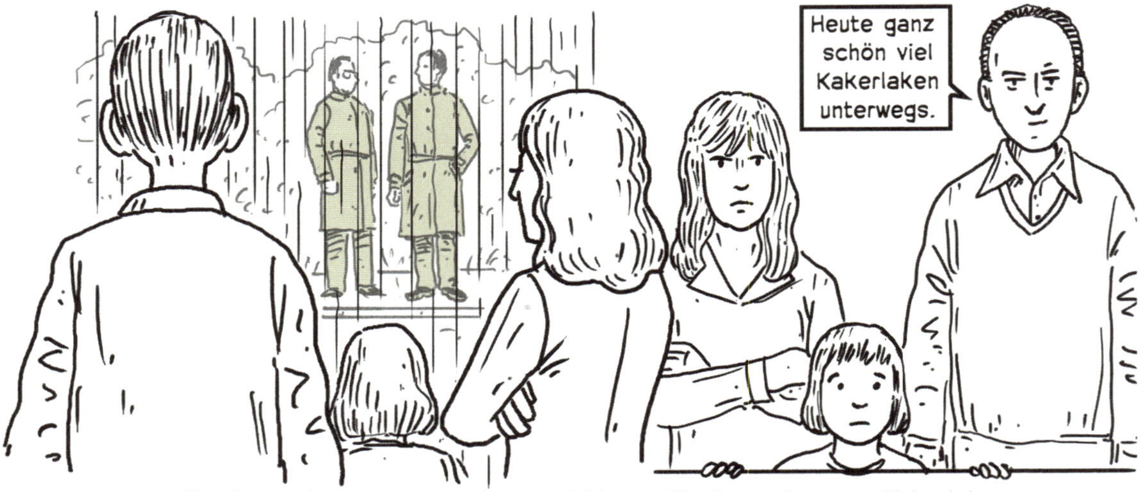

Im Hause Havemann sprach man nicht von Stasi, sondern von Kakerlaken, wenn die Posten vor dem Haus oder in den Autos gemeint waren.

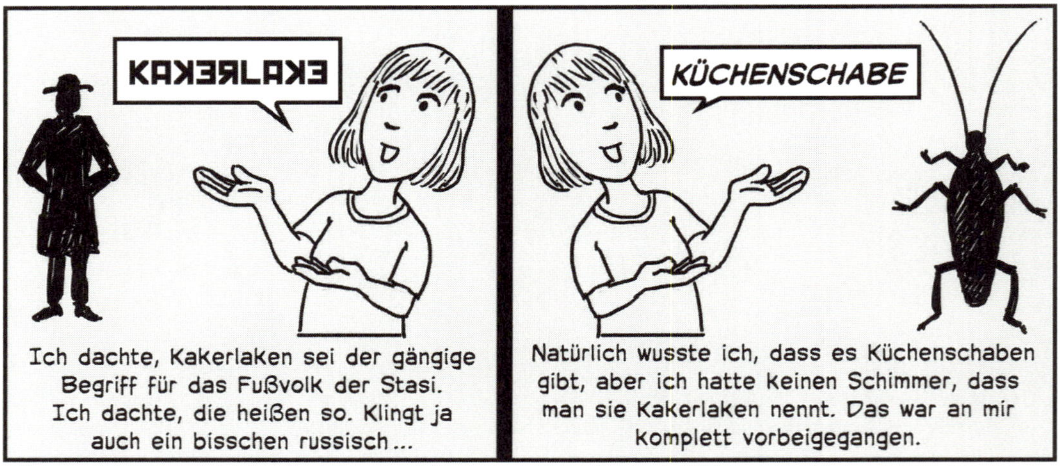

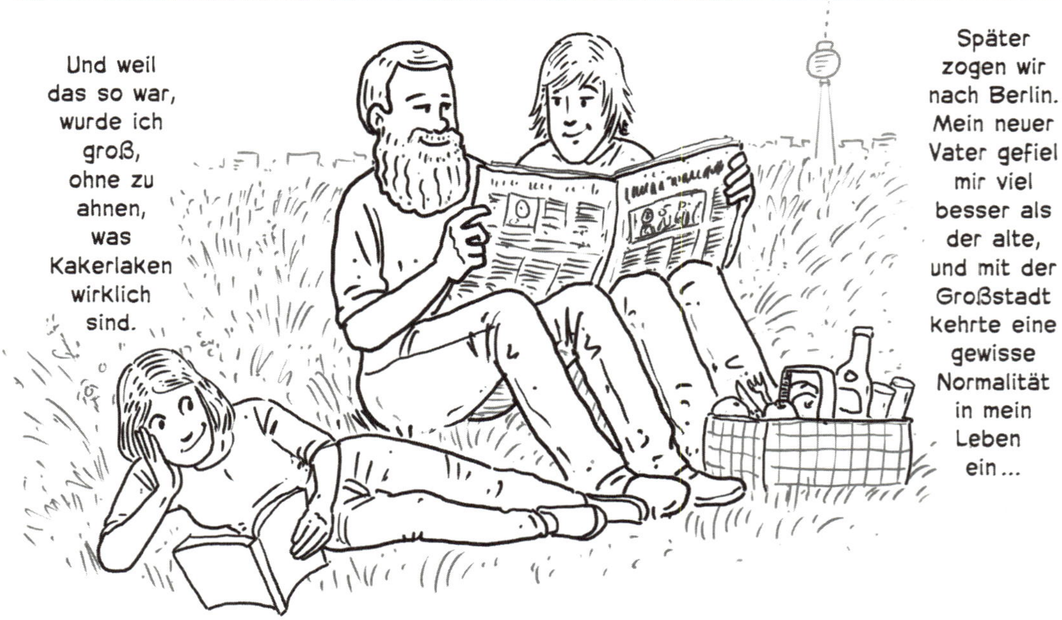

Ich war 16, als ich einen Bekannten in einem Studentenwohnheim am Ostbahnhof besuchte.

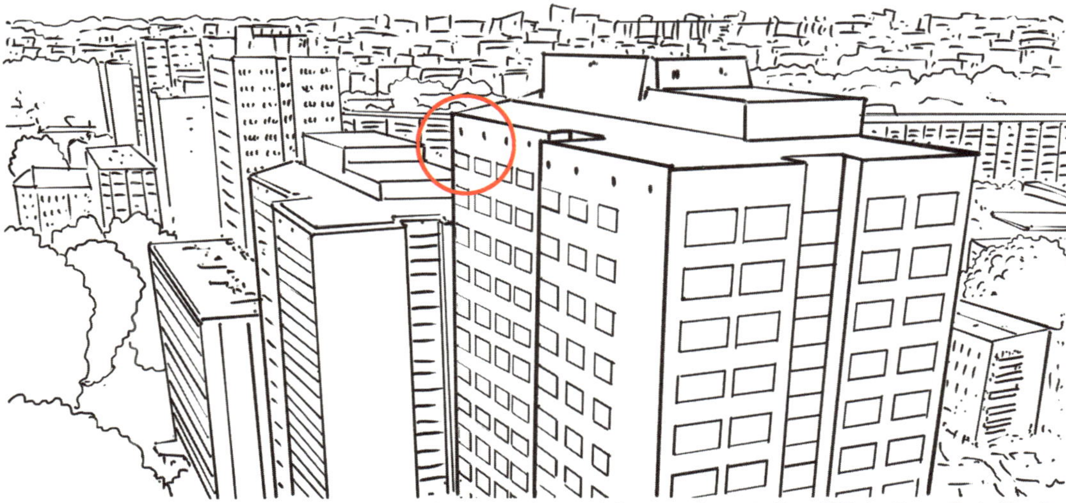

Sein Zimmer lag in einem der oberen Stockwerke und hatte einen tollen Blick über Ost-Berlin.

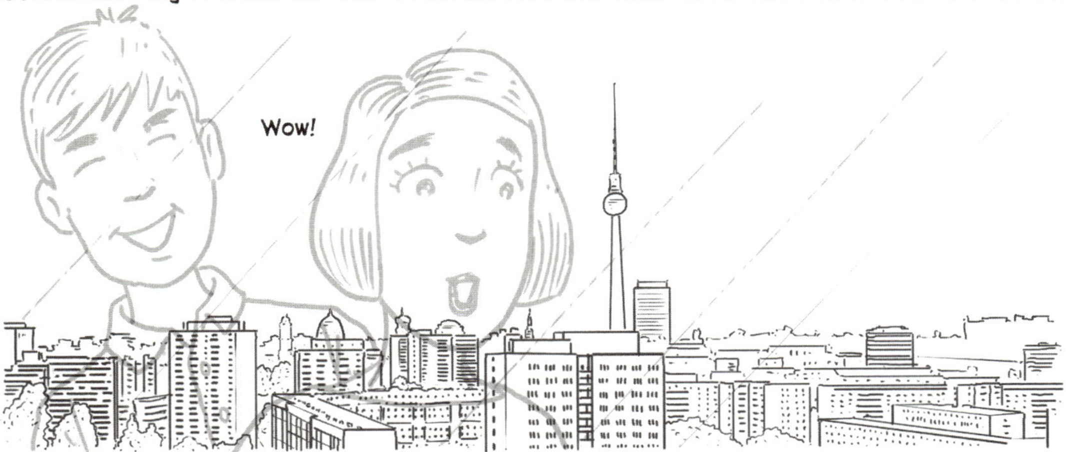

Ich fand das sehr schick und erwachsen.

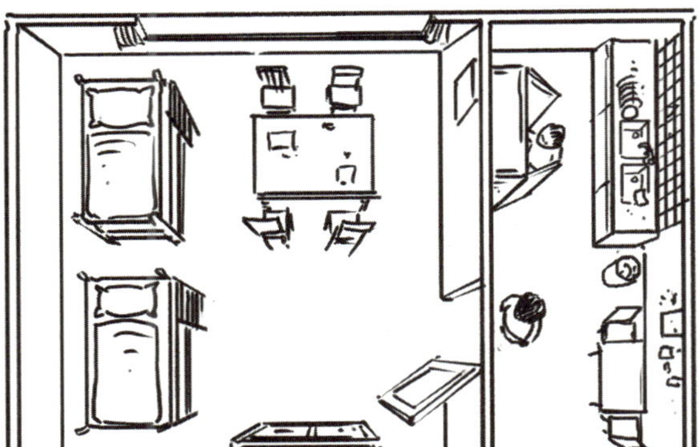

Es gab eine sehr kleine schlauchartige Küche und ein großes Zimmer mit zwei Doppelstockbetten. So also sah das Leben nach der Schule aus. Ich war begeistert.

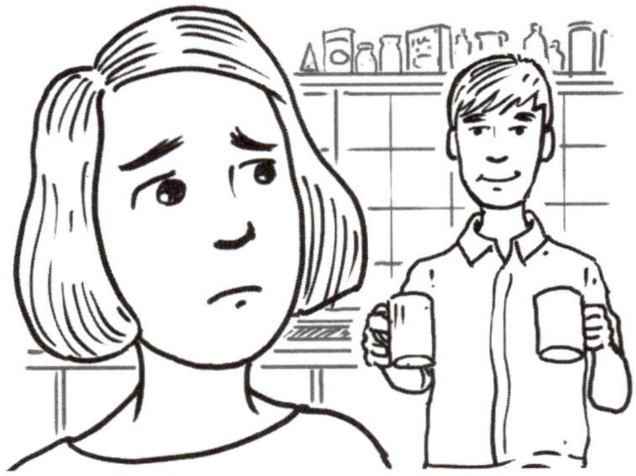

Ich ahnte schon, dass mein eigenes Leben nicht so sein würde, aber ich gab die Hoffnung nicht auf. Vielleicht würde aus mir mit der Zeit ja doch noch ein anständiger DDR-Bürger. Eben Abitur, Studentenwohnheim, Schrankwand.

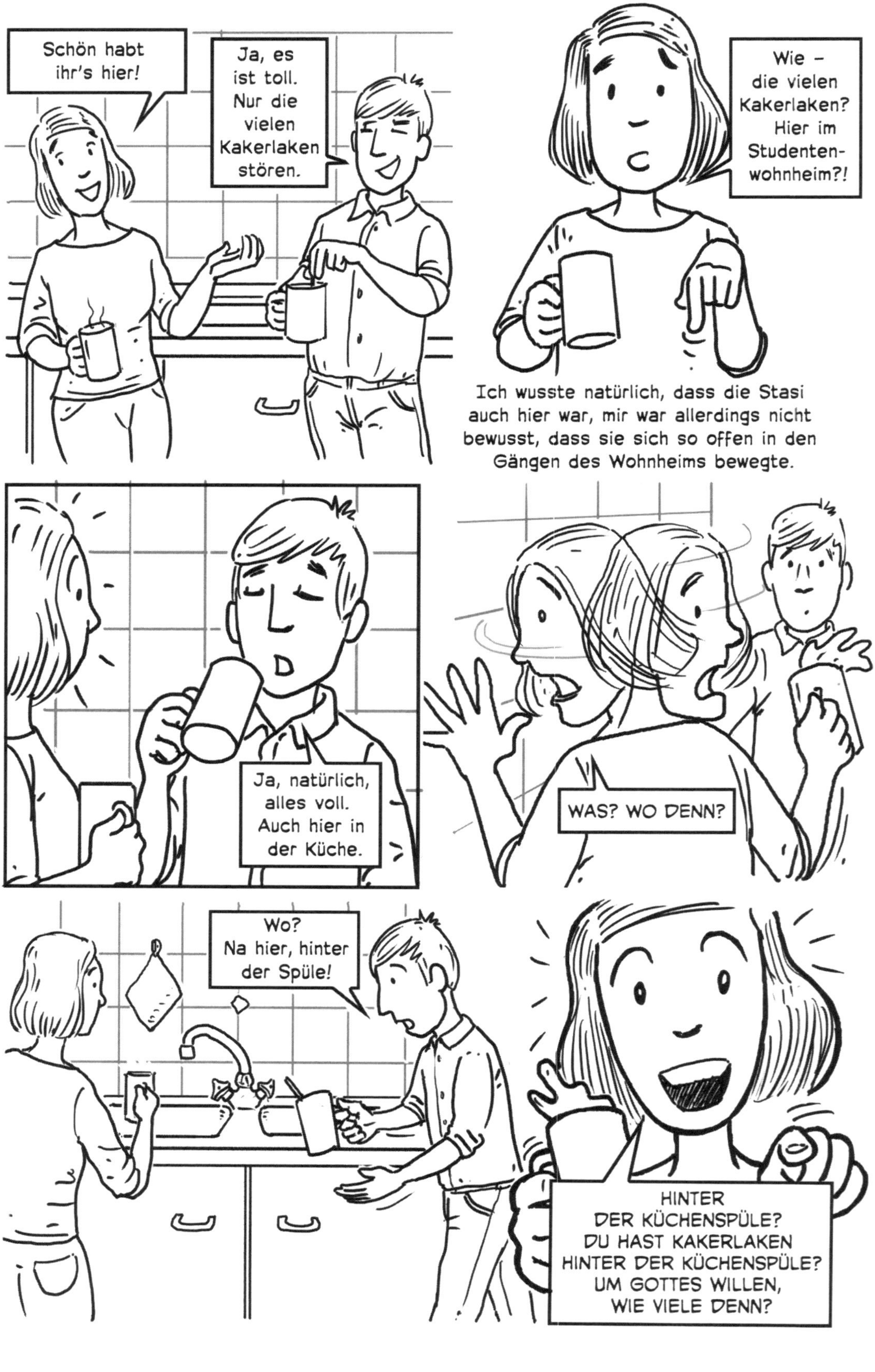

Schön habt ihr's hier!
Ja, es ist toll. Nur die vielen Kakerlaken stören.
Wie – die vielen Kakerlaken? Hier im Studentenwohnheim?!
Ich wusste natürlich, dass die Stasi auch hier war, mir war allerdings nicht bewusst, dass sie sich so offen in den Gängen des Wohnheims bewegte.
Ja, natürlich, alles voll. Auch hier in der Küche.
WAS? WO DENN?
Wo? Na hier, hinter der Spüle!
HINTER DER KÜCHENSPÜLE? DU HAST KAKERLAKEN HINTER DER KÜCHENSPÜLE? UM GOTTES WILLEN, WIE VIELE DENN?

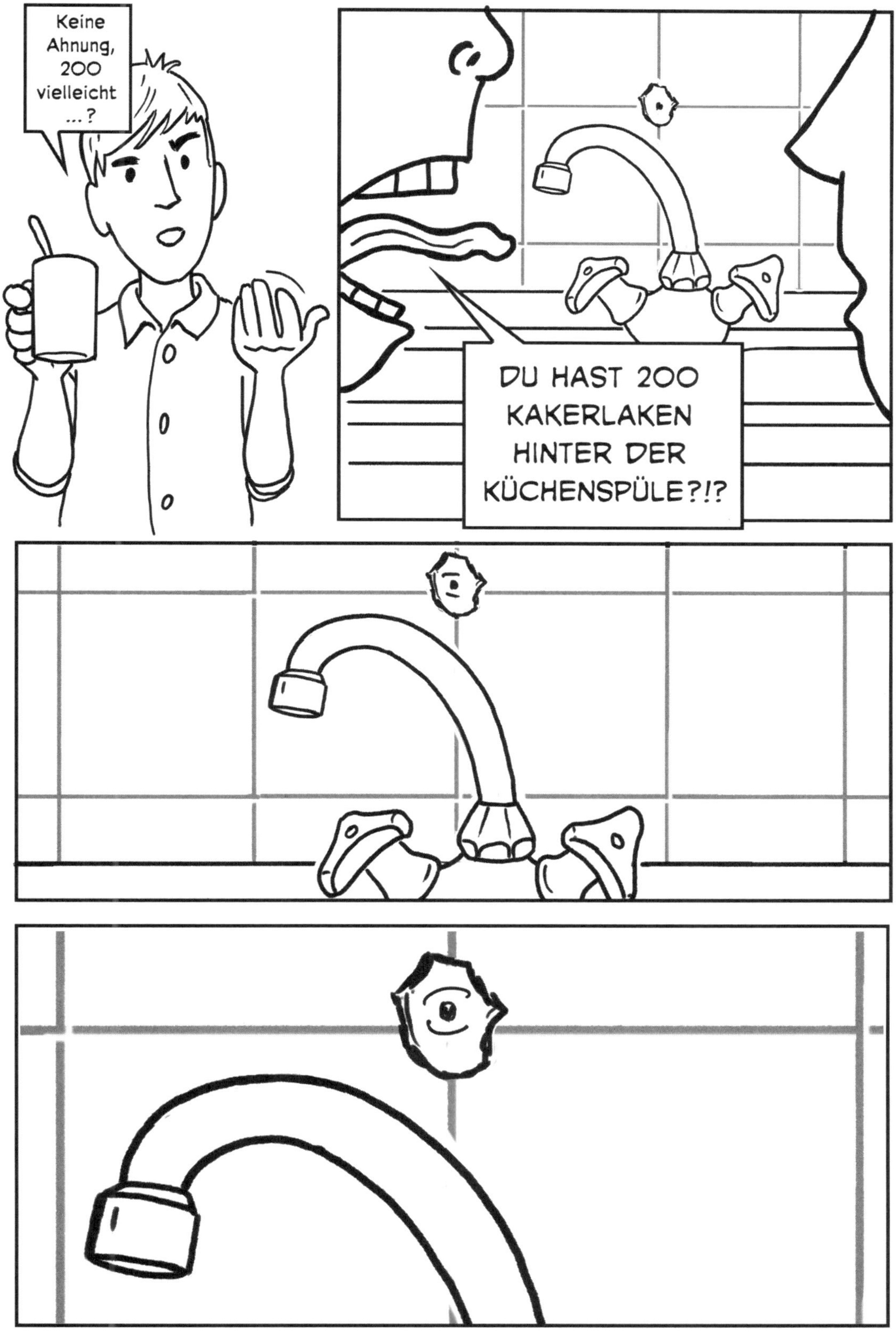
Keine Ahnung, 200 vielleicht ...?
DU HAST 200 KAKERLAKEN HINTER DER KÜCHENSPÜLE?!?

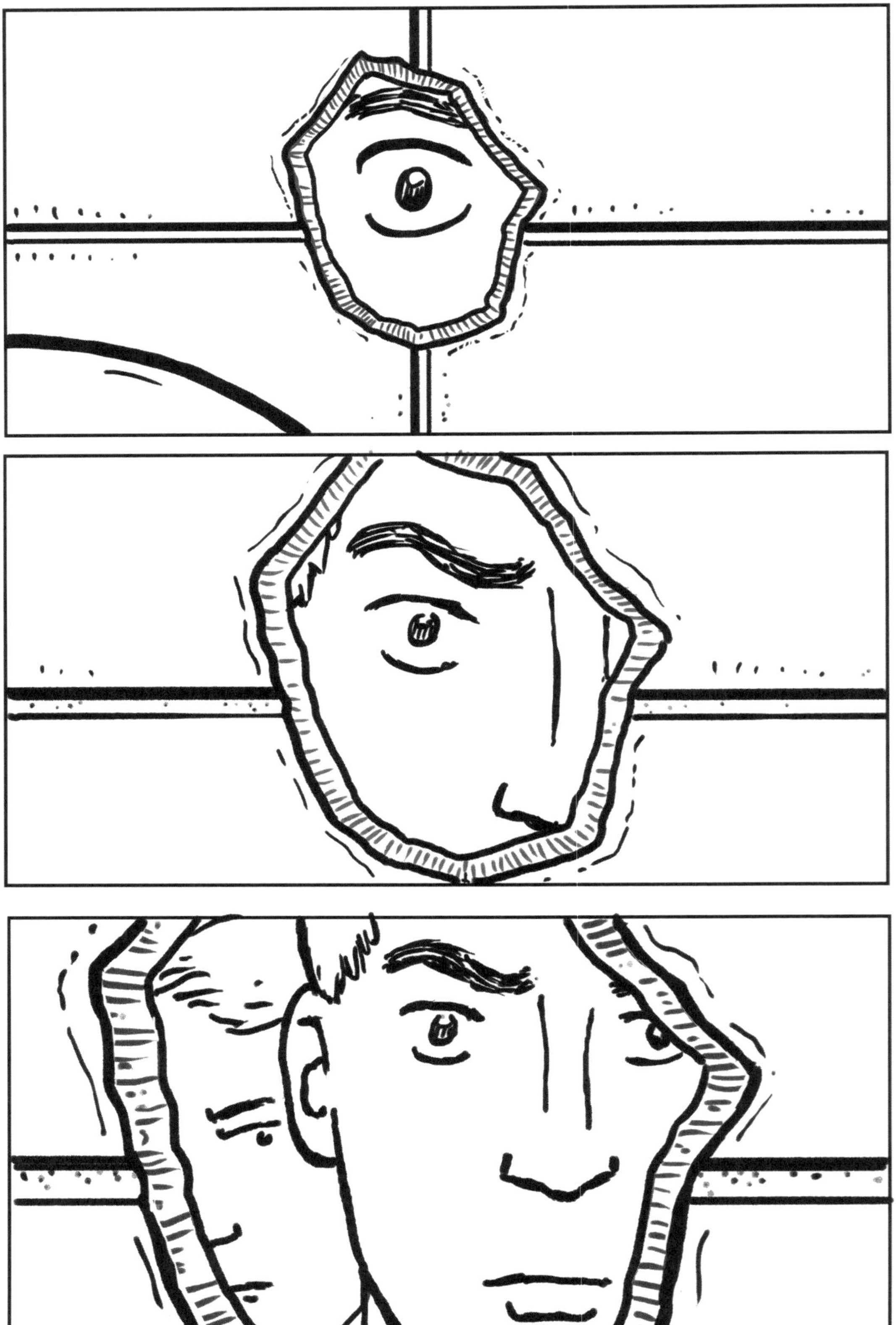

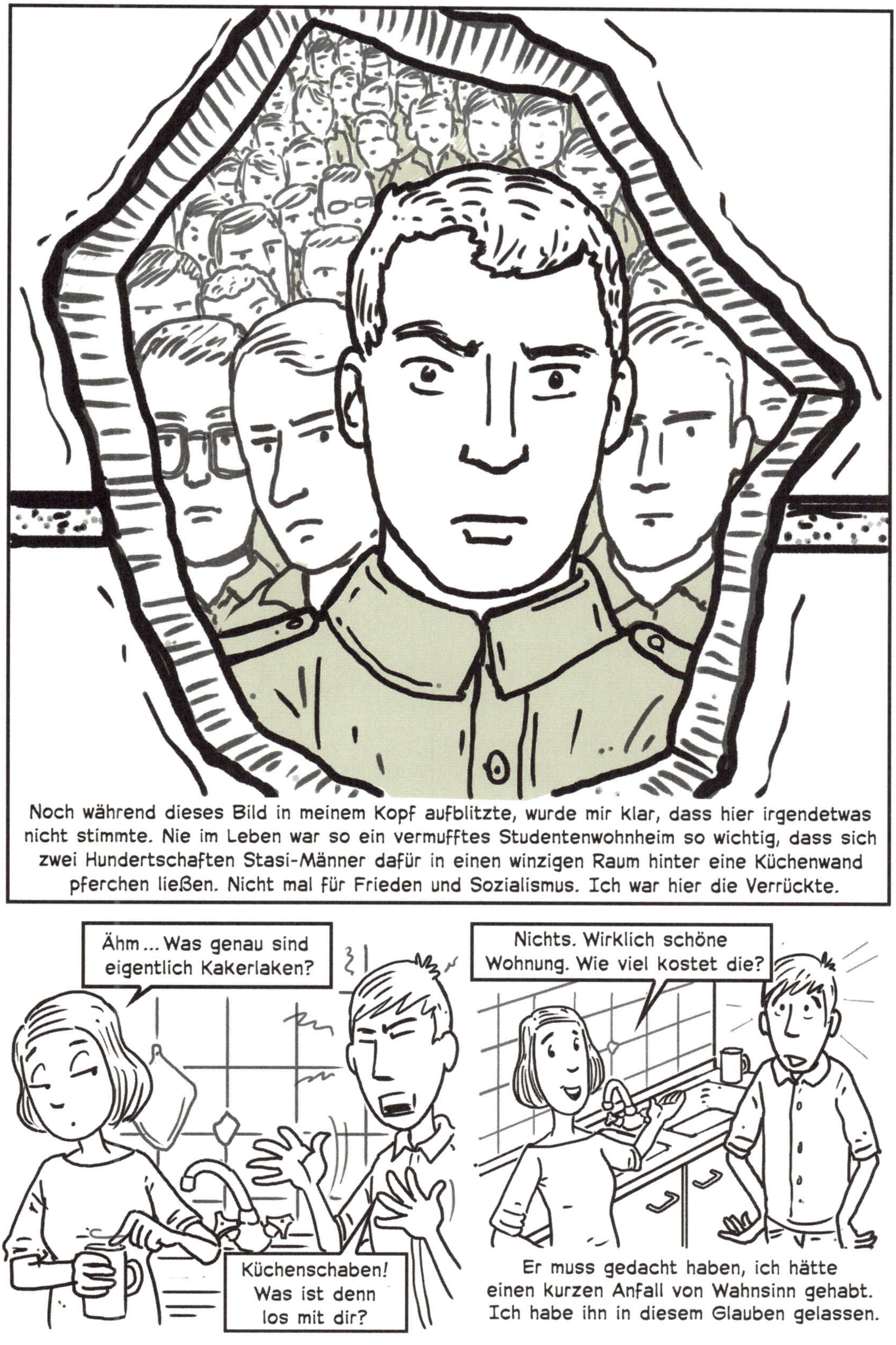
Noch während dieses Bild in meinem Kopf aufblitzte, wurde mir klar, dass hier irgendetwas nicht stimmte. Nie im Leben war so ein vermufftes Studentenwohnheim so wichtig, dass sich zwei Hundertschaften Stasi-Männer dafür in einen winzigen Raum hinter eine Küchenwand pferchen ließen. Nicht mal für Frieden und Sozialismus. Ich war hier die Verrückte.
Ähm ... Was genau sind eigentlich Kakerlaken?
Küchenschaben! Was ist denn los mit dir?
Nichts. Wirklich schöne Wohnung. Wie viel kostet die?
Er muss gedacht haben, ich hätte einen kurzen Anfall von Wahnsinn gehabt. Ich habe ihn in diesem Glauben gelassen.

DIE HAUPTABTEILUNG VIII IM MÄRCHENWALD

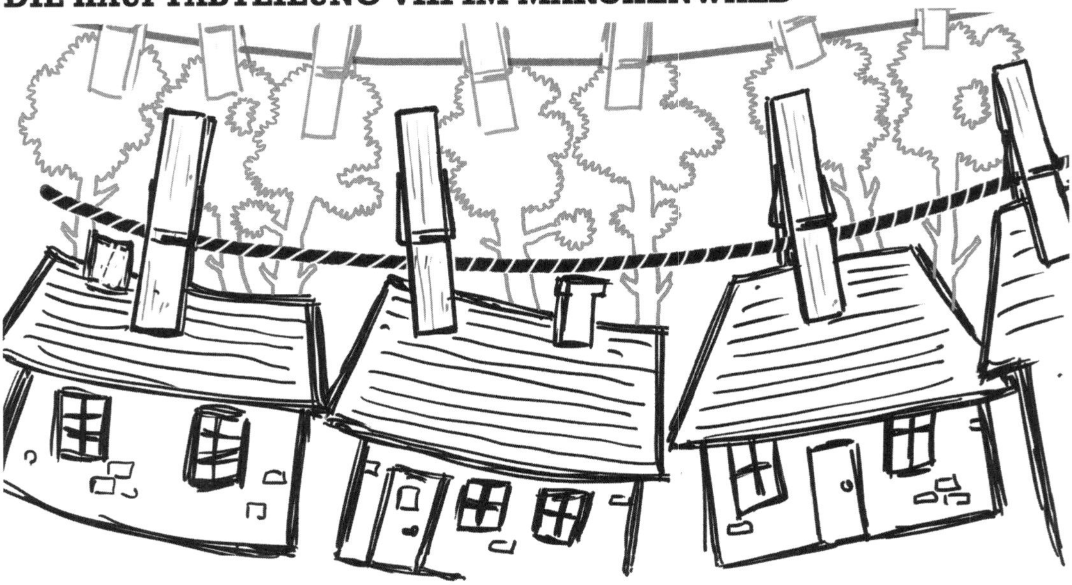

In Grünheide lebten wir am Rand einer Waldsiedlung. Die Straße war nur einseitig bebaut.

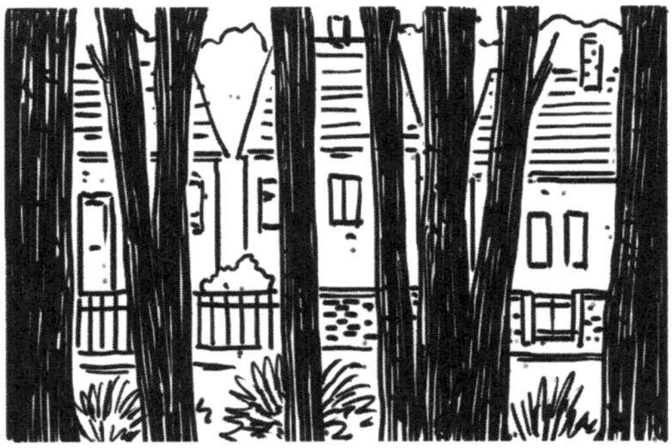

Gegenüber standen dichte Kiefern.

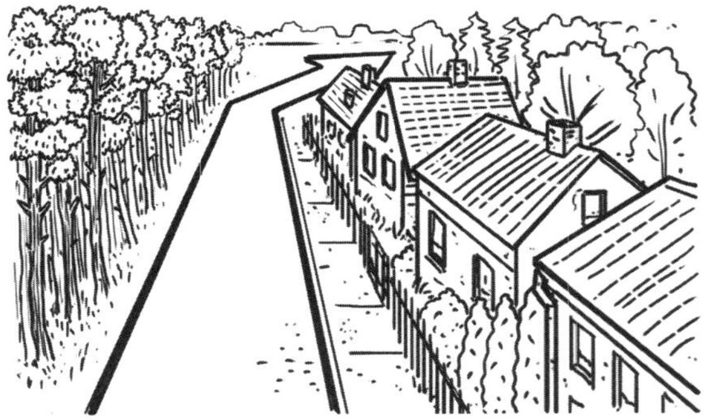

Nach 200 Metern machte der Weg einen Knick.

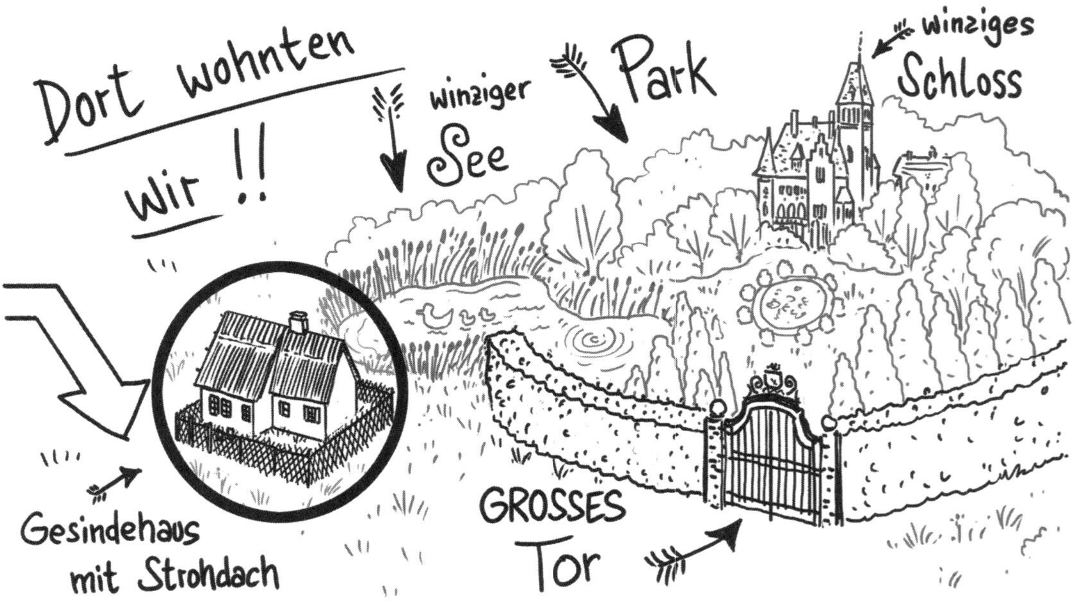

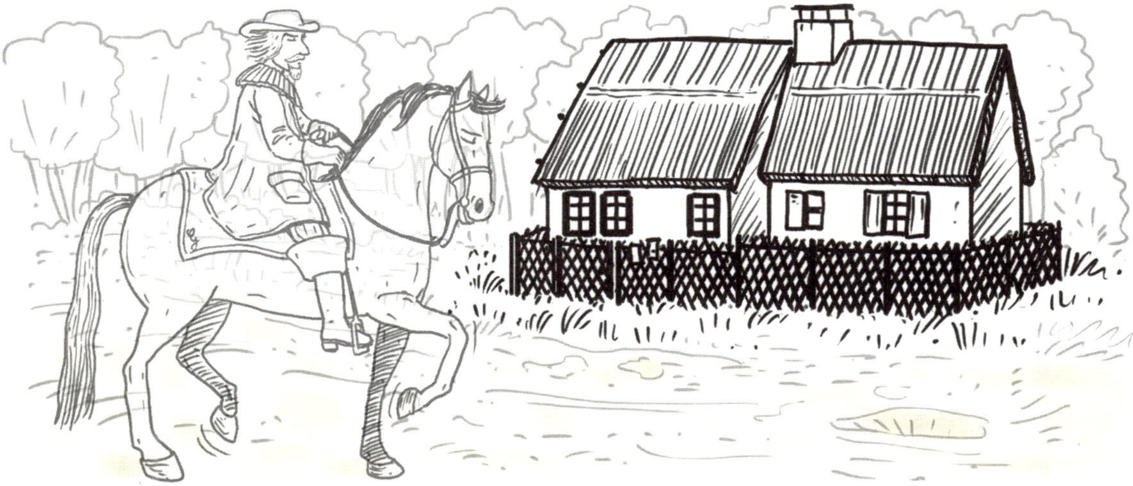

Unsere Straße war nie befestigt worden. Als würden noch des Grafen Rosse hier tänzeln, nur märkischer Sand.

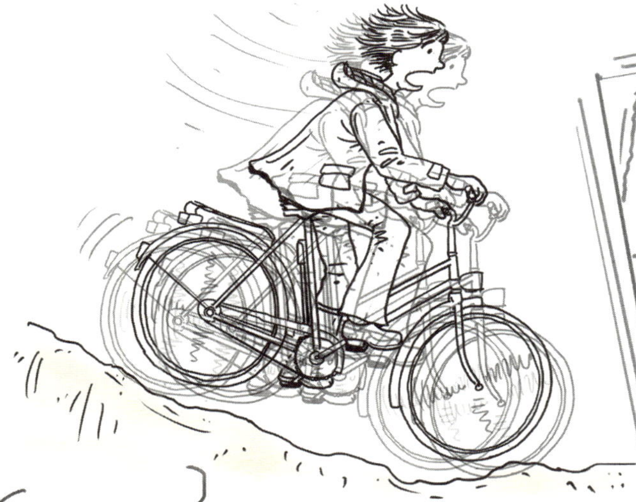

Fahrradfahren war lebensgefährlich.

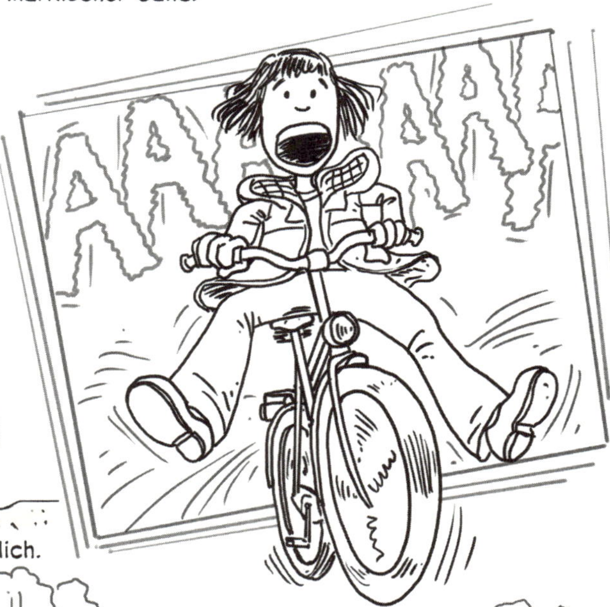

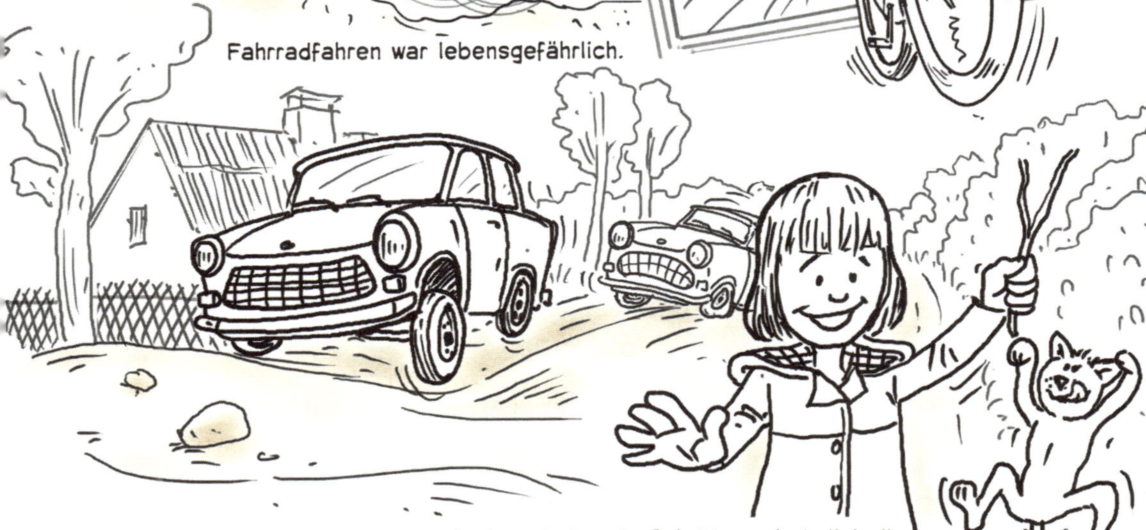

Autos tuckerten sicherheitshalber in Schrittgeschwindigkeit. Genau richtig für Katzen und kleine Kinder.

Nachts wurde die Siedlung zum Gespensterwald. Überall waren unheimliche Geräusche.
Es gab Wildschweine, Eulen und bestimmt Wölfe.

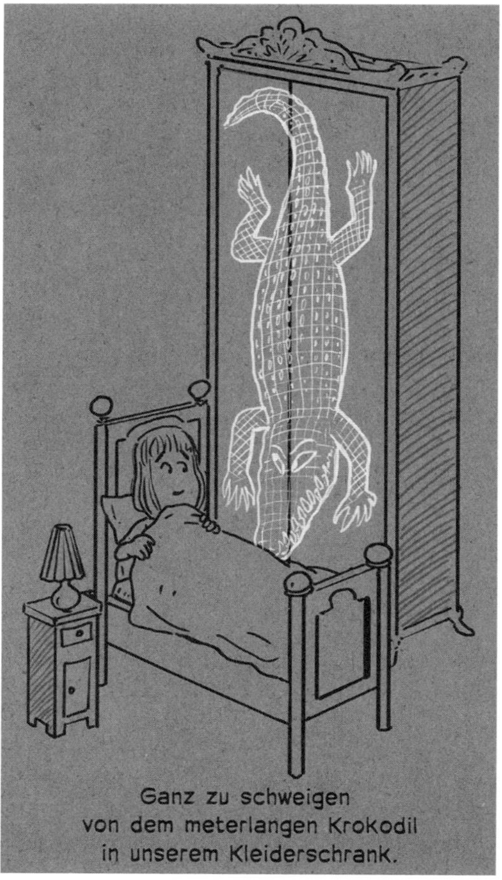

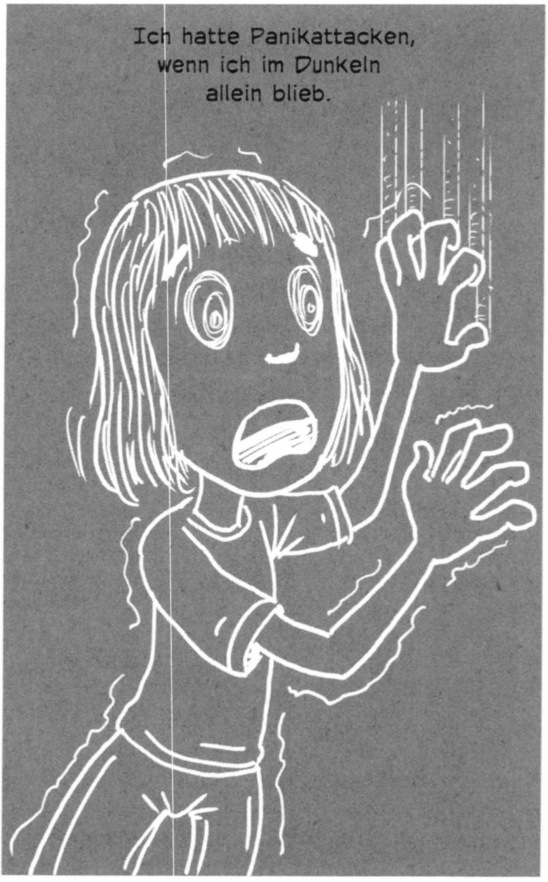

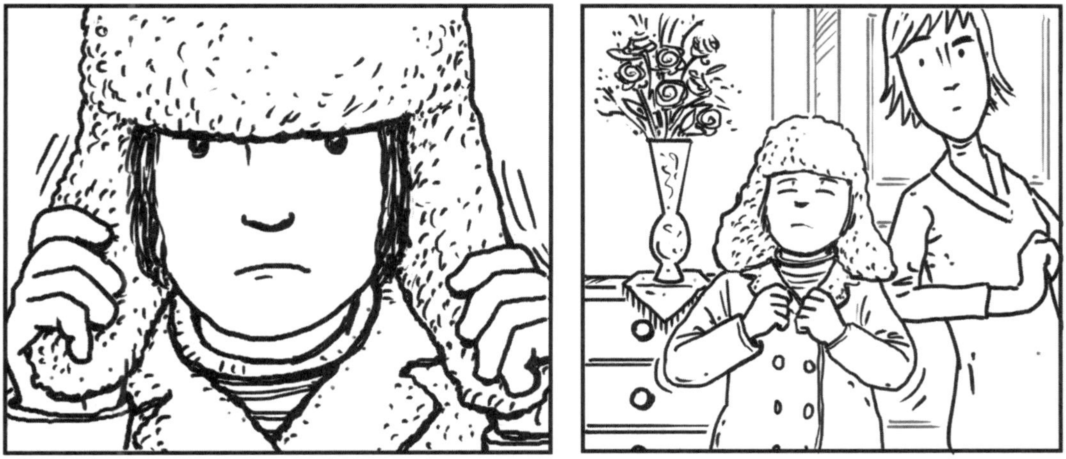

Deswegen verstand meine Mutter auch nicht, was mich dazu brachte, eines Winterabends hartnäckig darauf zu bestehen, meine Großmutter ganz allein vom Bus abzuholen.

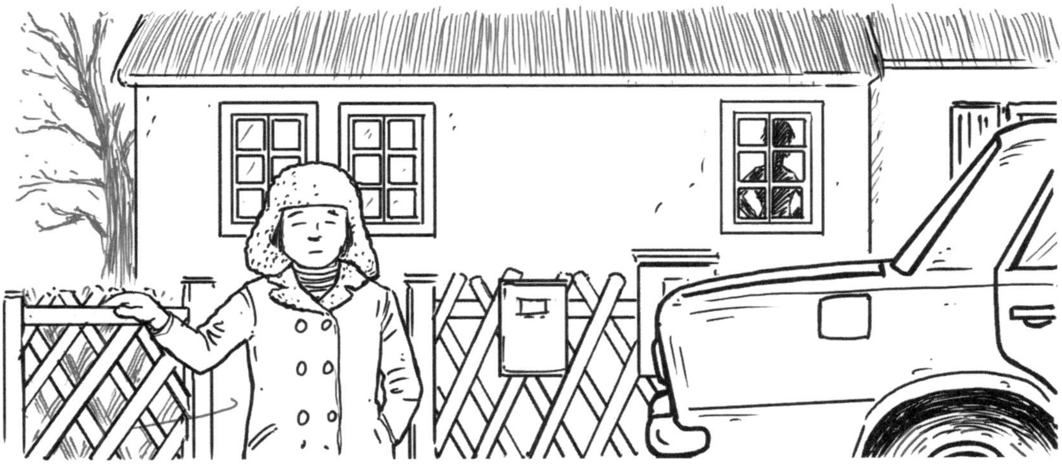

Ich trat aus dem Gartentor, vorbei am Lada mit den erwartungsvollen Männern.

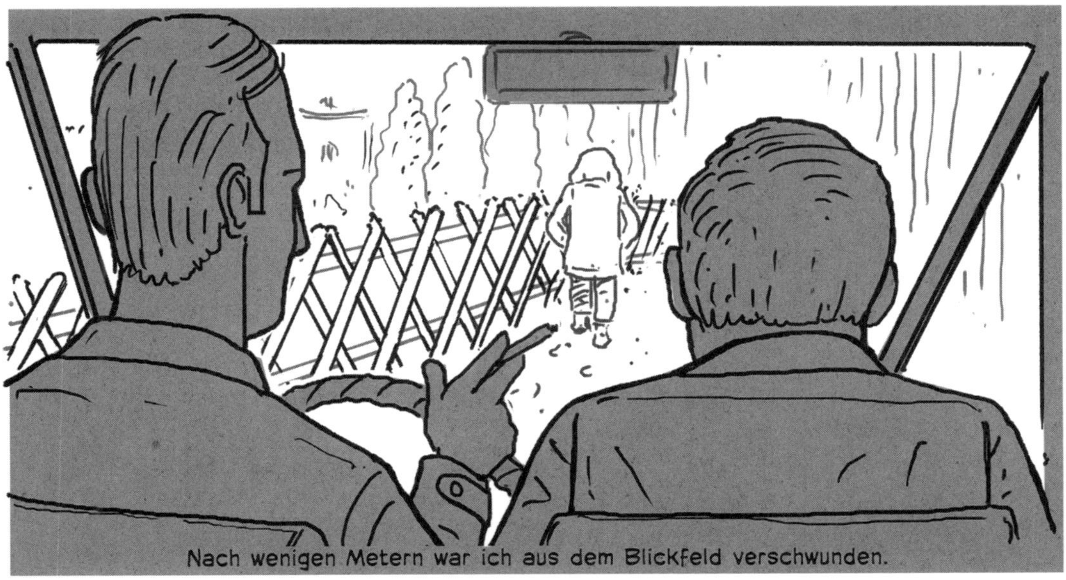

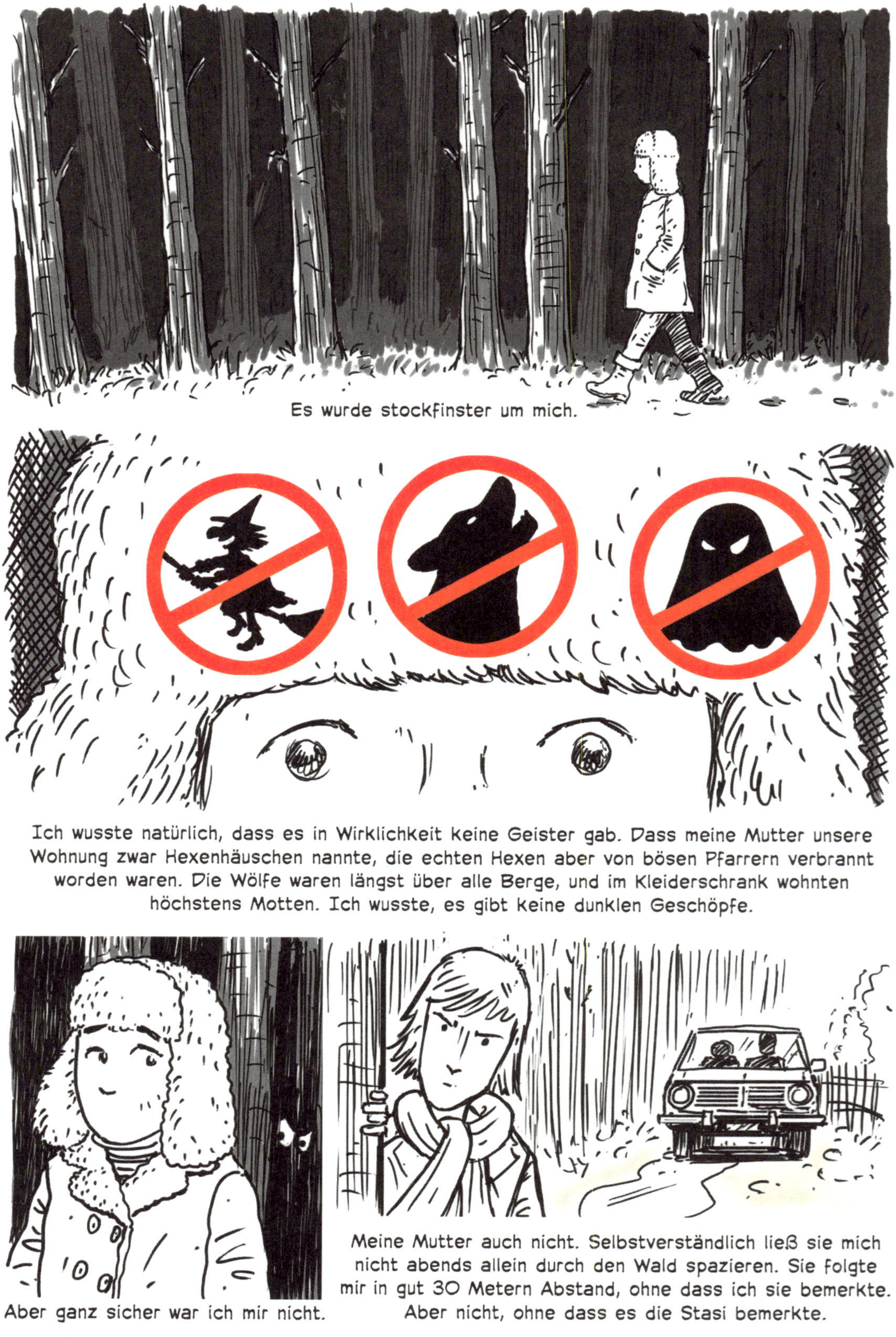
Es wurde stockfinster um mich.
Ich wusste natürlich, dass es in Wirklichkeit keine Geister gab. Dass meine Mutter unsere Wohnung zwar Hexenhäuschen nannte, die echten Hexen aber von bösen Pfarrern verbrannt worden waren. Die Wölfe waren längst über alle Berge, und im Kleiderschrank wohnten höchstens Motten. Ich wusste, es gibt keine dunklen Geschöpfe.
Aber ganz sicher war ich mir nicht.
Meine Mutter auch nicht. Selbstverständlich ließ sie mich nicht abends allein durch den Wald spazieren. Sie folgte mir in gut 30 Metern Abstand, ohne dass ich sie bemerkte. Aber nicht, ohne dass es die Stasi bemerkte.

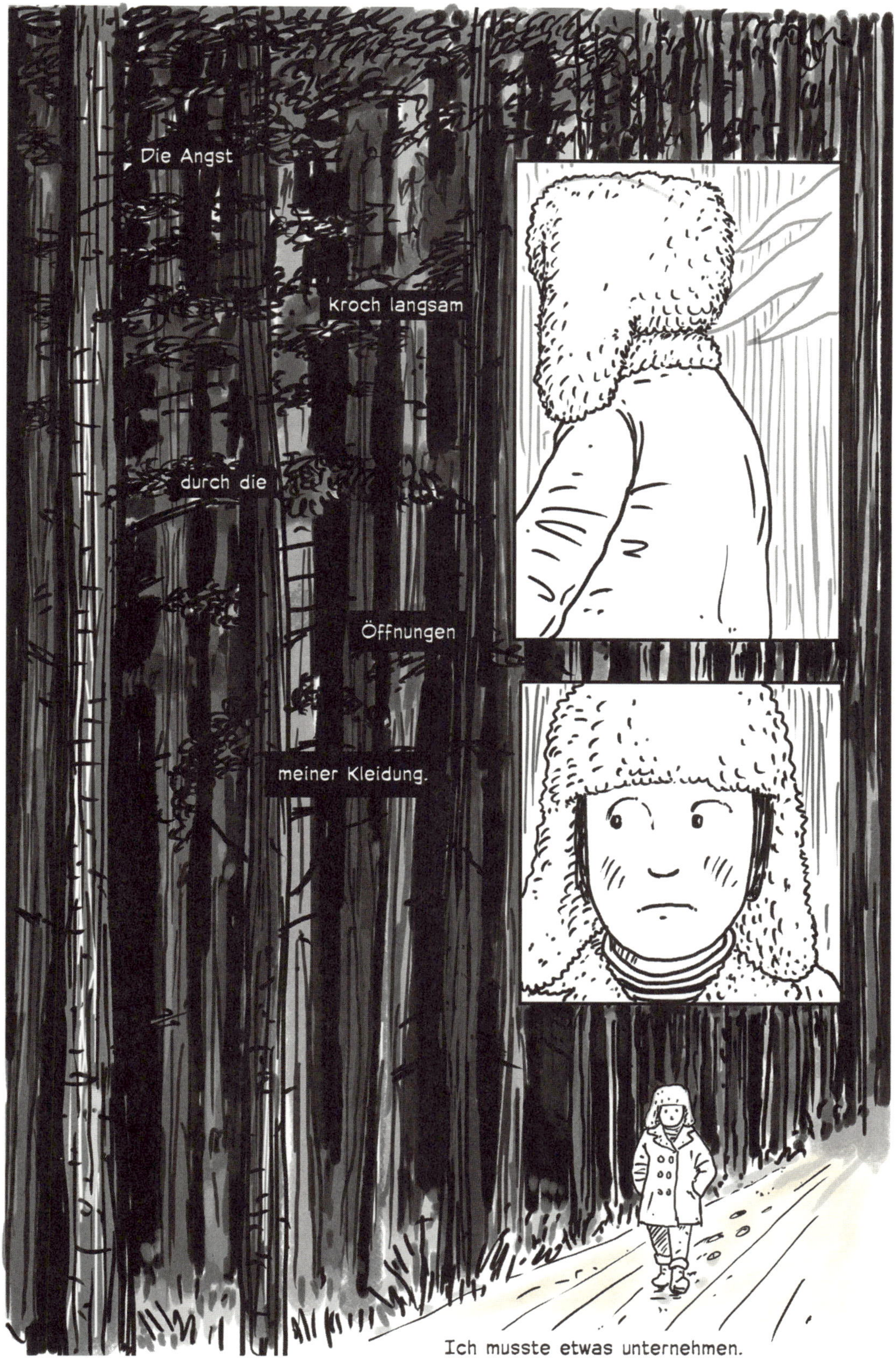
Die Angst
kroch langsam
durch die
Öffnungen
meiner Kleidung.
Ich musste etwas unternehmen.

Ich dachte ganz fest an Schneeweißchen und Rosenrot. Sie fürchteten sich auch im Wald.

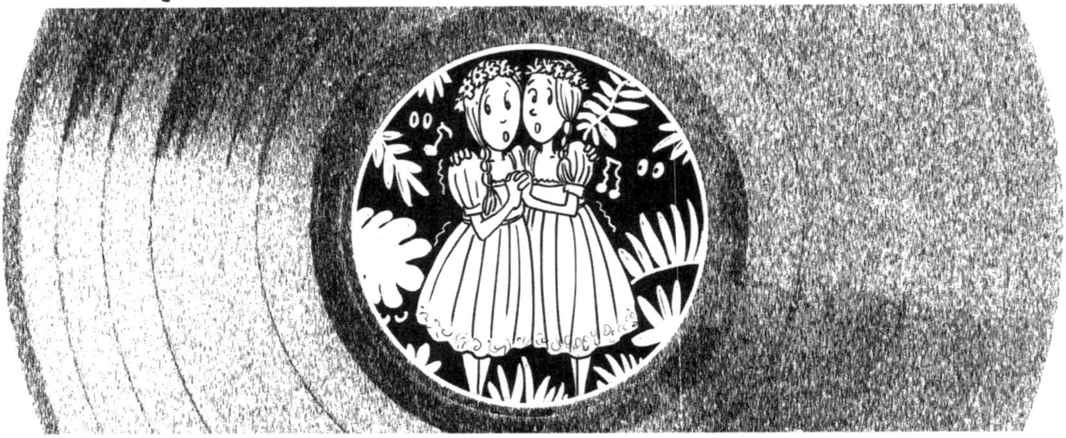

Als Gegenmittel sangen sie fröhliche Lieder. Jedenfalls auf meiner Märchen-Schallplatte.

Das müsste doch auch bei mir klappen. Aber find mal auf die Schnelle das richtige Lied ...

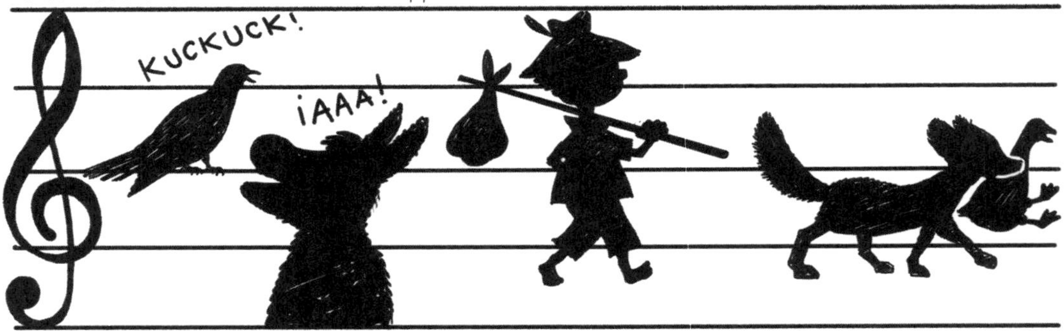

Meine Lieblingslieder waren zu kurz für den weiten Weg.
Auf die Idee, sie zweimal zu singen, kam ich nicht.

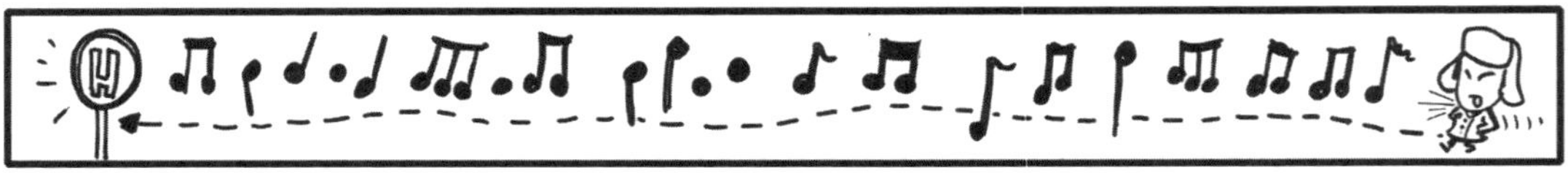

Ich brauchte einen Text, der zur Entfernung passte. Langer Weg, langes Lied.
Das mit Abstand strophenreichste Lied, das ich kannte, ging so:

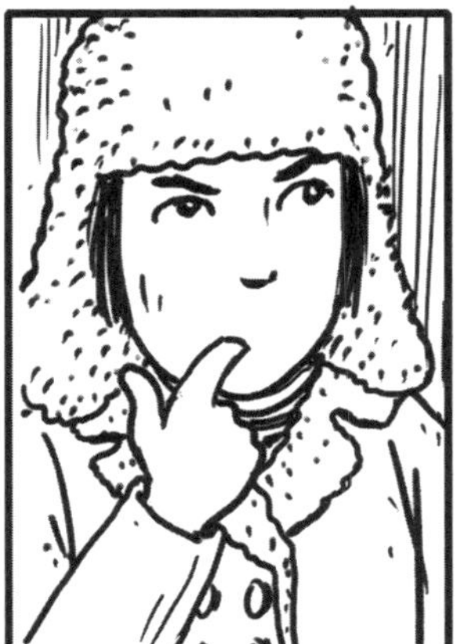

Soldaten sind vorbeimarschiert
im gleichen Schritt und Tritt.
Wir Pioniere kennen sie und
laufen fröhlich mit.
Gute Freunde
in der Volksarmee.
Sie schützen uns're
Heimat zu Land, zur Luft
und auf der See, juchhei!

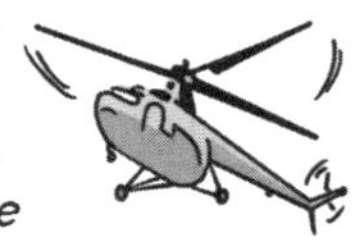

Der Hauptmann,
der den Zug anführt,
den kennen wir genau.
Vor Jahren stand
als Maurer er
bei uns noch auf
dem Bau.
Gute Freunde ...

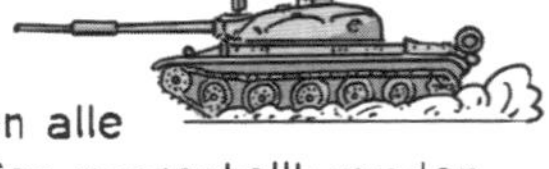

Dann folgten etwa 87 Strophen, in denen alle Kompaniemitglieder samt ihren Zivilberufen vorgestellt wurden.

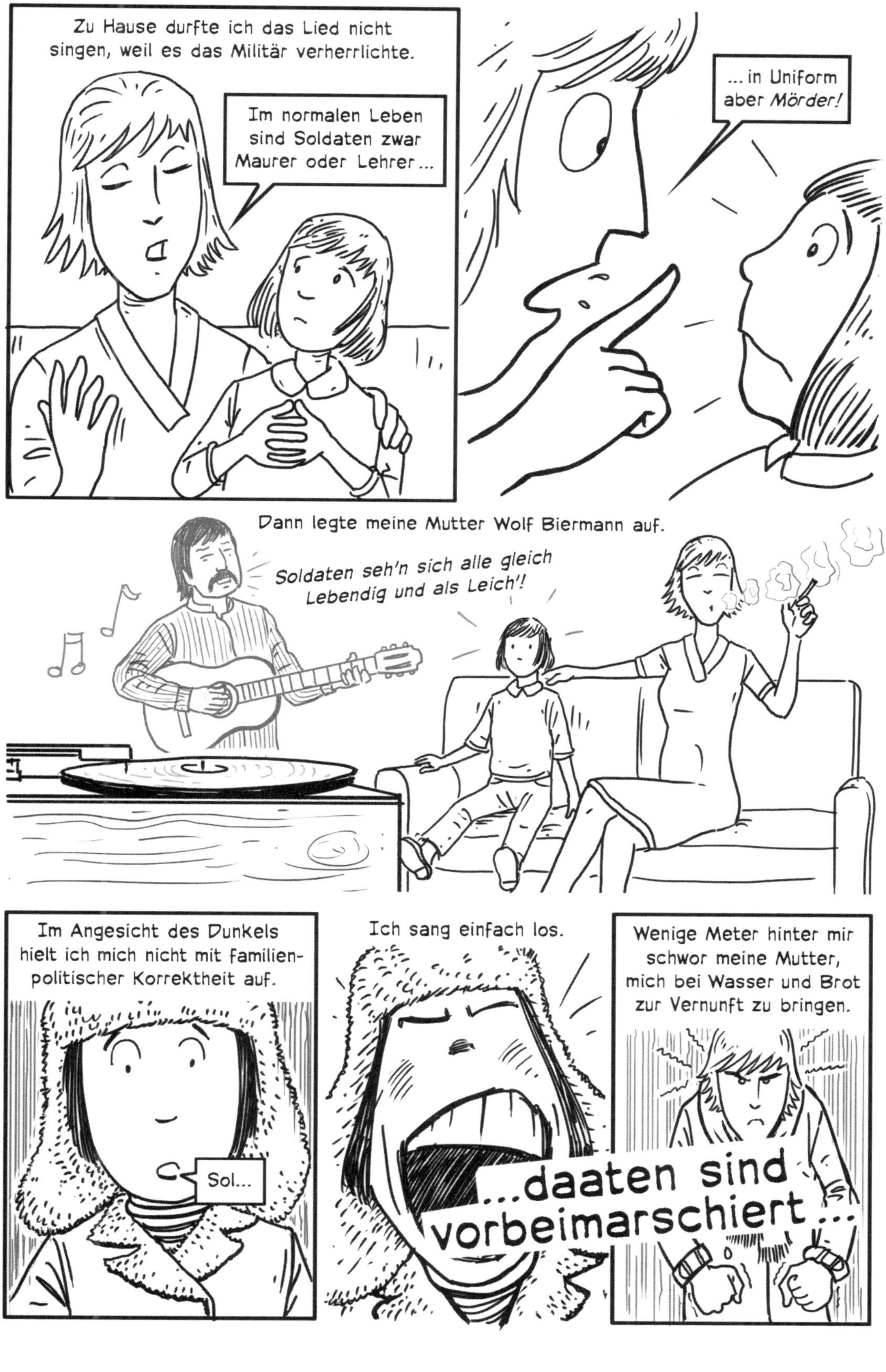
Zu Hause durfte ich das Lied nicht singen, weil es das Militär verherrlichte.
Im normalen Leben sind Soldaten zwar Maurer oder Lehrer ...
... in Uniform aber *Mörder!*
Dann legte meine Mutter Wolf Biermann auf.
Soldaten seh'n sich alle gleich Lebendig und als Leich'!
Im Angesicht des Dunkels hielt ich mich nicht mit familienpolitischer Korrektheit auf.
Sol...
Ich sang einfach los.
...daaten sind vorbeimarschiert ...
Wenige Meter hinter mir schwor meine Mutter, mich bei Wasser und Brot zur Vernunft zu bringen.

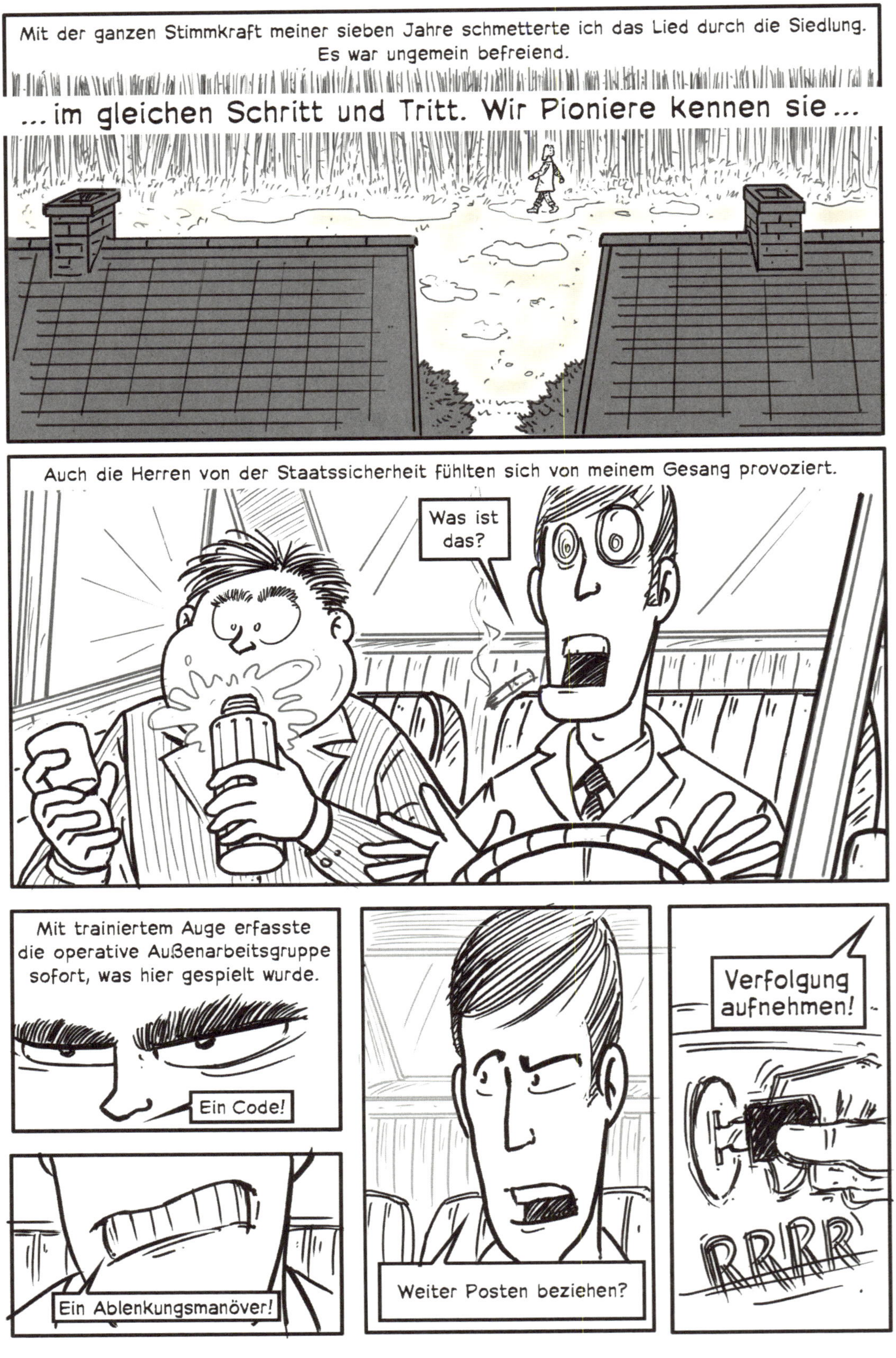
Mit der ganzen Stimmkraft meiner sieben Jahre schmetterte ich das Lied durch die Siedlung. Es war ungemein befreiend.
... im gleichen Schritt und Tritt. Wir Pioniere kennen sie ...
Auch die Herren von der Staatssicherheit fühlten sich von meinem Gesang provoziert.
Was ist das?
Mit trainiertem Auge erfasste die operative Außenarbeitsgruppe sofort, was hier gespielt wurde.
Ein Code!
Ein Ablenkungsmanöver!
Weiter Posten beziehen?
Verfolgung aufnehmen!
RRRR

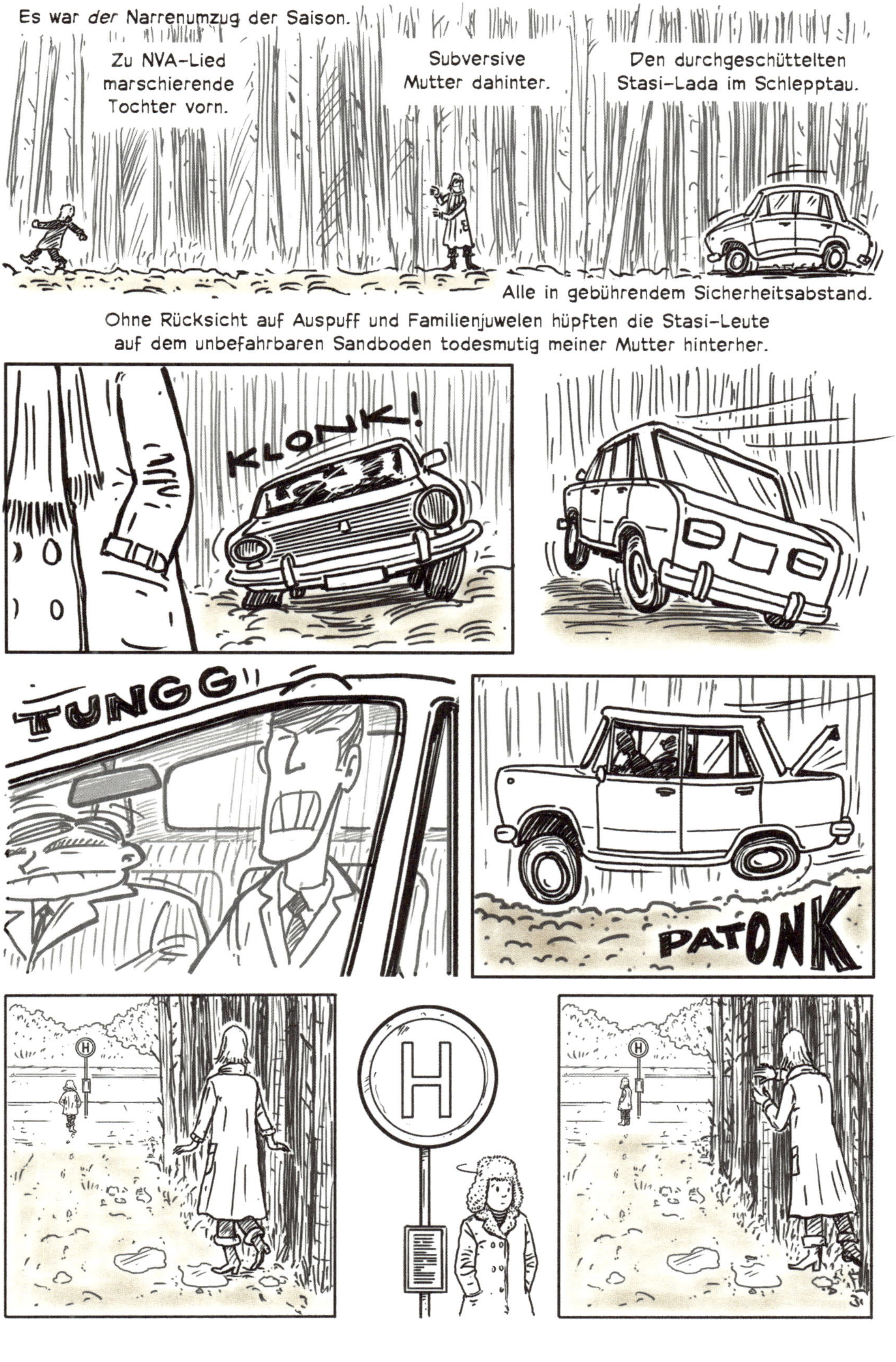
Es war *der* Narrenumzug der Saison.
Zu NVA-Lied marschierende Tochter vorn.
Subversive Mutter dahinter.
Den durchgeschüttelten Stasi-Lada im Schlepptau.
Alle in gebührendem Sicherheitsabstand.
Ohne Rücksicht auf Auspuff und Familienjuwelen hüpften die Stasi-Leute auf dem unbefahrbaren Sandboden todesmutig meiner Mutter hinterher.
KLONK!
TUNGG
PATONK
H

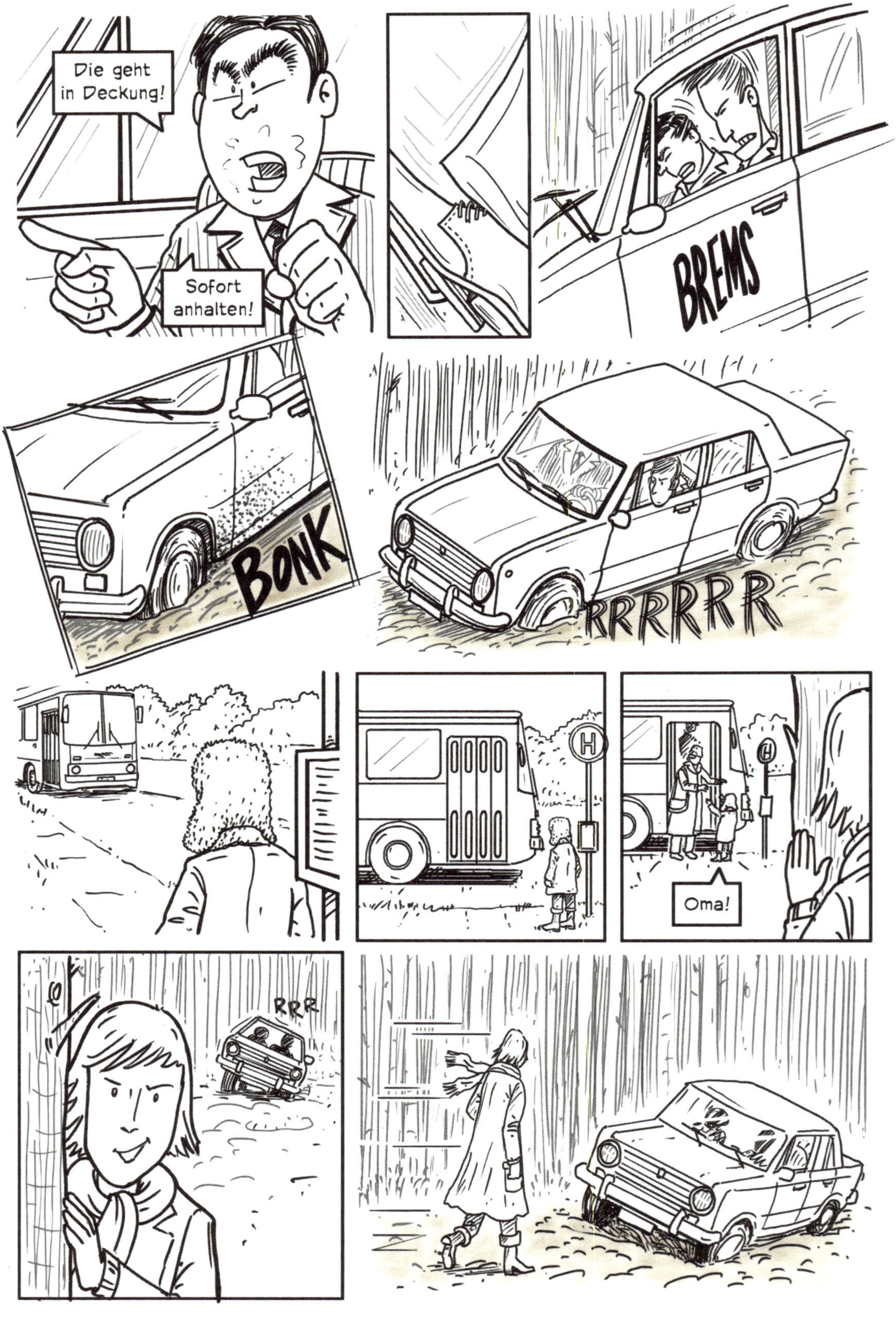
Die geht in Deckung!
Sofort anhalten!
BREMS
BONK
RRRRRRR
Oma!
RRR

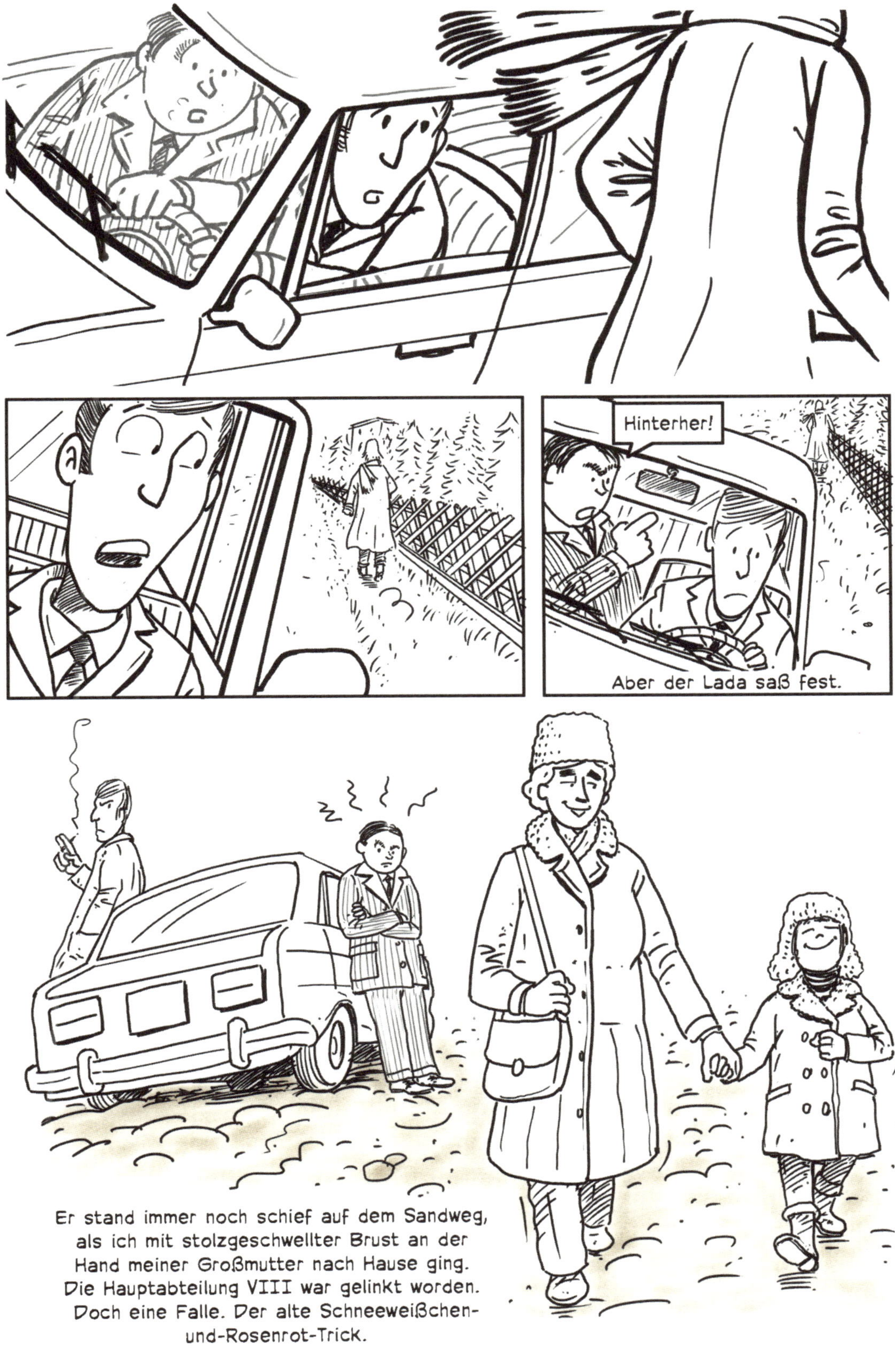
Hinterher!
Aber der Lada saß fest.
Er stand immer noch schief auf dem Sandweg, als ich mit stolzgeschwellter Brust an der Hand meiner Großmutter nach Hause ging. Die Hauptabteilung VIII war gelinkt worden. Doch eine Falle. Der alte Schneeweißchen-und-Rosenrot-Trick.

HONECKERS KANDIERTER APFEL

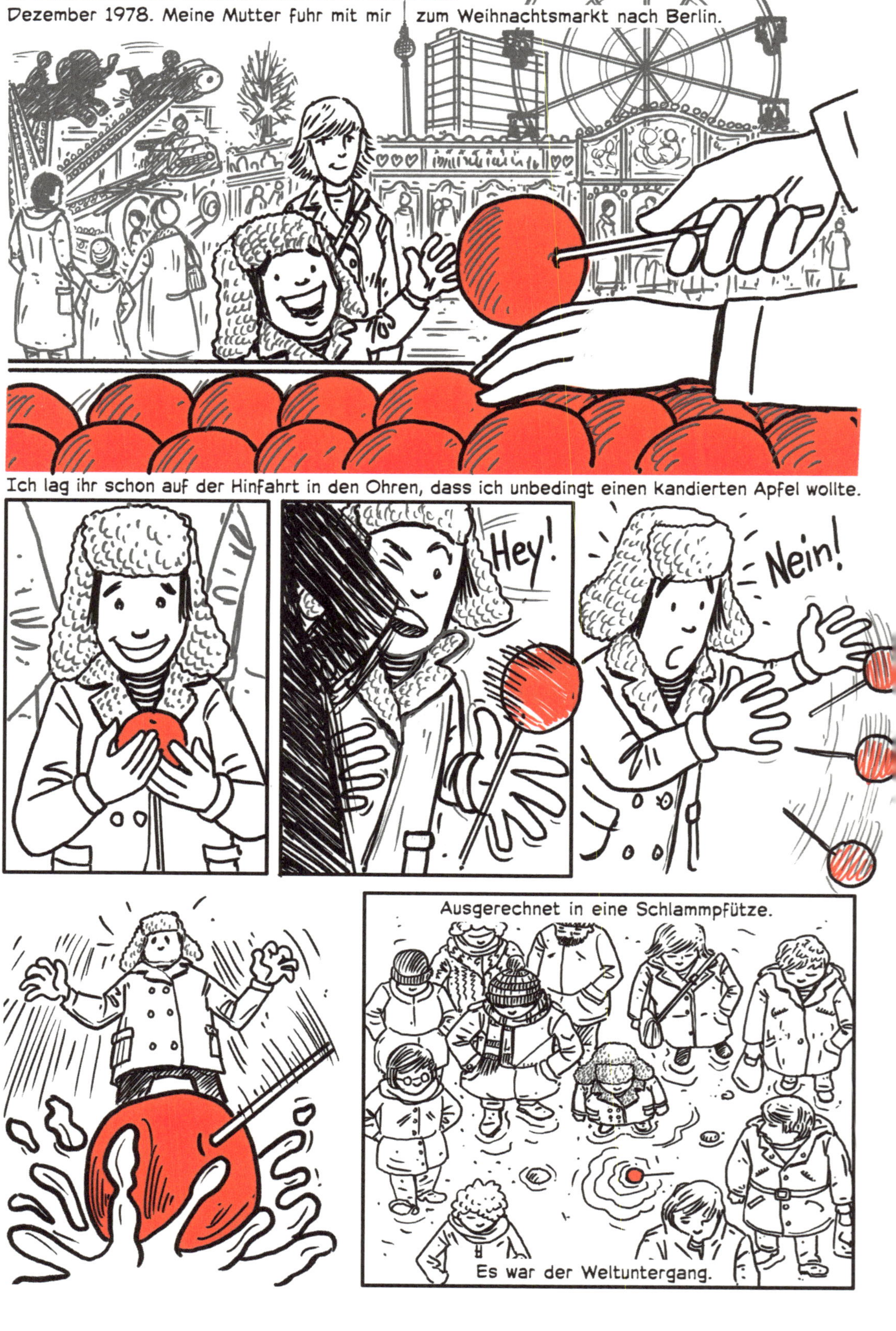

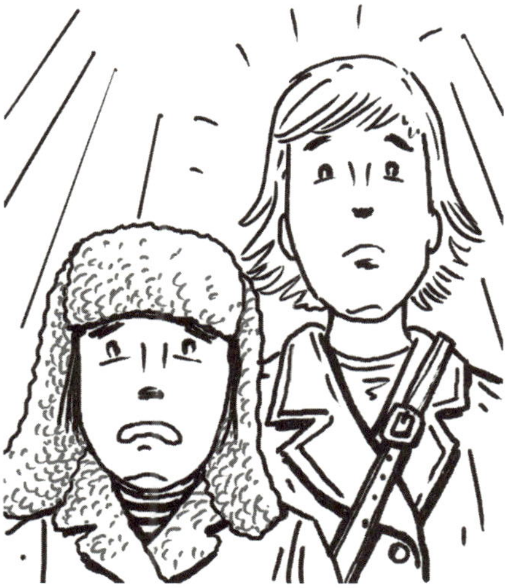

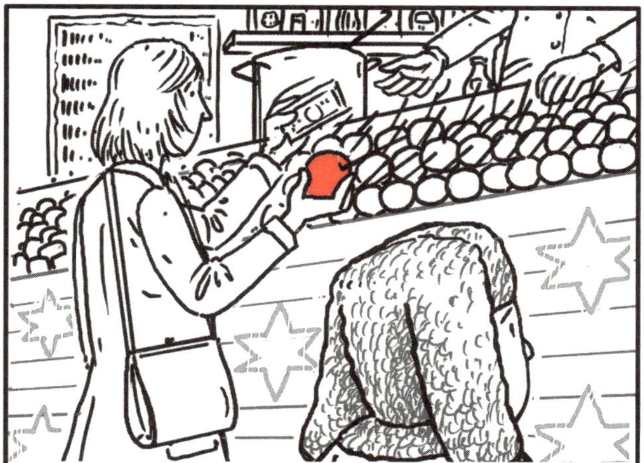

Meiner Mutter blieb nichts anderes übrig, als mir einen zweiten zu kaufen.

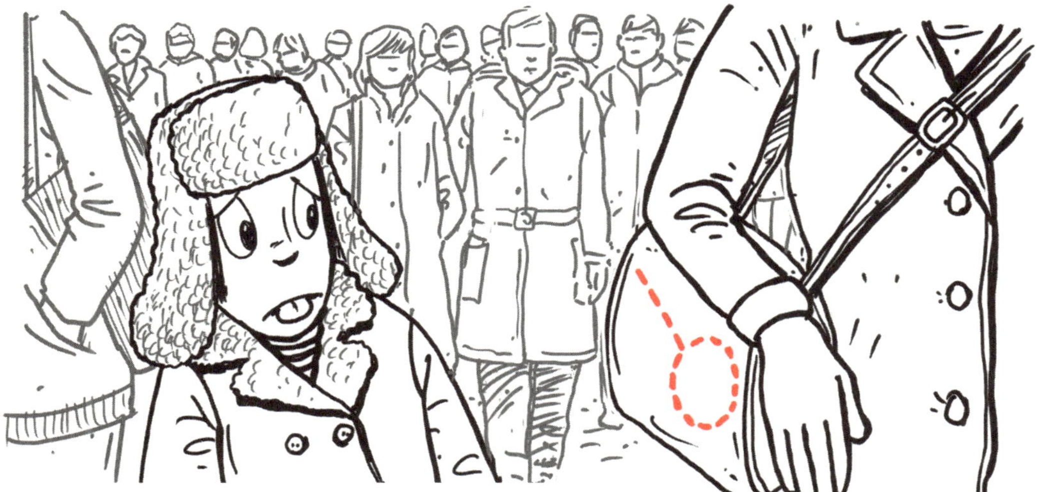

Aber den sollte ich, zur Sicherheit, erst auf der Heimfahrt essen.

Ich vergaß den ganzen Weihnachtsmarkt.

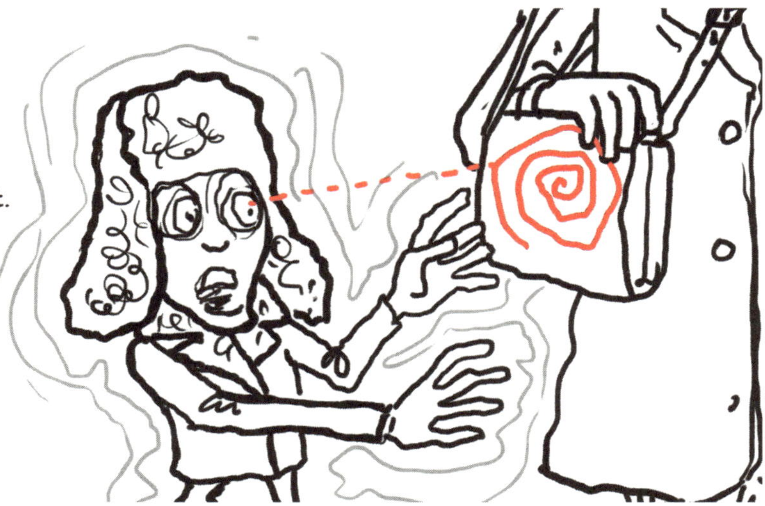

Mich beschäftigte nur noch der kandierte Apfel in Mamas Handtasche. Ich war besessen.

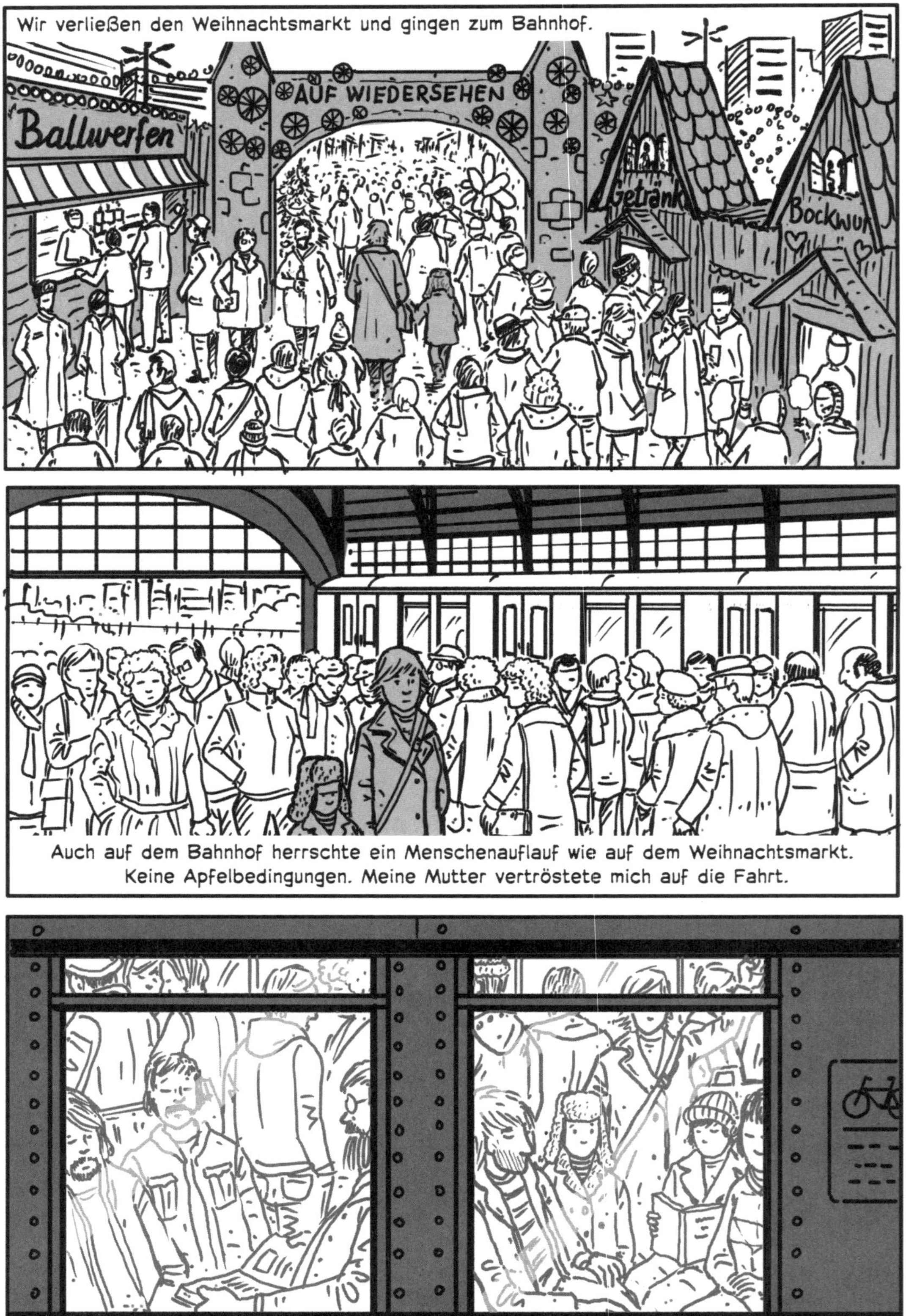
Wir verließen den Weihnachtsmarkt und gingen zum Bahnhof.
Ballwerfen
AUF WIEDERSEHEN
Getränk
Bockwu
Auch auf dem Bahnhof herrschte ein Menschenauflauf wie auf dem Weihnachtsmarkt. Keine Apfelbedingungen. Meine Mutter vertröstete mich auf die Fahrt.
Aber auch der Zug brach aus allen Nähten, und wir mussten im Gang stehen.

Noch länger auf meinen Apfel zu warten, war ich jetzt nicht mehr bereit.
Ohne Rücksicht auf Verluste begann ich zu diskutieren, zu fordern, zu jammern.

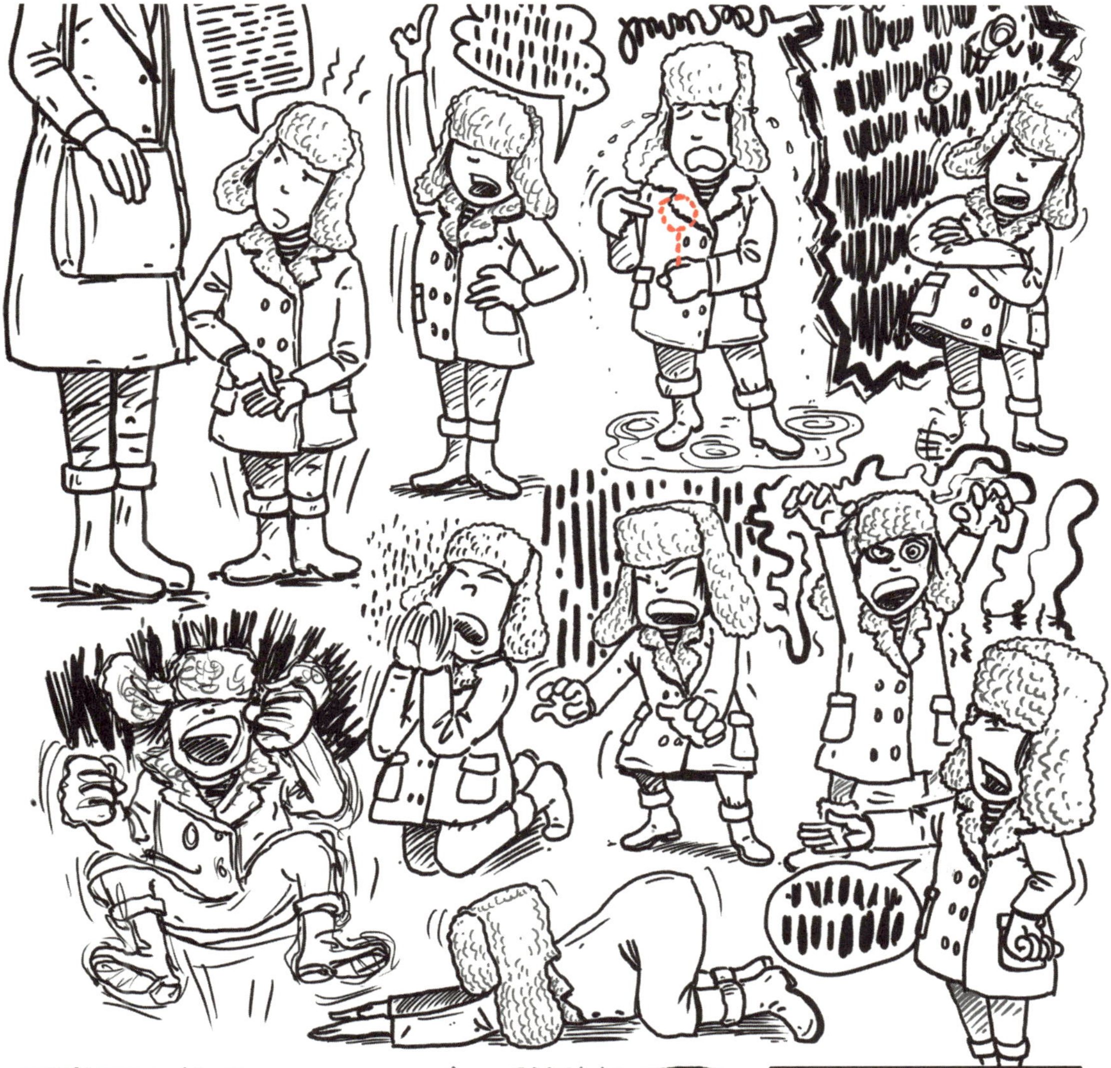

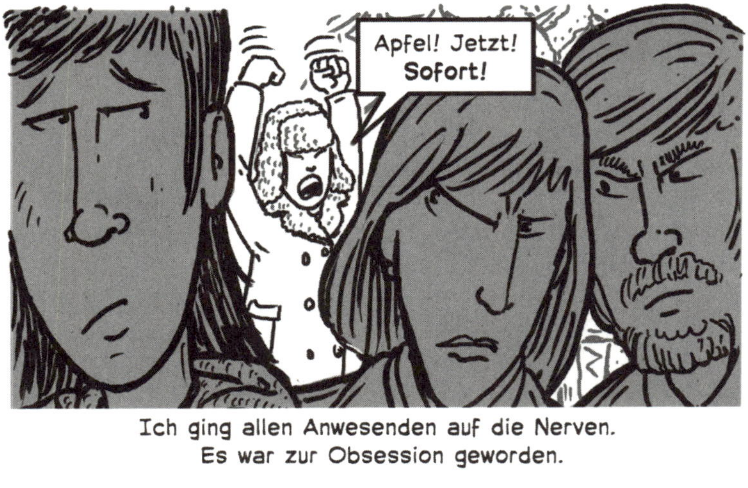

Ich ging allen Anwesenden auf die Nerven.
Es war zur Obsession geworden.

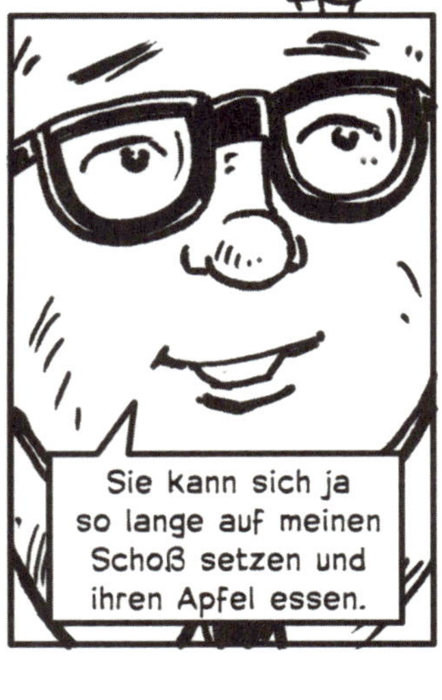

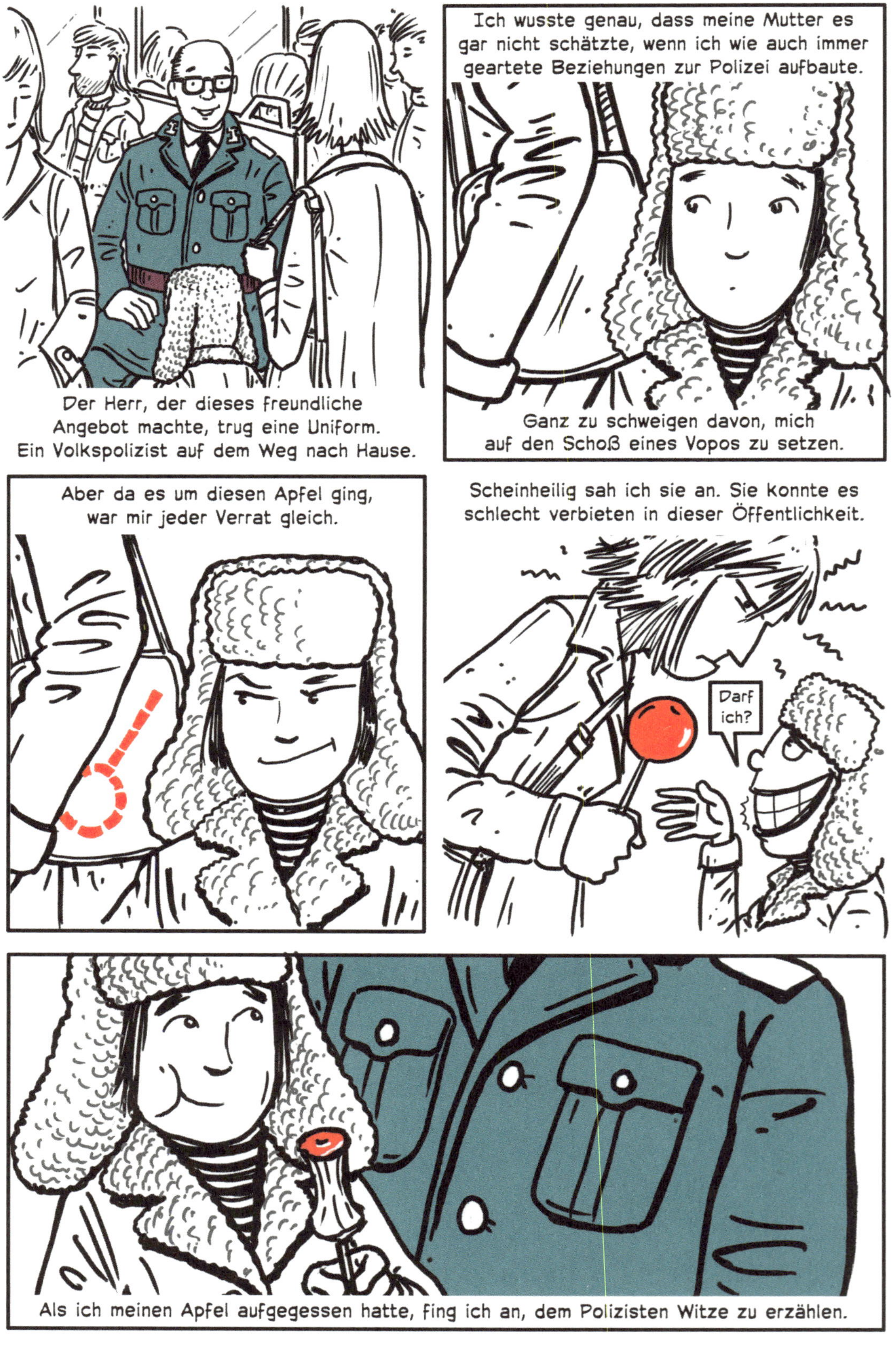
Der Herr, der dieses freundliche
Angebot machte, trug eine Uniform.
Ein Volkspolizist auf dem Weg nach Hause.
Ich wusste genau, dass meine Mutter es
gar nicht schätzte, wenn ich wie auch immer
geartete Beziehungen zur Polizei aufbaute.
Ganz zu schweigen davon, mich
auf den Schoß eines Vopos zu setzen.
Aber da es um diesen Apfel ging,
war mir jeder Verrat gleich.
Scheinheilig sah ich sie an. Sie konnte es
schlecht verbieten in dieser Öffentlichkeit.
Darf ich?
Als ich meinen Apfel aufgegessen hatte, fing ich an, dem Polizisten Witze zu erzählen.

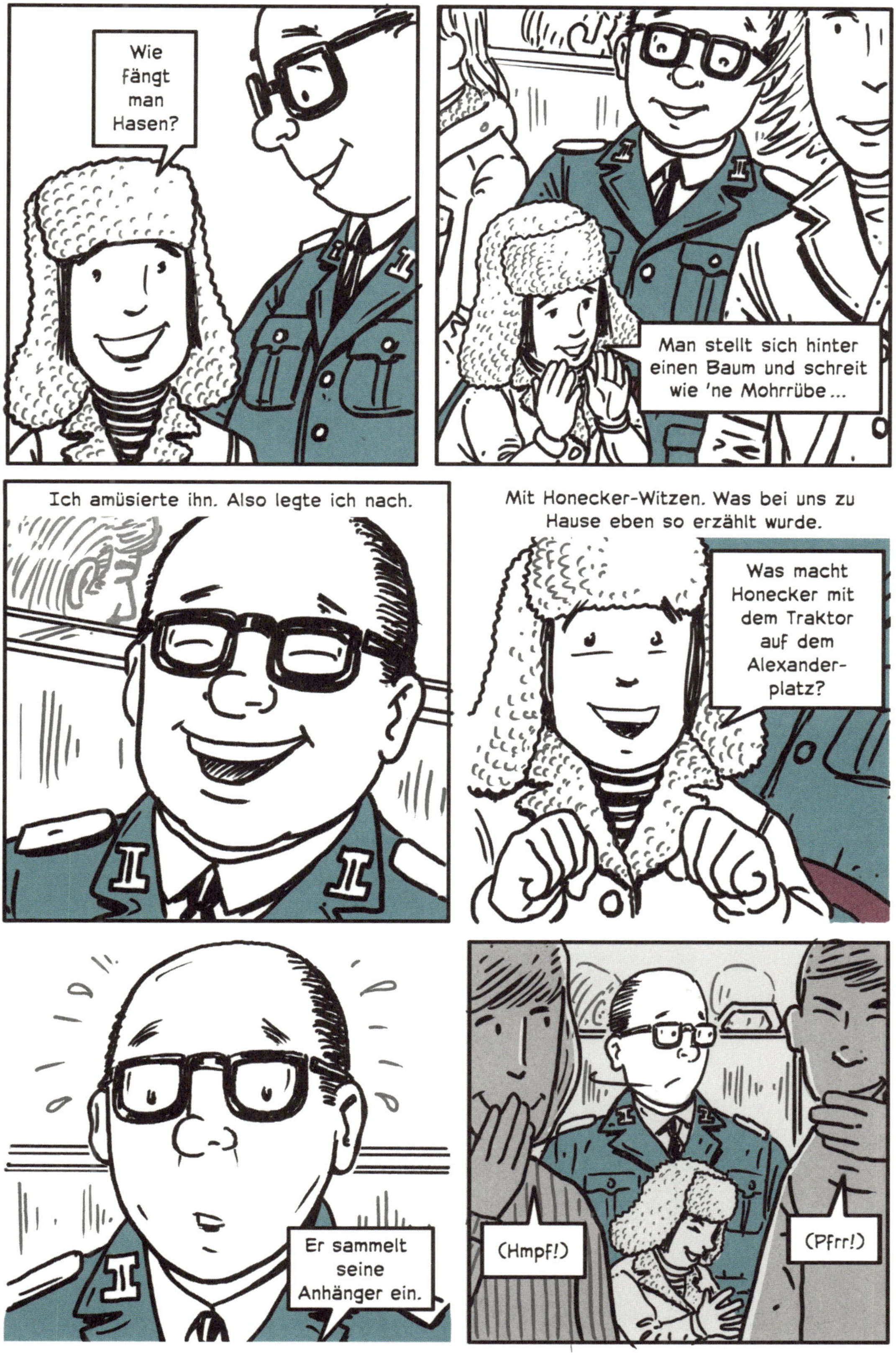
Wie fängt man Hasen?
Man stellt sich hinter einen Baum und schreit wie 'ne Mohrrübe ...
Ich amüsierte ihn. Also legte ich nach.
Mit Honecker-Witzen. Was bei uns zu Hause eben so erzählt wurde.
Was macht Honecker mit dem Traktor auf dem Alexanderplatz?
Er sammelt seine Anhänger ein.
(Hmpf!)
(Pfrr!)

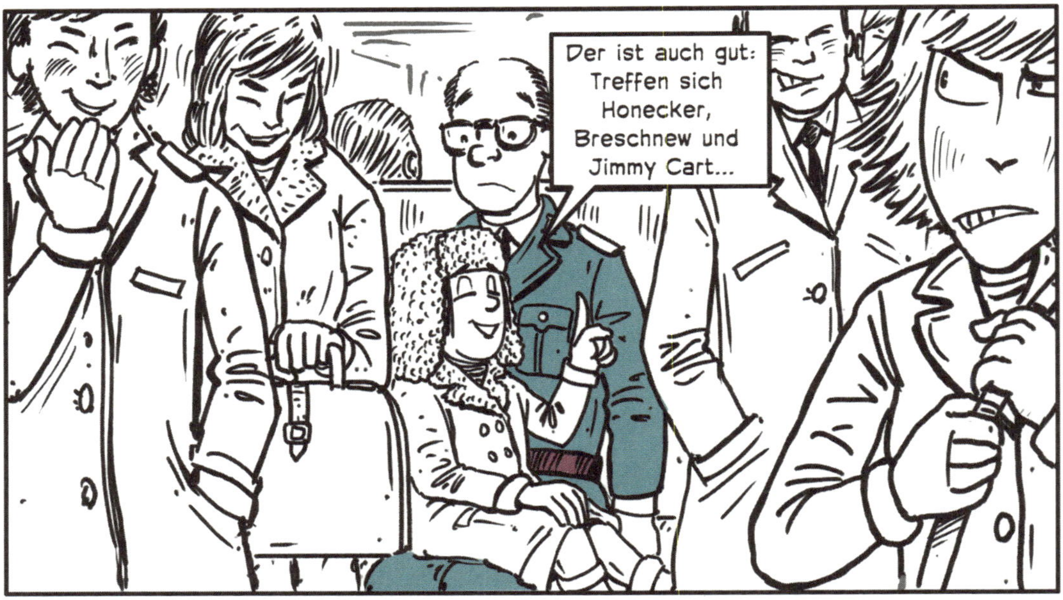
Der ist auch gut: Treffen sich Honecker, Breschnew und Jimmy Cart...

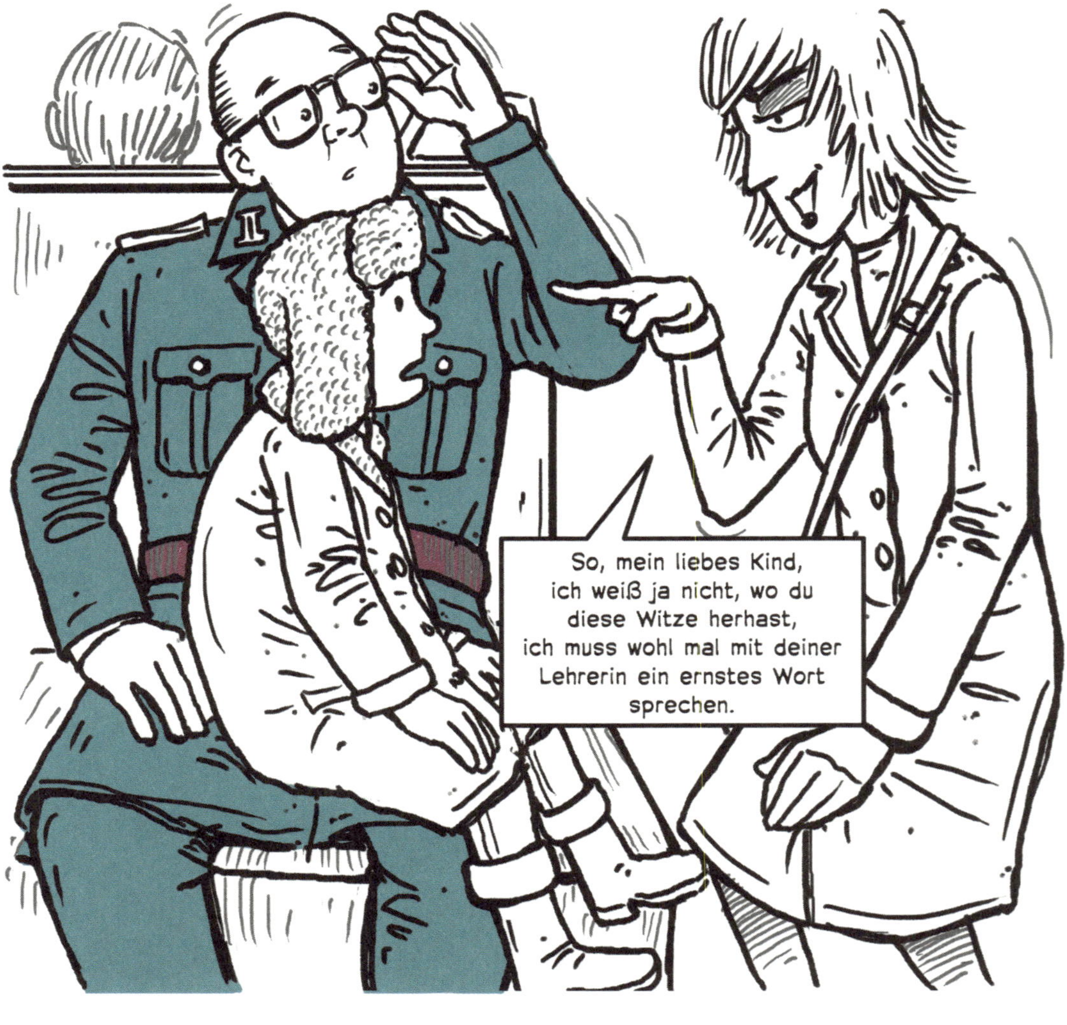
So, mein liebes Kind, ich weiß ja nicht, wo du diese Witze herhast, ich muss wohl mal mit deiner Lehrerin ein ernstes Wort sprechen.

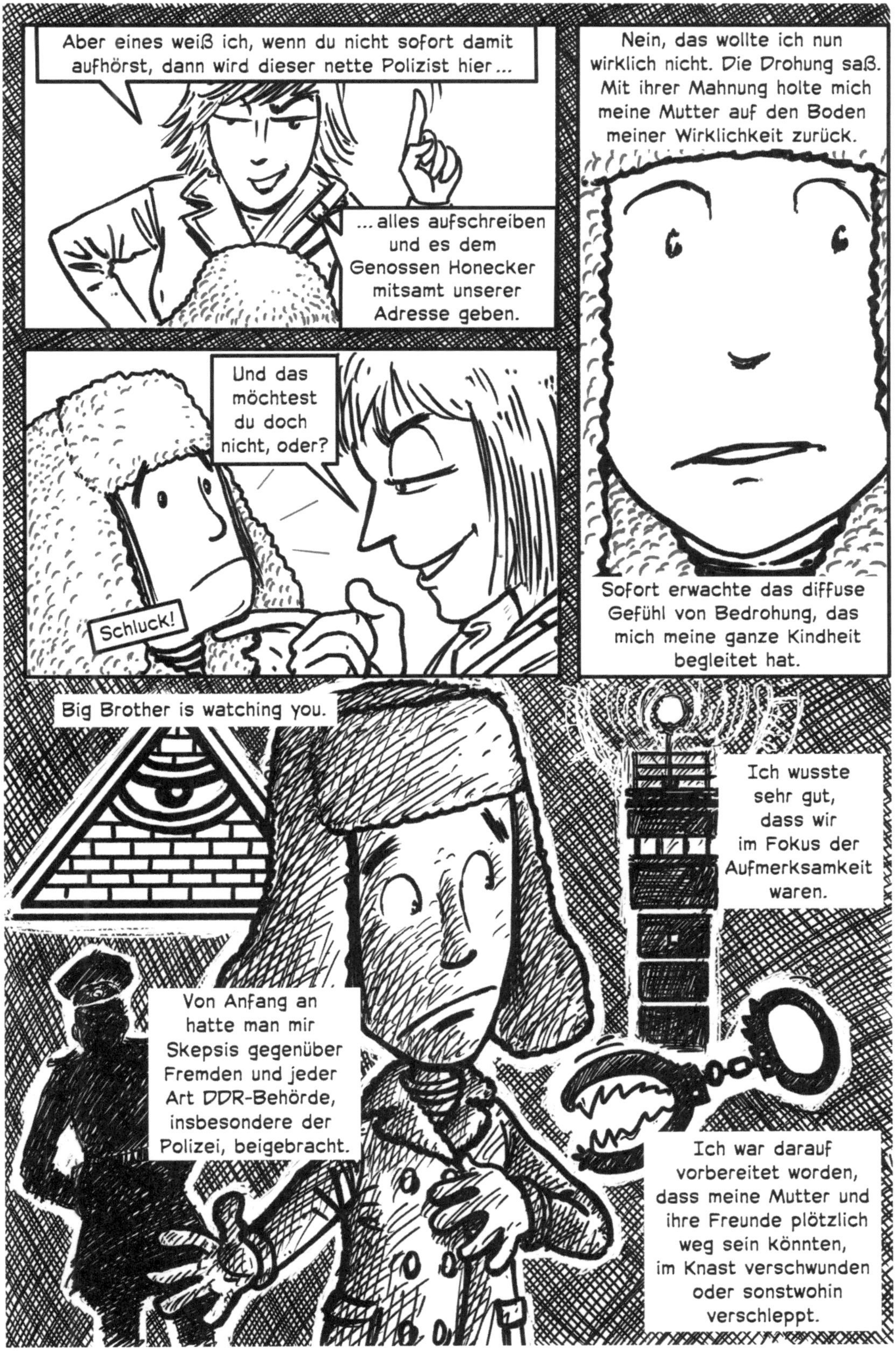
Aber eines weiß ich, wenn du nicht sofort damit aufhörst, dann wird dieser nette Polizist hier ...
... alles aufschreiben und es dem Genossen Honecker mitsamt unserer Adresse geben.
Und das möchtest du doch nicht, oder?
Schluck!
Nein, das wollte ich nun wirklich nicht. Die Drohung saß. Mit ihrer Mahnung holte mich meine Mutter auf den Boden meiner Wirklichkeit zurück.
Sofort erwachte das diffuse Gefühl von Bedrohung, das mich meine ganze Kindheit begleitet hat.
Big Brother is watching you.
Ich wusste sehr gut, dass wir im Fokus der Aufmerksamkeit waren.
Von Anfang an hatte man mir Skepsis gegenüber Fremden und jeder Art DDR-Behörde, insbesondere der Polizei, beigebracht.
Ich war darauf vorbereitet worden, dass meine Mutter und ihre Freunde plötzlich weg sein könnten, im Knast verschwunden oder sonstwohin verschleppt.

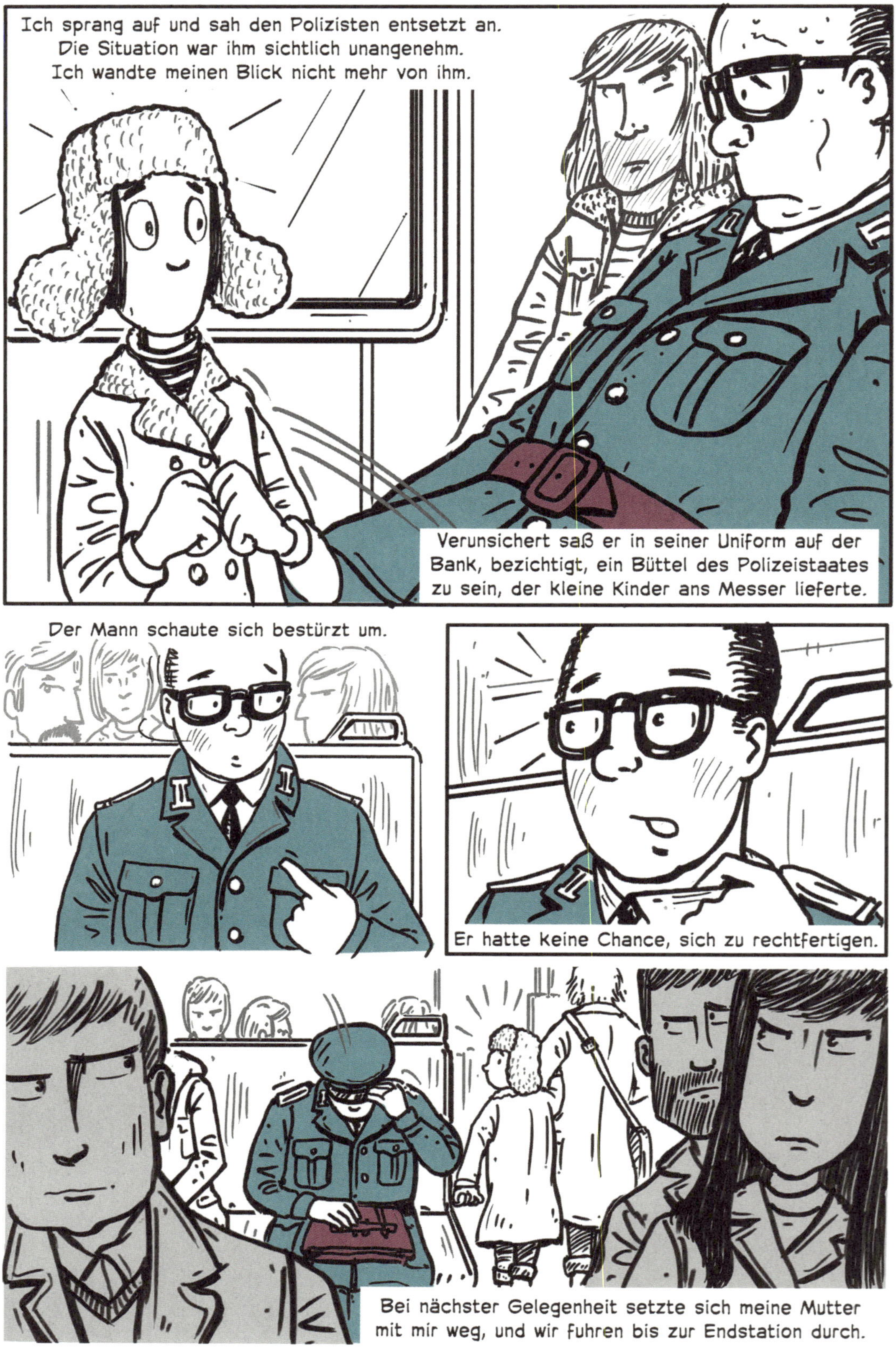
Ich sprang auf und sah den Polizisten entsetzt an. Die Situation war ihm sichtlich unangenehm. Ich wandte meinen Blick nicht mehr von ihm.
Verunsichert saß er in seiner Uniform auf der Bank, bezichtigt, ein Büttel des Polizeistaates zu sein, der kleine Kinder ans Messer lieferte.
Der Mann schaute sich bestürzt um.
Er hatte keine Chance, sich zu rechtfertigen.
Bei nächster Gelegenheit setzte sich meine Mutter mit mir weg, und wir fuhren bis zur Endstation durch.

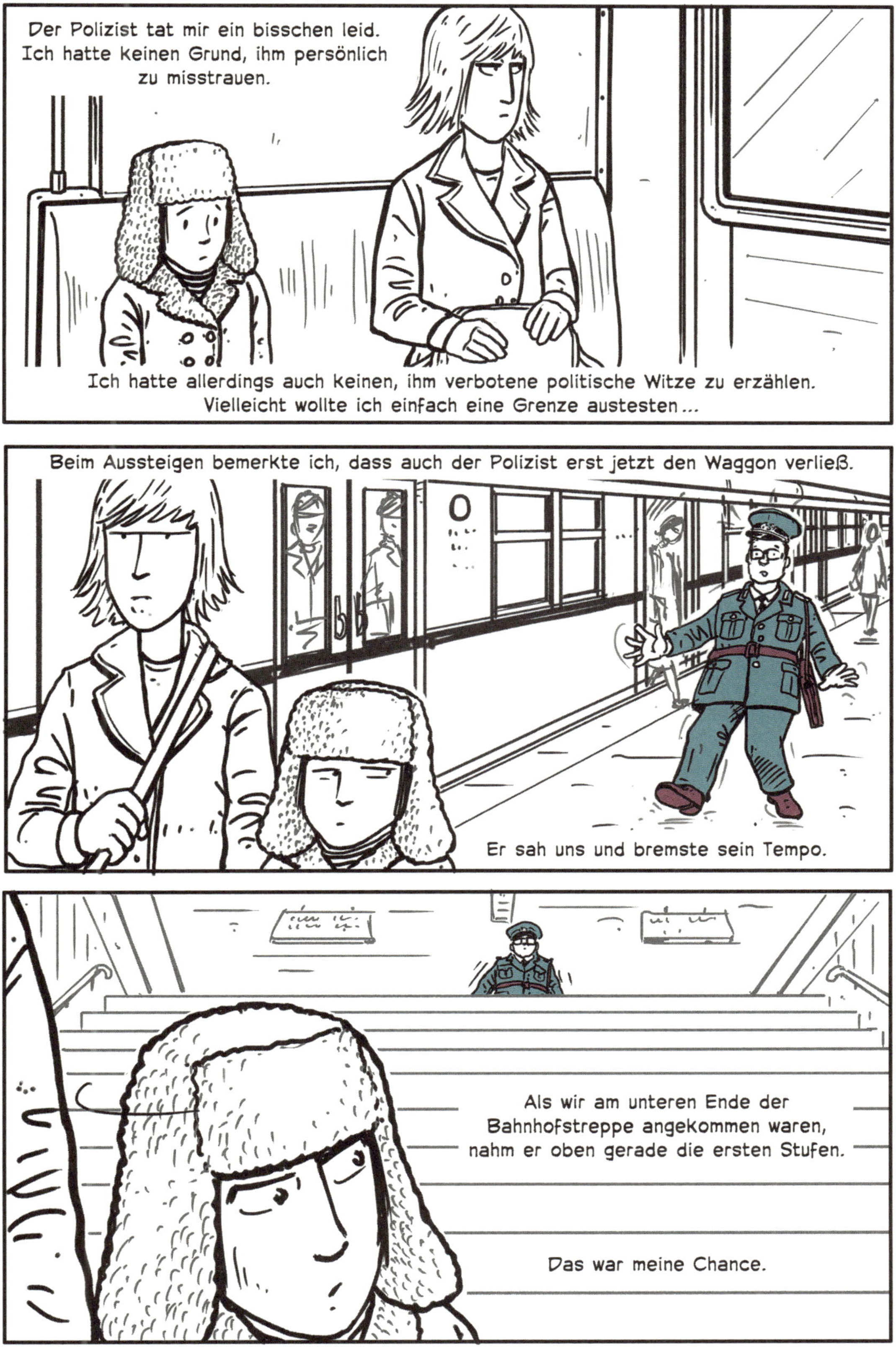
Der Polizist tat mir ein bisschen leid. Ich hatte keinen Grund, ihm persönlich zu misstrauen.
Ich hatte allerdings auch keinen, ihm verbotene politische Witze zu erzählen. Vielleicht wollte ich einfach eine Grenze austesten ...
Beim Aussteigen bemerkte ich, dass auch der Polizist erst jetzt den Waggon verließ.
Er sah uns und bremste sein Tempo.
Als wir am unteren Ende der Bahnhofstreppe angekommen waren, nahm er oben gerade die ersten Stufen.
Das war meine Chance.

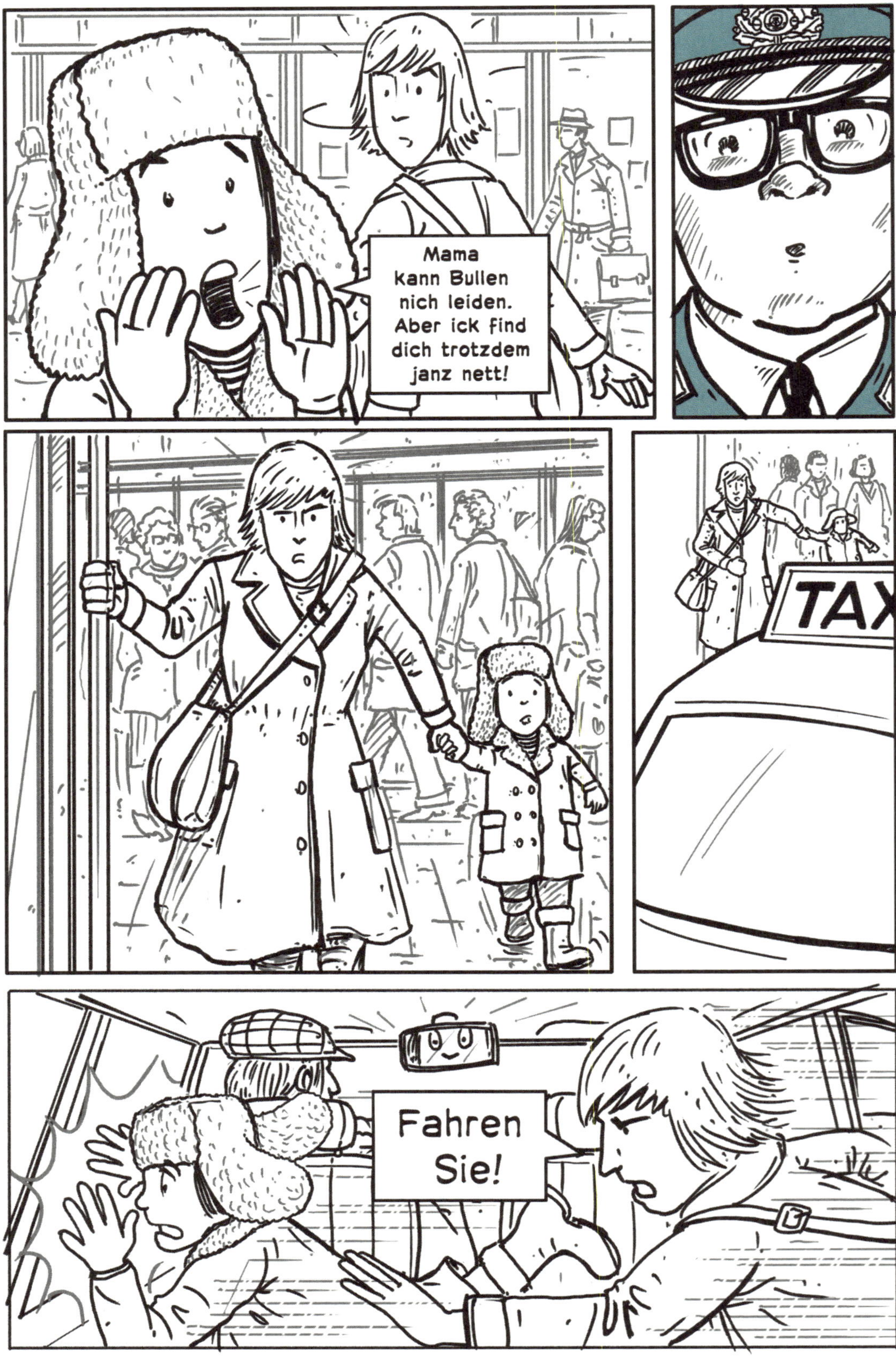
Mama kann Bullen nich leiden. Aber ick find dich trotzdem janz nett!
TAX
Fahren Sie!

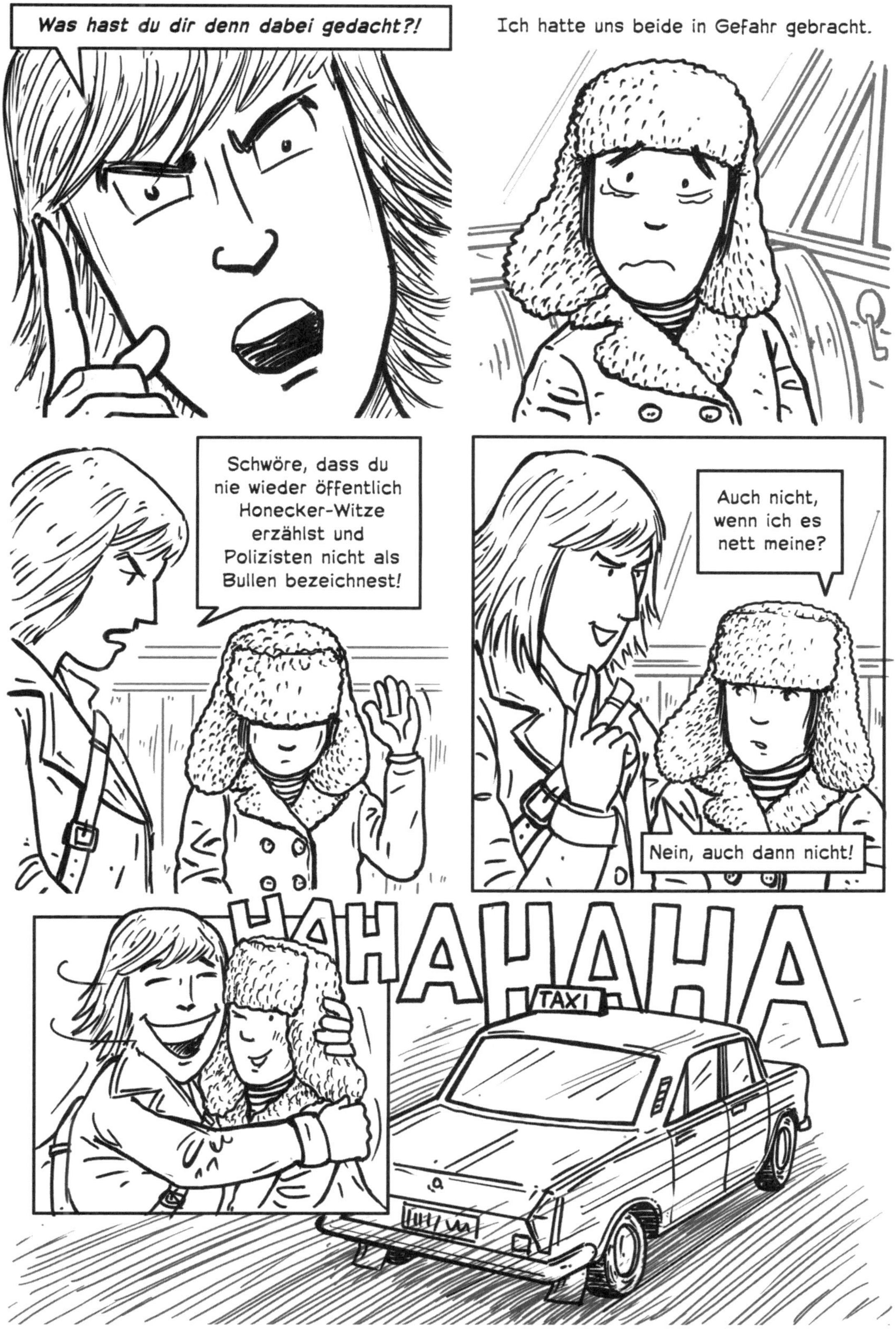
Was hast du dir denn dabei gedacht?!
Ich hatte uns beide in Gefahr gebracht.
Schwöre, dass du nie wieder öffentlich Honecker-Witze erzählst und Polizisten nicht als Bullen bezeichnest!
Auch nicht, wenn ich es nett meine?
Nein, auch dann nicht!
HAHAHAHAHA
TAXI

PEGGY UND DER SCHATTEN VON ERNST THÄLMANN

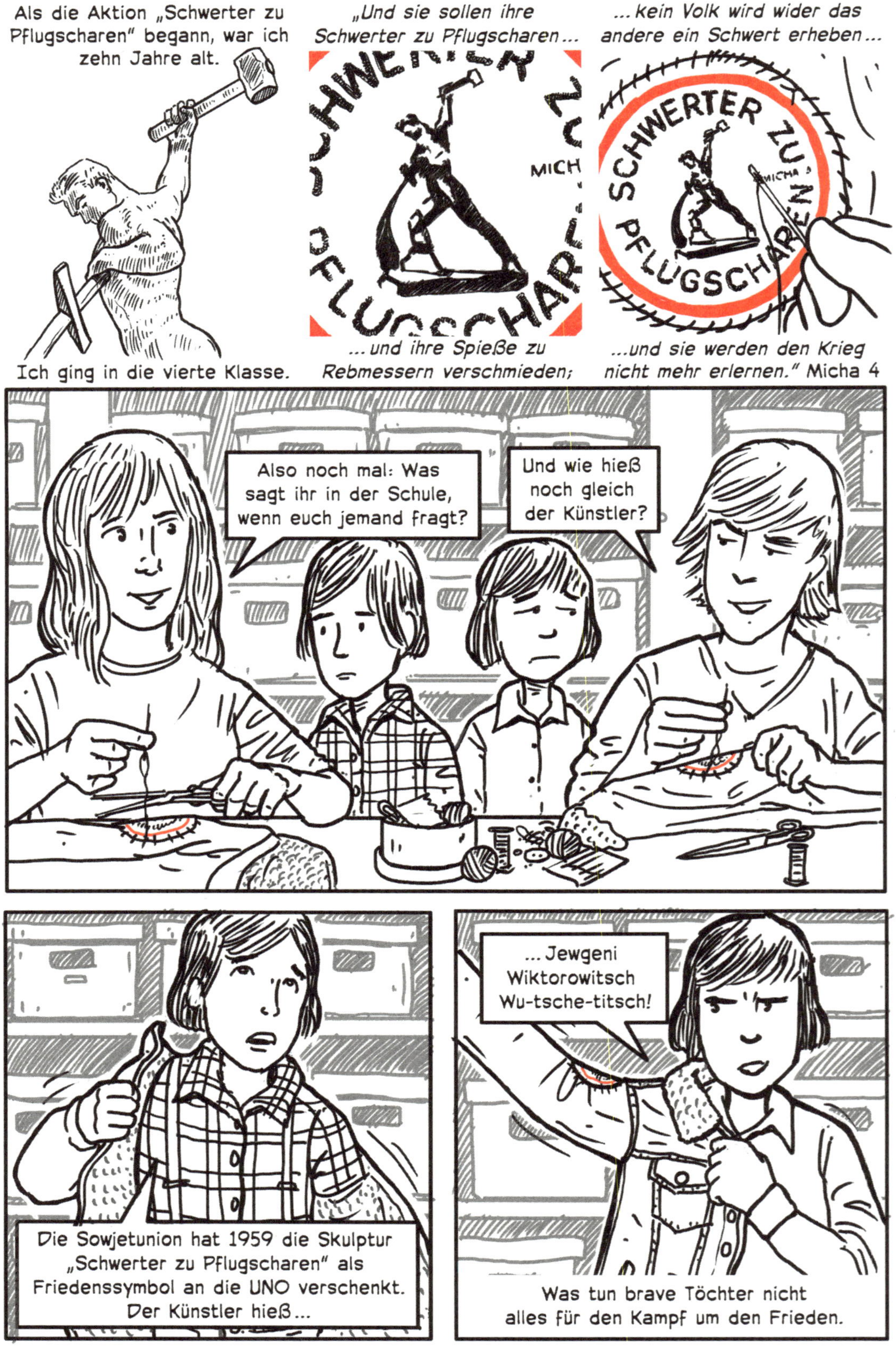

Wir hatten gewissermaßen eine dörfliche Oppositionsverpflichtung.
Es hieß ohnehin wenig mehr, als die Erwartungen der Leute zu erfüllen.

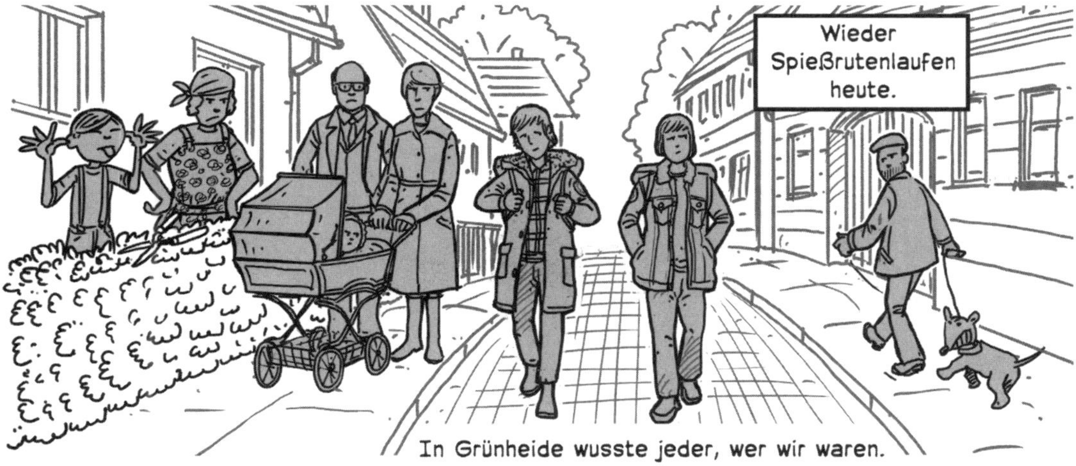

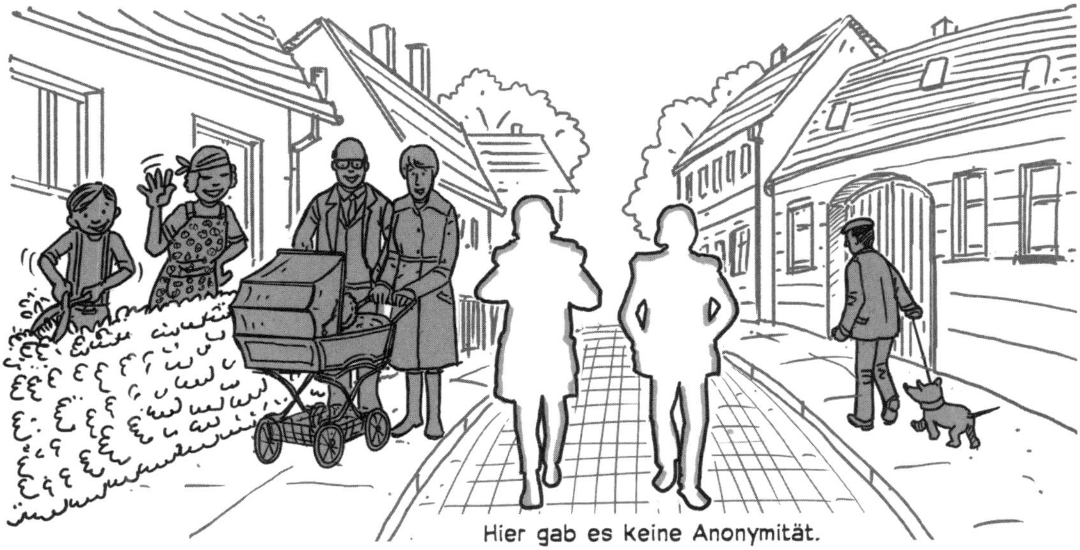

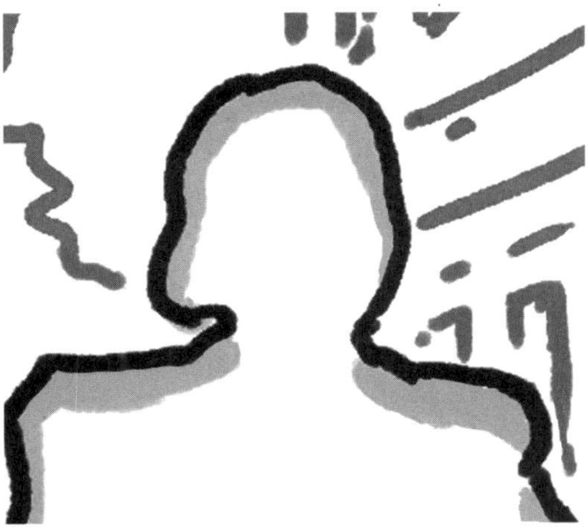

Ich war hin- und hergerissen zwischen dem Wunsch nach Unauffälligkeit ...

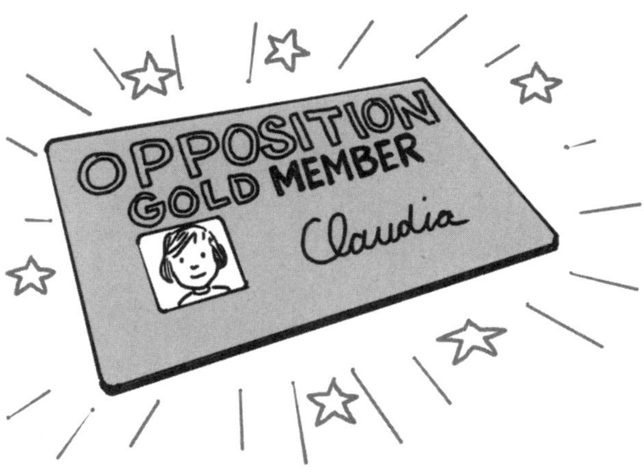

... und der Würde einer Eingeweihten. Ich gehörte zu einem exklusiven Club.

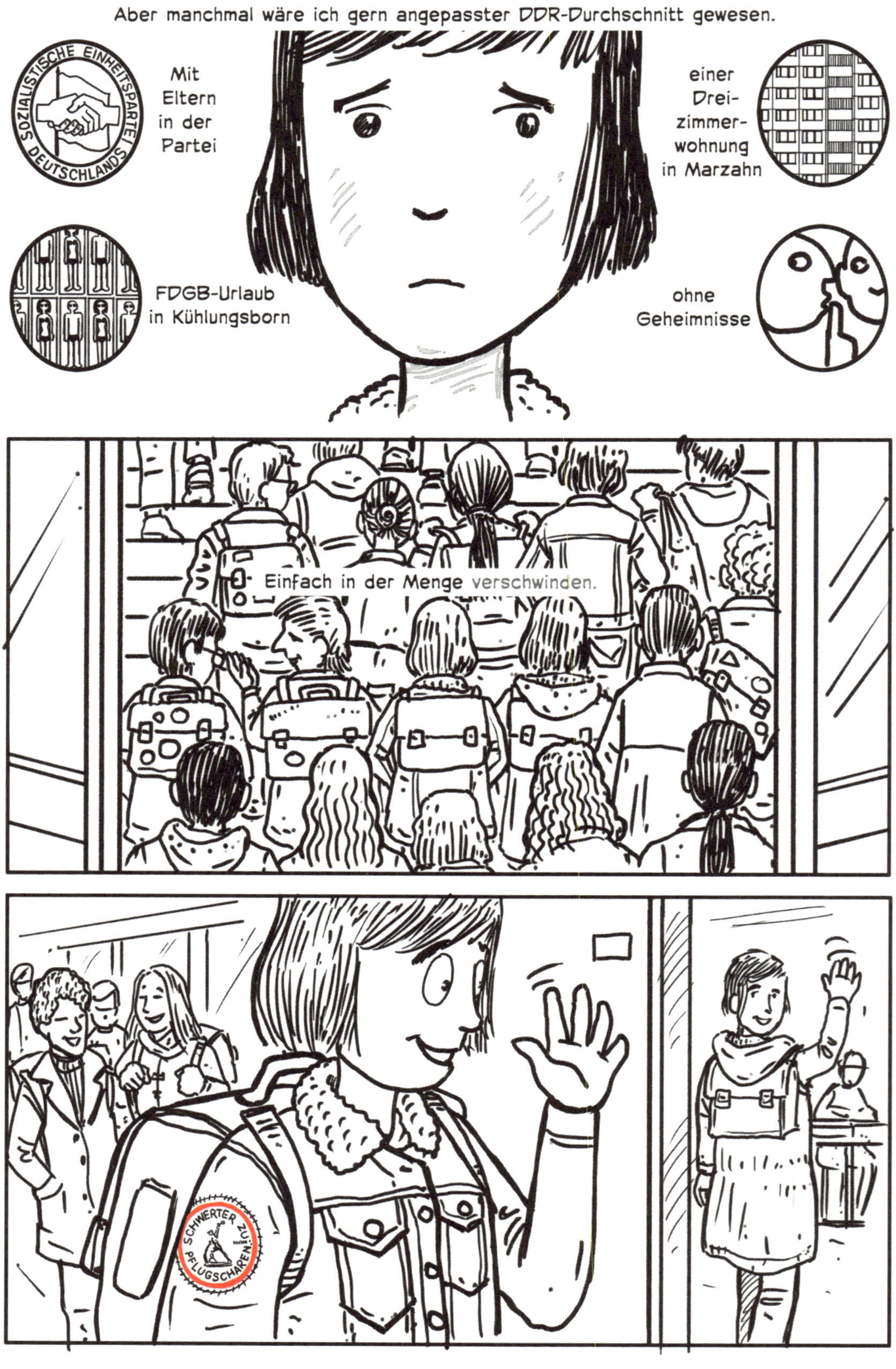
Aber manchmal wäre ich gern angepasster DDR-Durchschnitt gewesen.
SOZIALISTISCHE EINHEITSPARTEI DEUTSCHLANDS
Mit Eltern in der Partei
einer Drei-zimmer-wohnung in Marzahn
FDGB-Urlaub in Kühlungsborn
ohne Geheimnisse
Einfach in der Menge verschwinden.
SCHWERTER ZU PFLUGSCHAREN

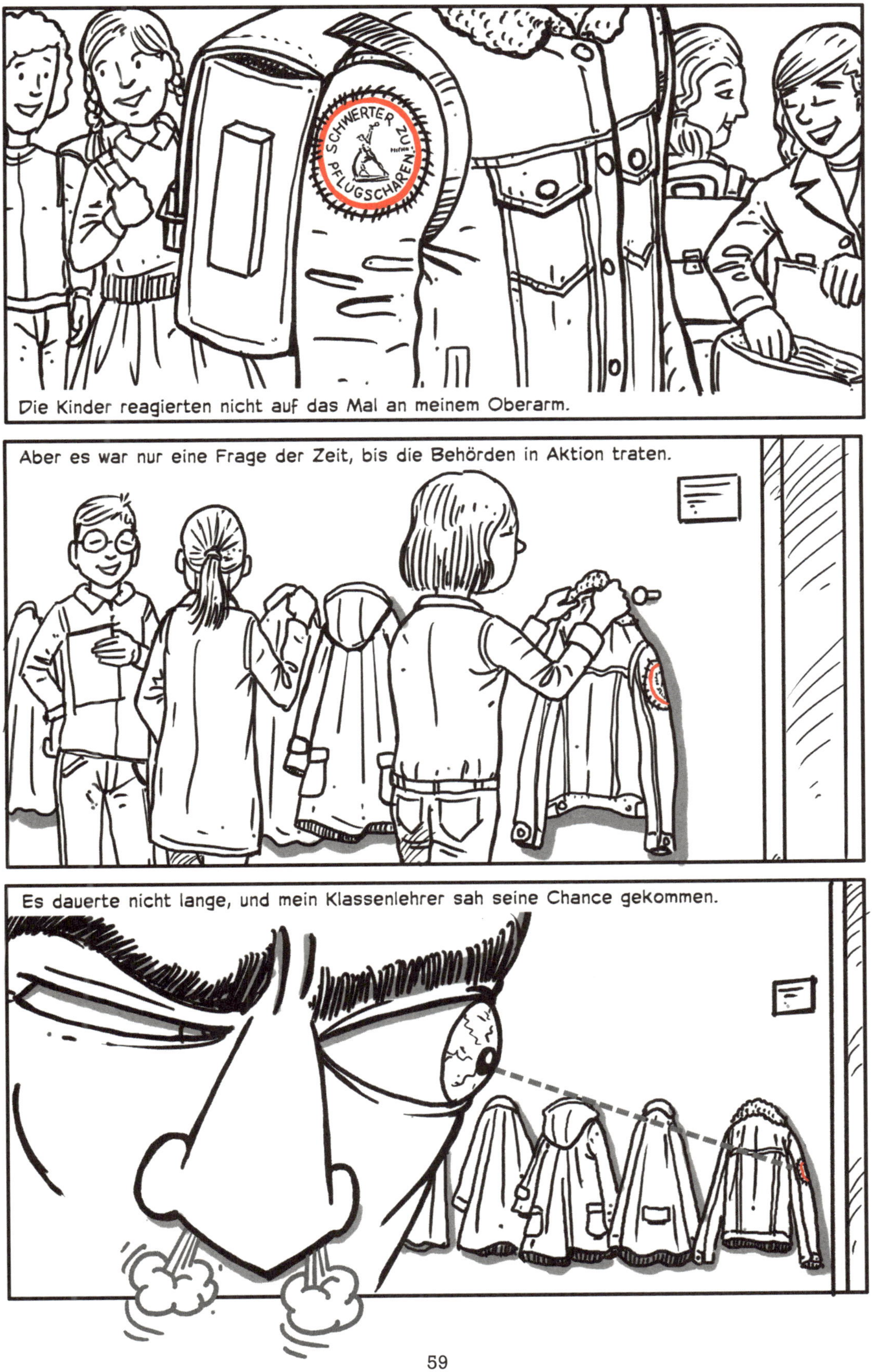

Die Kinder reagierten nicht auf das Mal an meinem Oberarm.
SCHWERTER ZU PFLUGSCHAREN
Aber es war nur eine Frage der Zeit, bis die Behörden in Aktion traten.
Es dauerte nicht lange, und mein Klassenlehrer sah seine Chance gekommen.

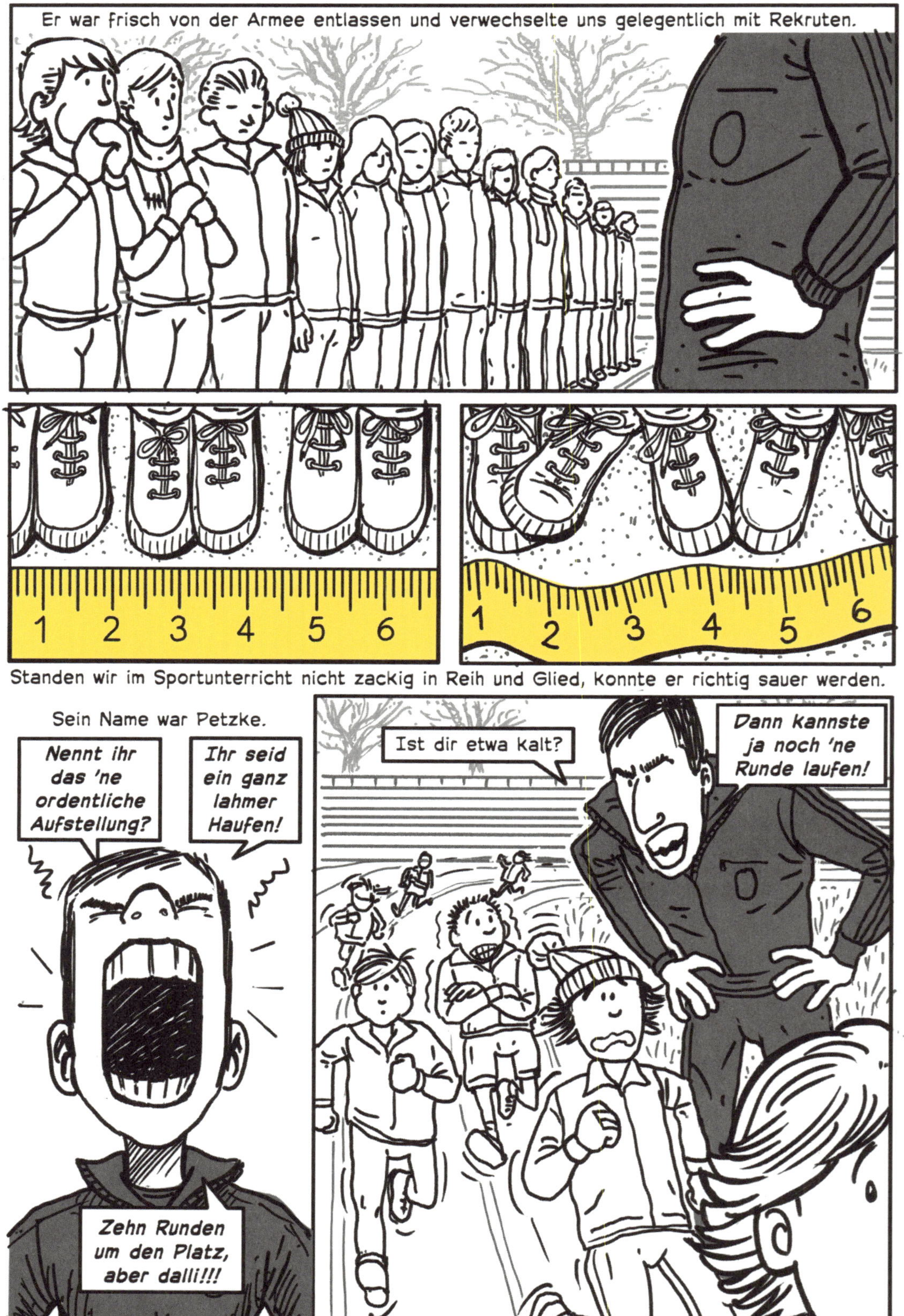
Er war frisch von der Armee entlassen und verwechselte uns gelegentlich mit Rekruten.
1 2 3 4 5 6
1 2 3 4 5 6
Standen wir im Sportunterricht nicht zackig in Reih und Glied, konnte er richtig sauer werden.
Sein Name war Petzke.
Nennt ihr das 'ne ordentliche Aufstellung?
Ihr seid ein ganz lahmer Haufen!
Zehn Runden um den Platz, aber dalli!!!
Ist dir etwa kalt?
Dann kannste ja noch 'ne Runde laufen!

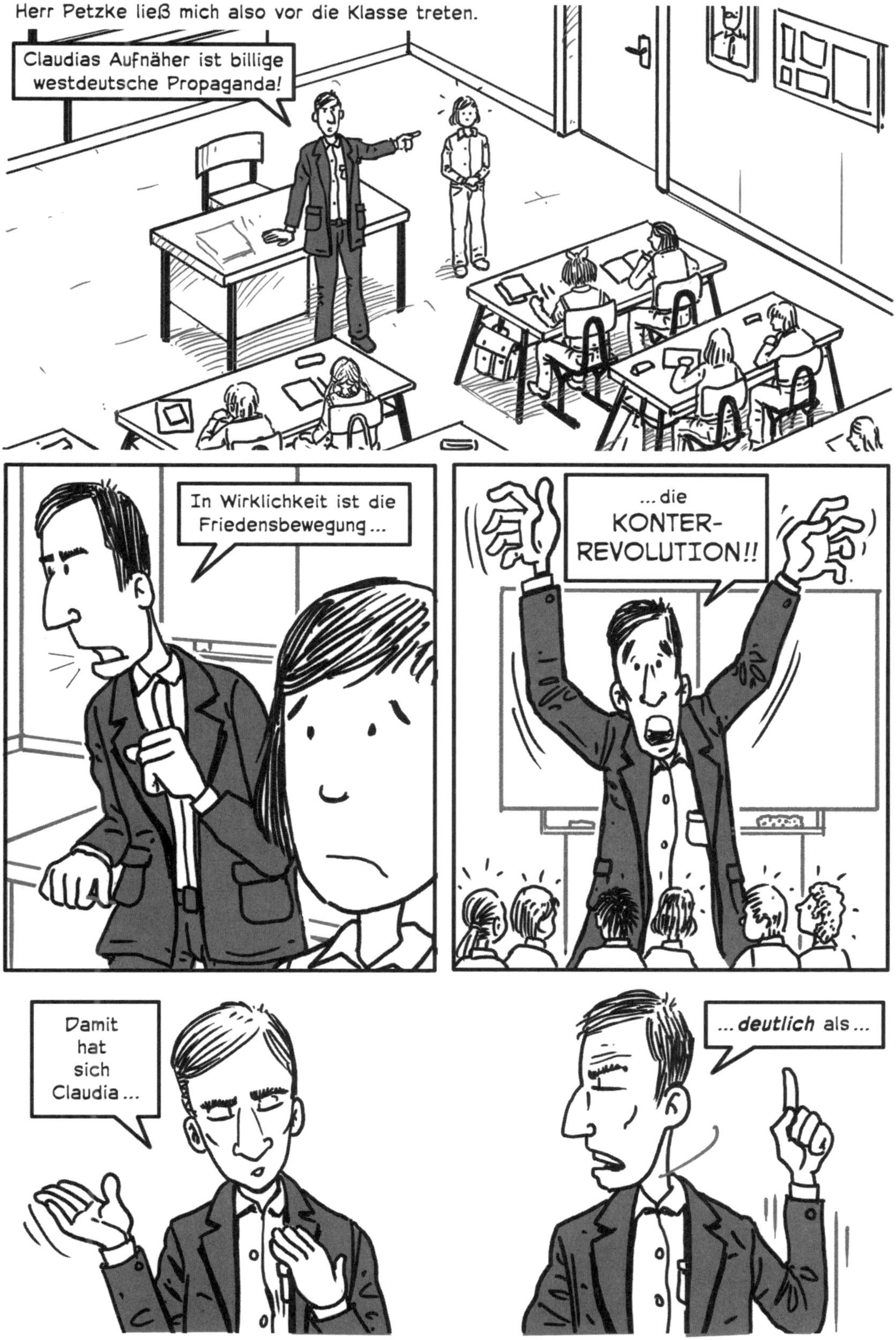
Herr Petzke ließ mich also vor die Klasse treten.
Claudias Aufnäher ist billige westdeutsche Propaganda!
In Wirklichkeit ist die Friedensbewegung ...
... die KONTER-REVOLUTION!!
Damit hat sich Claudia ...
... *deutlich* als ...

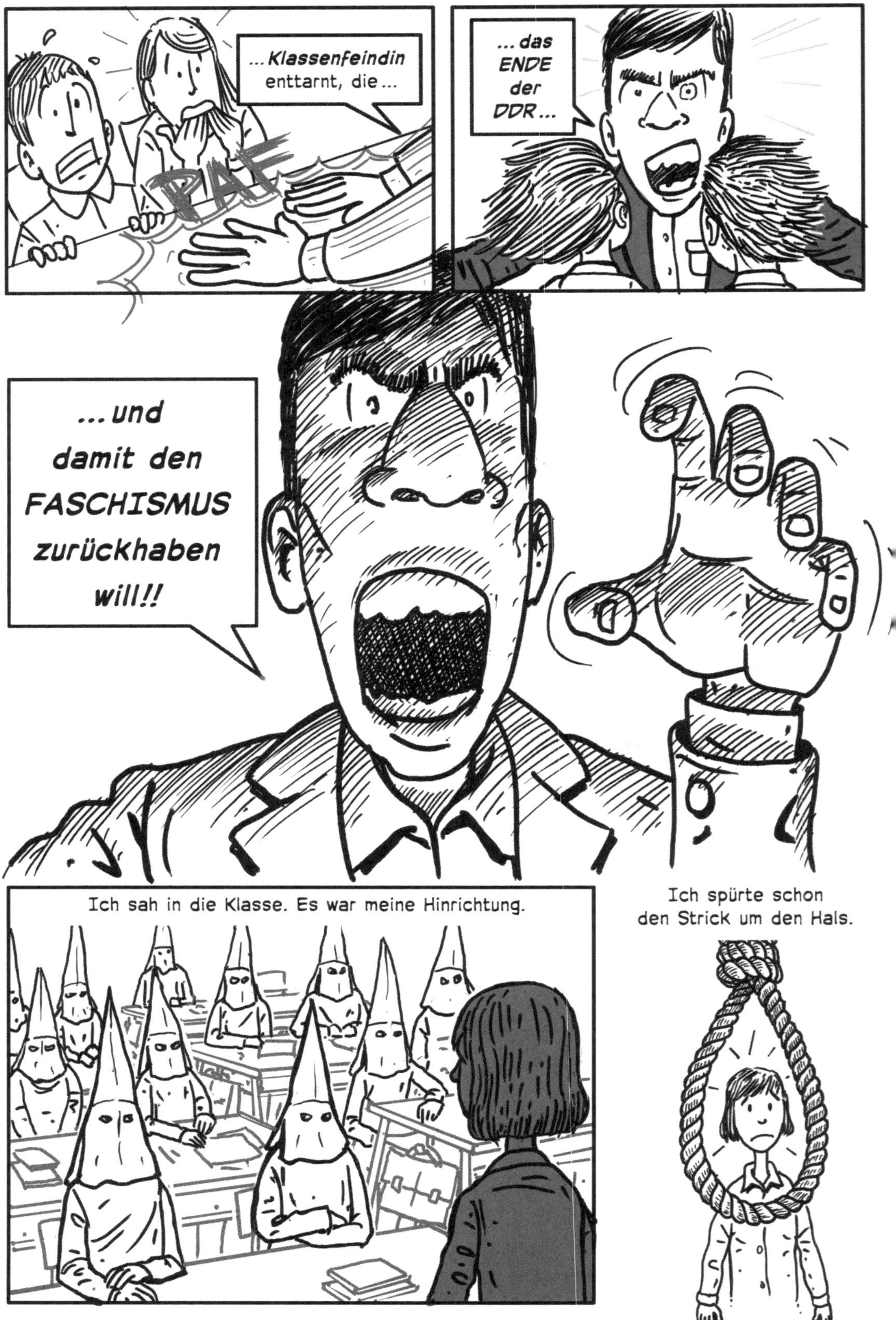

PAF
...Klassenfeindin enttarnt, die...
...das ENDE der DDR...
...und damit den FASCHISMUS zurückhaben will!!
Ich sah in die Klasse. Es war meine Hinrichtung.
Ich spürte schon den Strick um den Hals.

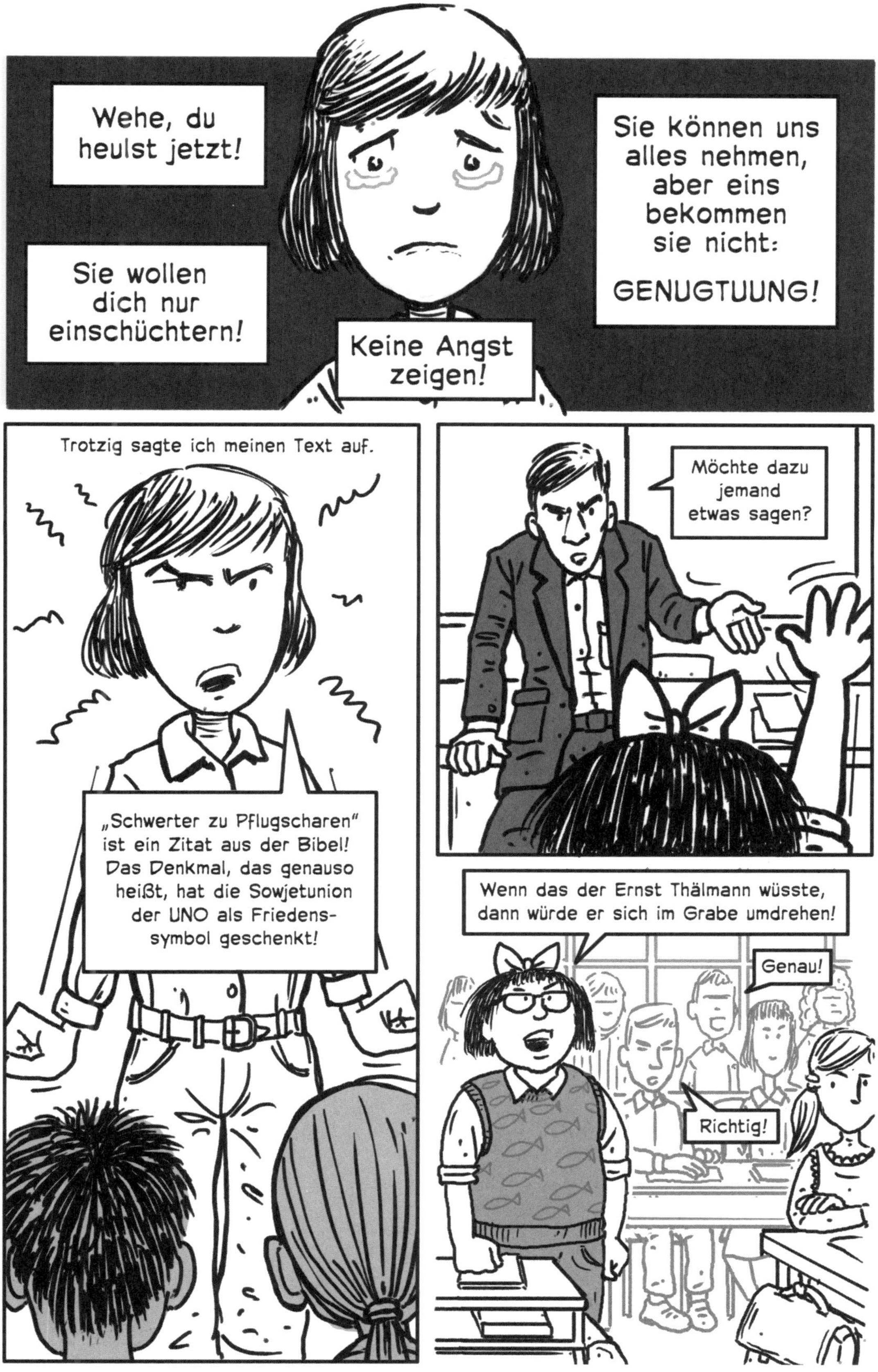
Wehe, du heulst jetzt!
Sie wollen dich nur einschüchtern!
Keine Angst zeigen!
Sie können uns alles nehmen, aber eins bekommen sie nicht:
GENUGTUUNG!
Trotzig sagte ich meinen Text auf.
„Schwerter zu Pflugscharen" ist ein Zitat aus der Bibel! Das Denkmal, das genauso heißt, hat die Sowjetunion der UNO als Friedenssymbol geschenkt!
Möchte dazu jemand etwas sagen?
Wenn das der Ernst Thälmann wüsste, dann würde er sich im Grabe umdrehen!
Genau!
Richtig!

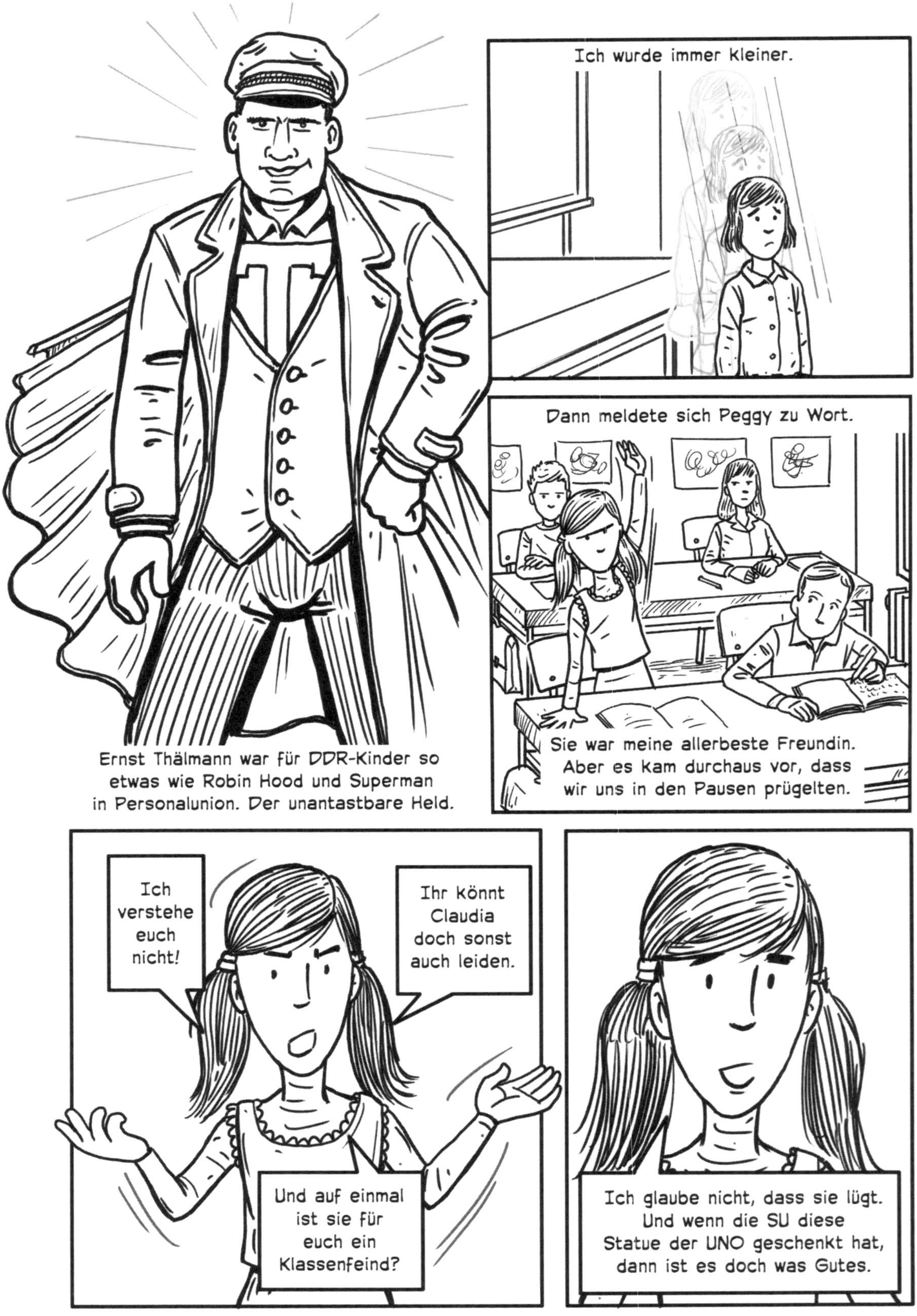
Ernst Thälmann war für DDR-Kinder so etwas wie Robin Hood und Superman in Personalunion. Der unantastbare Held.
Ich wurde immer kleiner.
Dann meldete sich Peggy zu Wort.
Sie war meine allerbeste Freundin. Aber es kam durchaus vor, dass wir uns in den Pausen prügelten.
Ich verstehe euch nicht!
Ihr könnt Claudia doch sonst auch leiden.
Und auf einmal ist sie für euch ein Klassenfeind?
Ich glaube nicht, dass sie lügt. Und wenn die SU diese Statue der UNO geschenkt hat, dann ist es doch was Gutes.

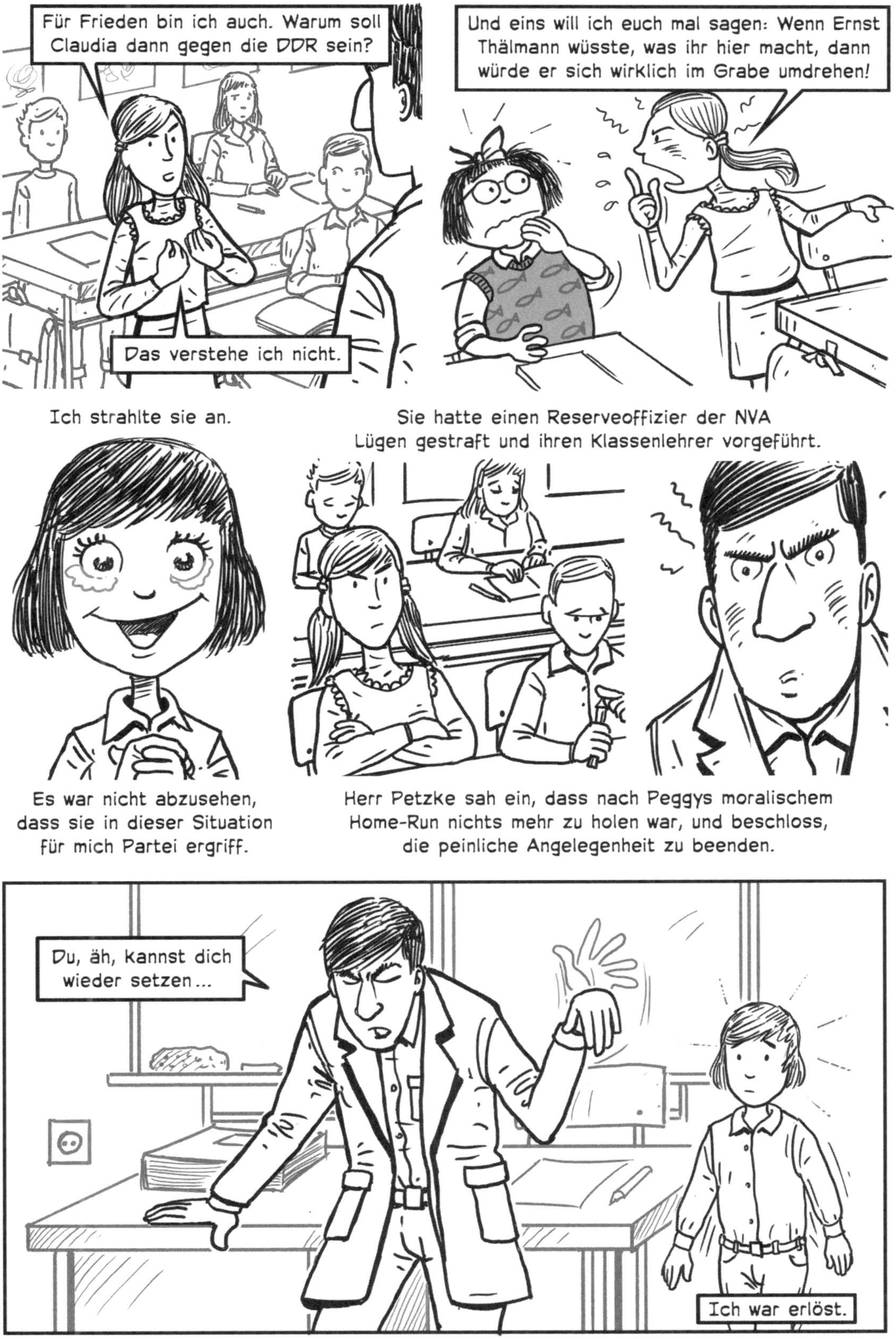
Für Frieden bin ich auch. Warum soll Claudia dann gegen die DDR sein?
Das verstehe ich nicht.
Und eins will ich euch mal sagen: Wenn Ernst Thälmann wüsste, was ihr hier macht, dann würde er sich wirklich im Grabe umdrehen!
Ich strahlte sie an.
Sie hatte einen Reserveoffizier der NVA Lügen gestraft und ihren Klassenlehrer vorgeführt.
Es war nicht abzusehen, dass sie in dieser Situation für mich Partei ergriff.
Herr Petzke sah ein, dass nach Peggys moralischem Home-Run nichts mehr zu holen war, und beschloss, die peinliche Angelegenheit zu beenden.
Du, äh, kannst dich wieder setzen ...
Ich war erlöst.

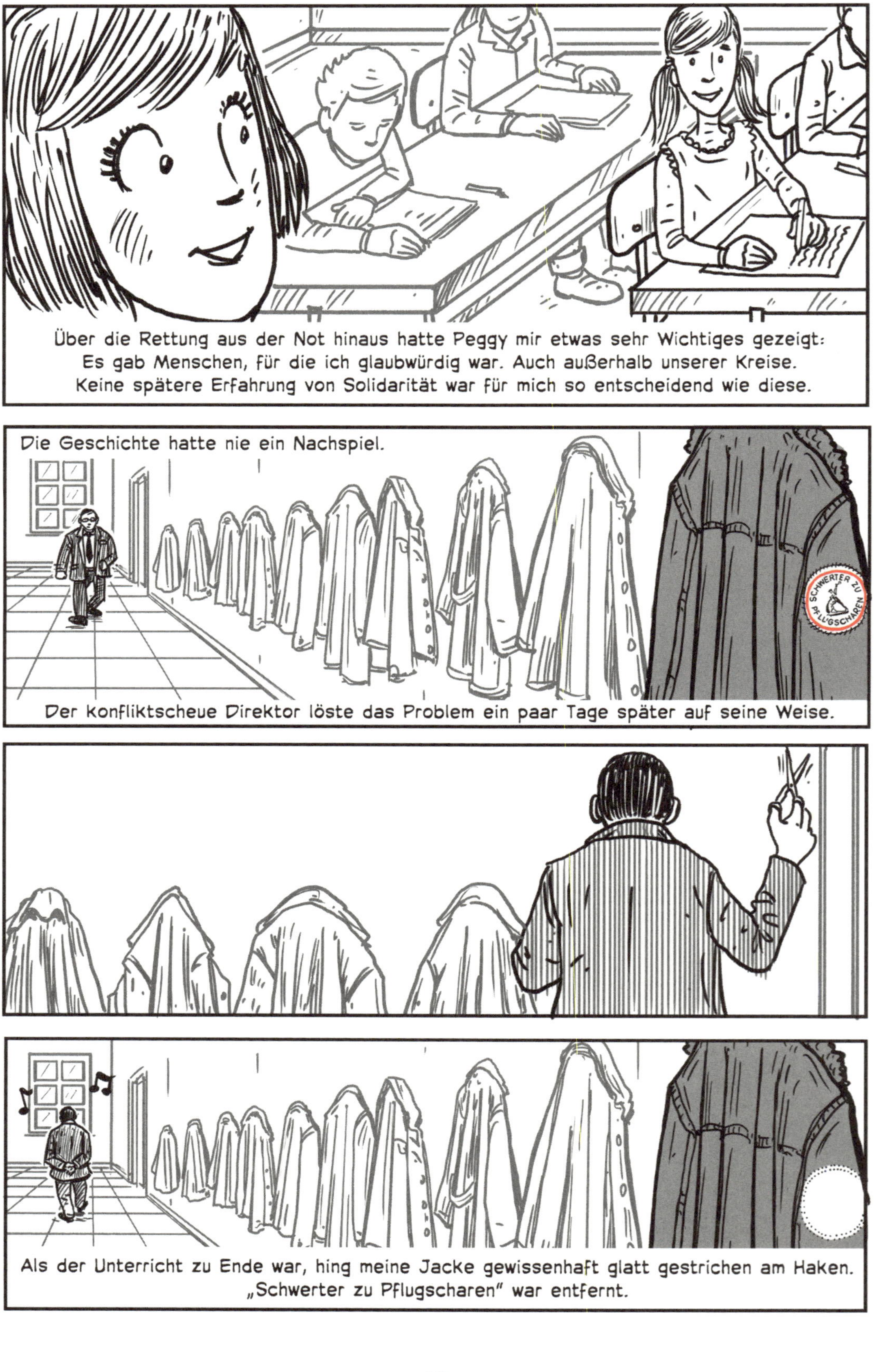
Über die Rettung aus der Not hinaus hatte Peggy mir etwas sehr Wichtiges gezeigt:
Es gab Menschen, für die ich glaubwürdig war. Auch außerhalb unserer Kreise.
Keine spätere Erfahrung von Solidarität war für mich so entscheidend wie diese.
Die Geschichte hatte nie ein Nachspiel.
SCHWERTER ZU PFLUGSCHAREN
Der konfliktscheue Direktor löste das Problem ein paar Tage später auf seine Weise.
Als der Unterricht zu Ende war, hing meine Jacke gewissenhaft glatt gestrichen am Haken.
„Schwerter zu Pflugscharen" war entfernt.

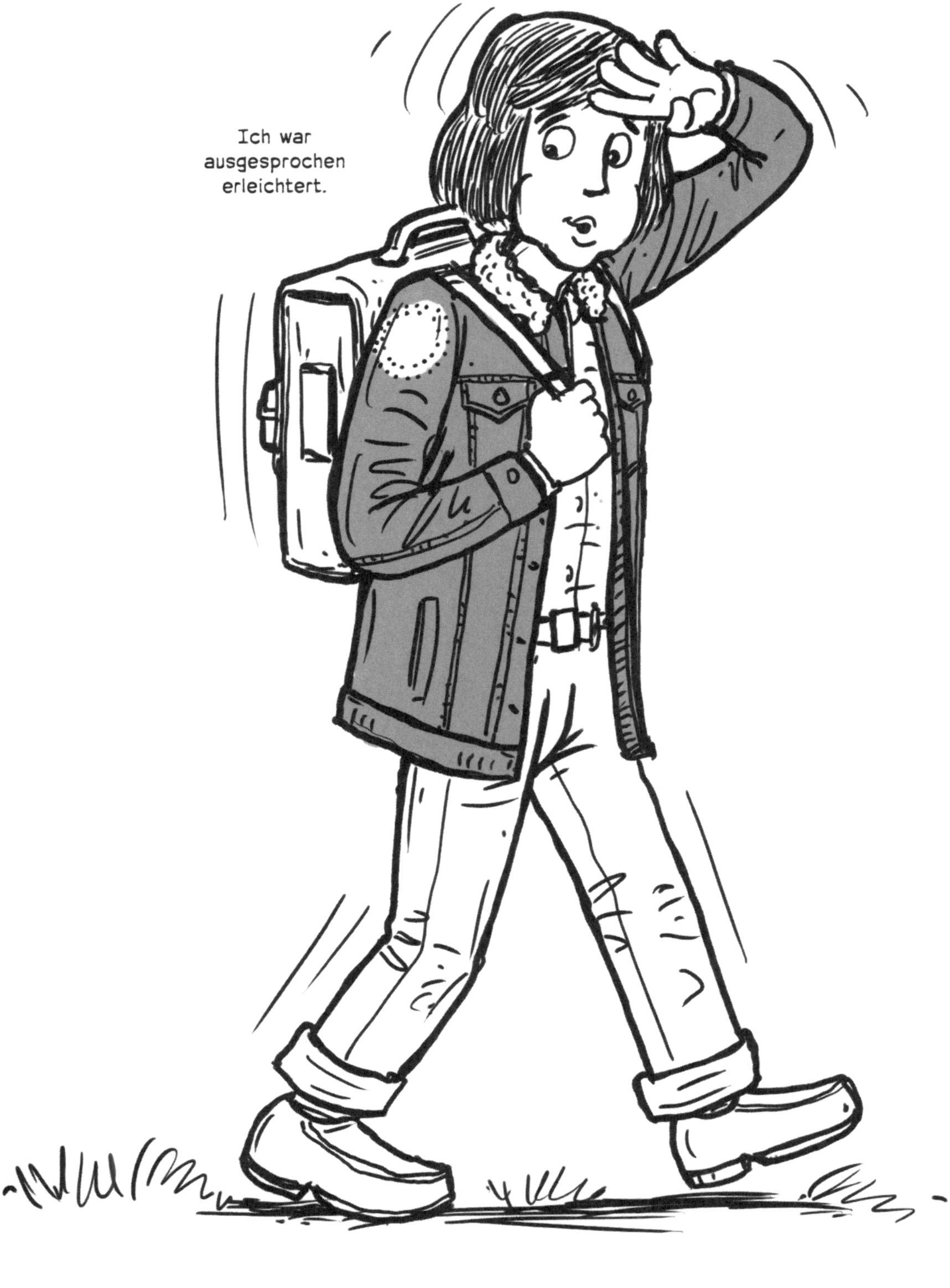
Ich war
ausgesprochen
erleichtert.

GLEICHE UNTER GLEICHUNGEN

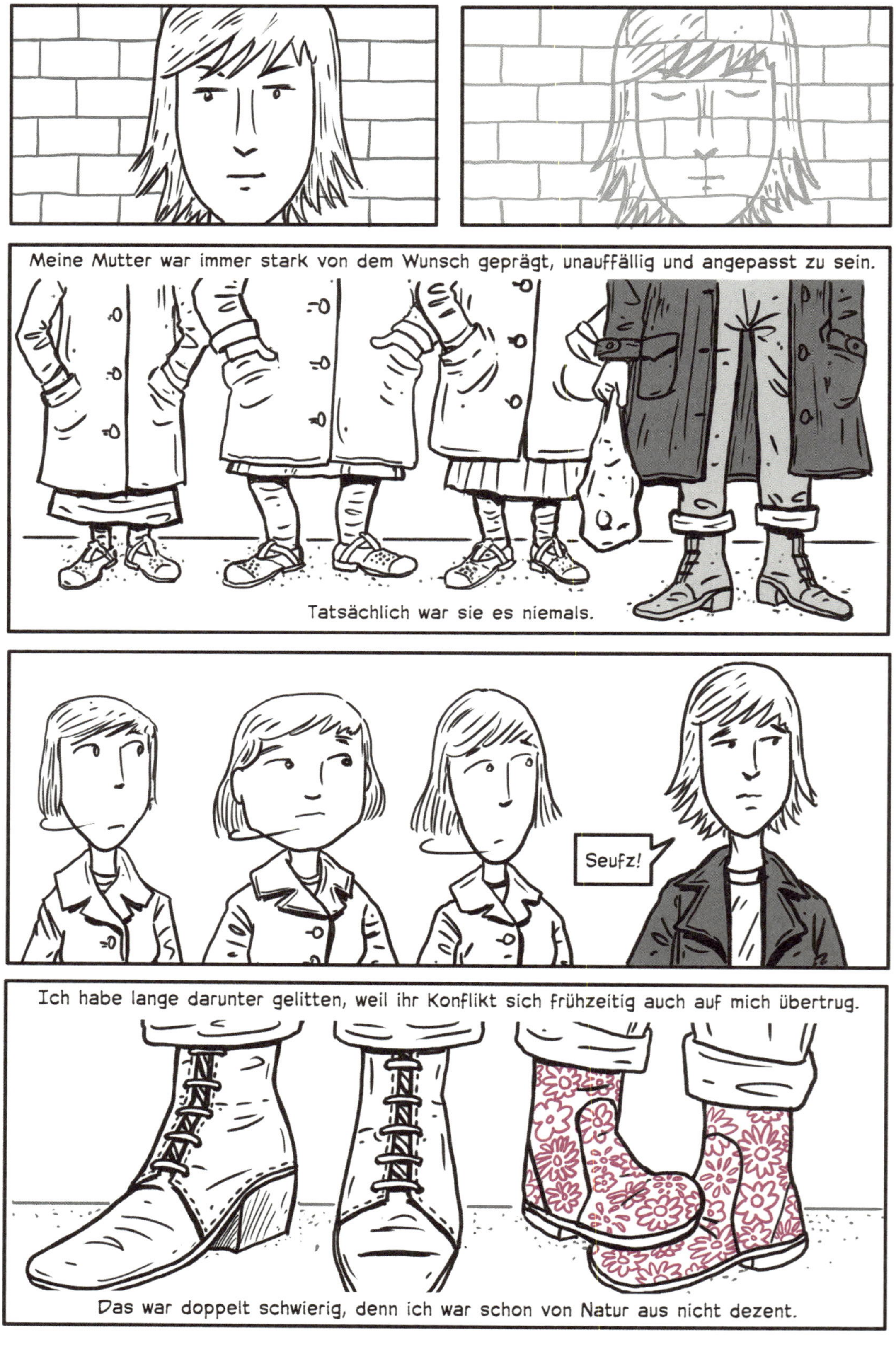

Ich konnte mich nie zurückhalten, mit gar nichts. Ich war einfach immer ein bisschen zu viel.

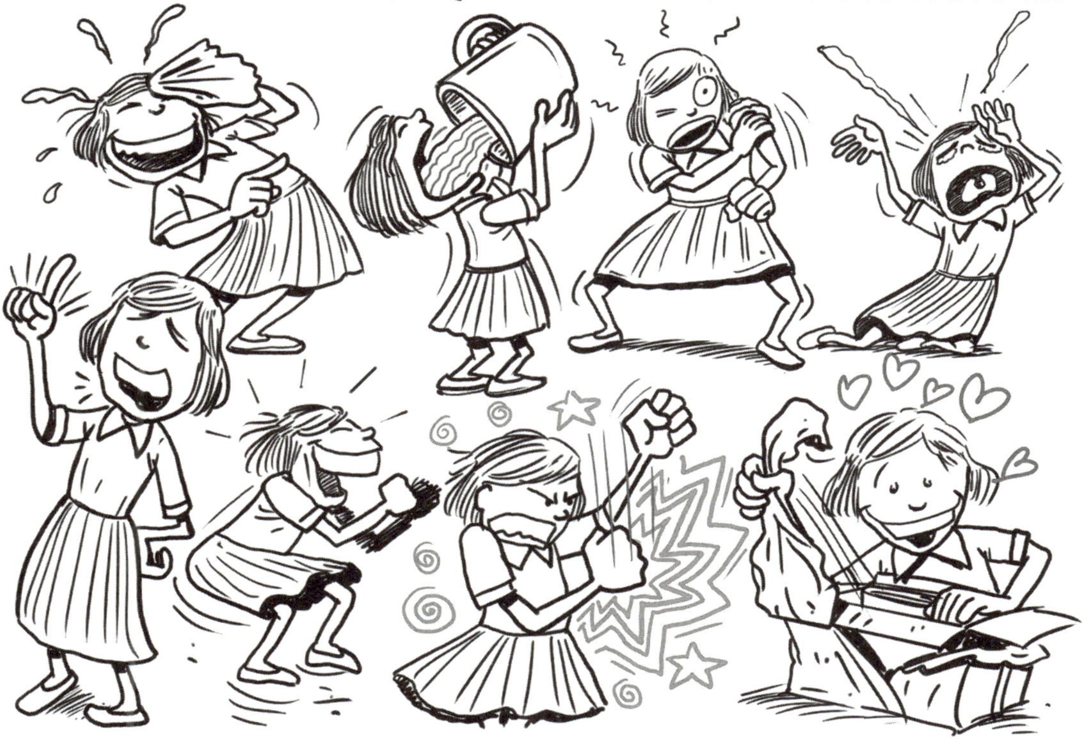

Ich war vorlaut, temperamentvoll und meinungsstark.

Und von nicht zu bändigendem Redeschwall.

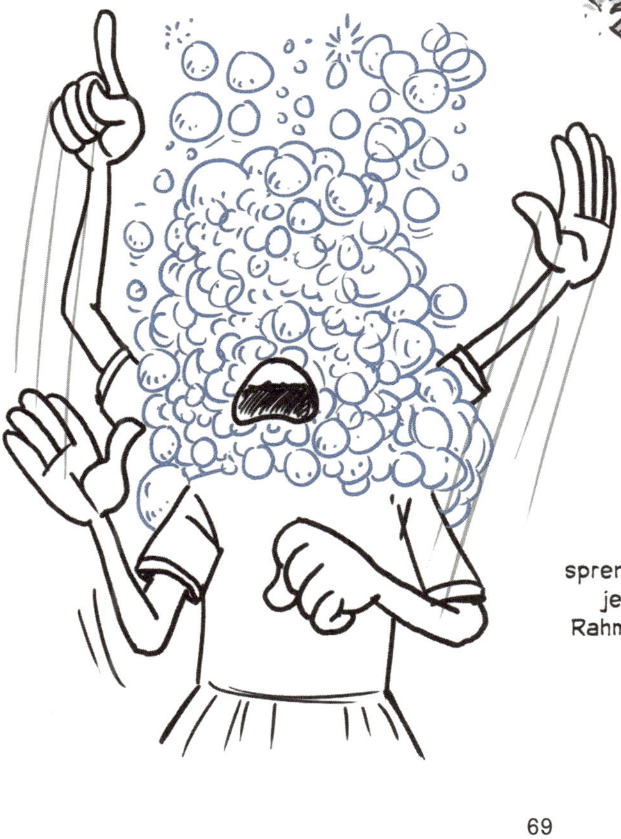

Ich sprengte jeden Rahmen.

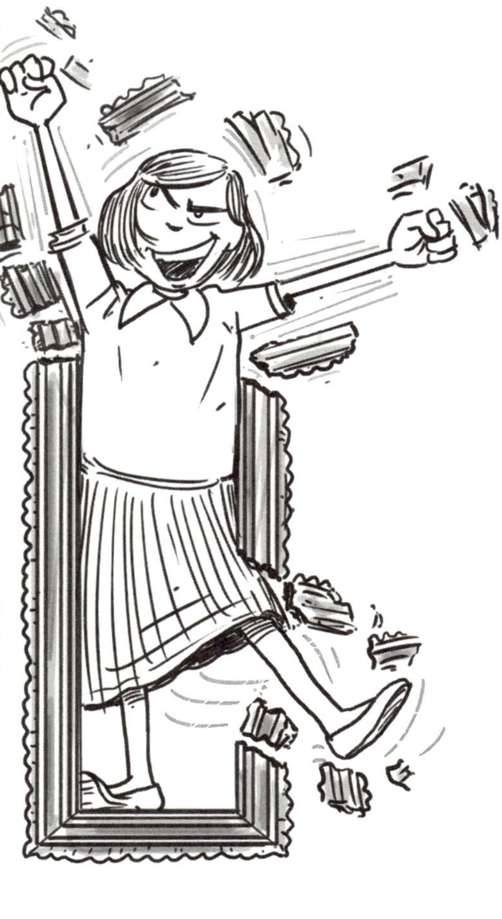

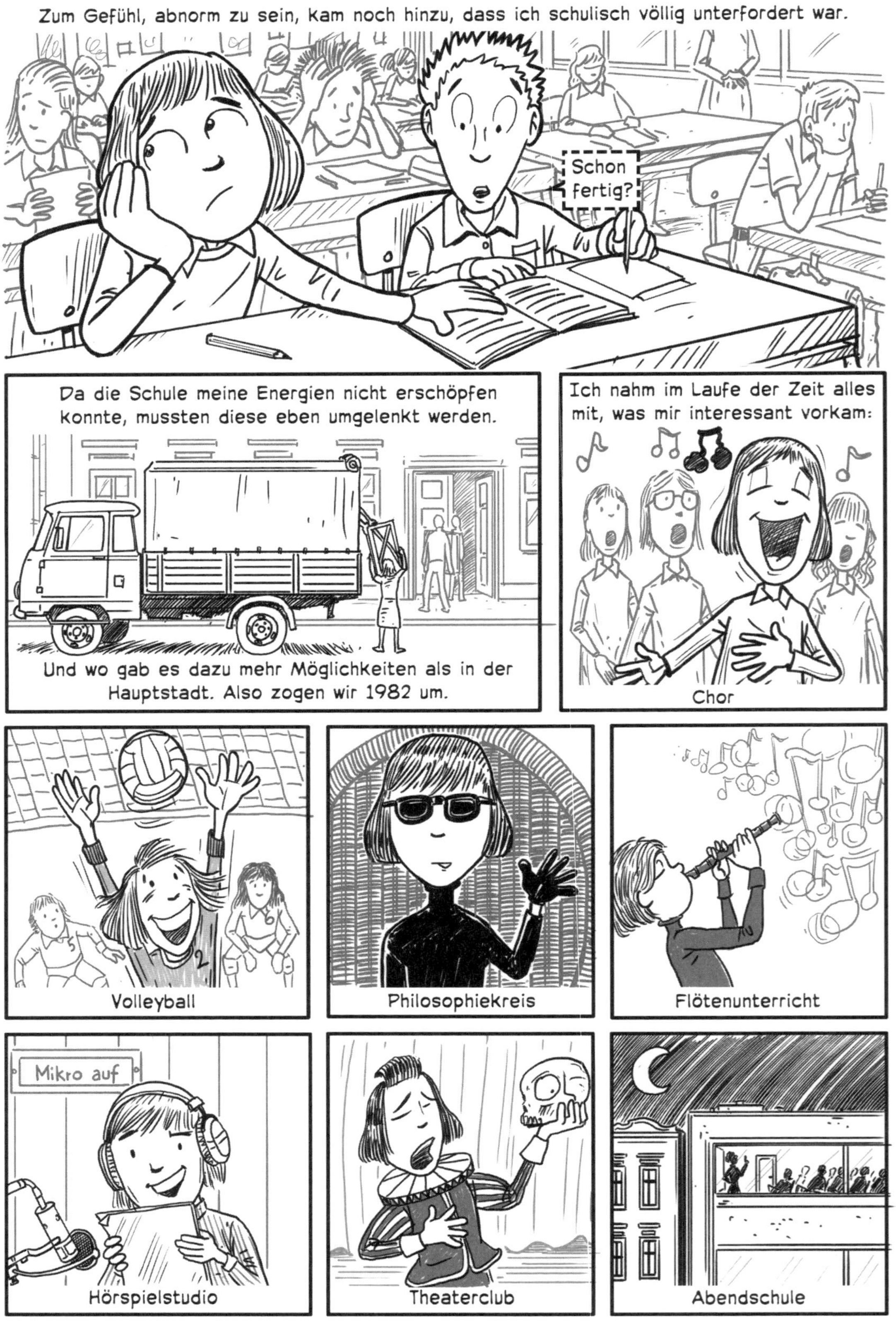

Zum Gefühl, abnorm zu sein, kam noch hinzu, dass ich schulisch völlig unterfordert war.
Schon fertig?
Da die Schule meine Energien nicht erschöpfen konnte, mussten diese eben umgelenkt werden.
Und wo gab es dazu mehr Möglichkeiten als in der Hauptstadt. Also zogen wir 1982 um.
Ich nahm im Laufe der Zeit alles mit, was mir interessant vorkam:
Chor
Volleyball
Philosophiekreis
Flötenunterricht
Mikro auf
Hörspielstudio
Theaterclub
Abendschule

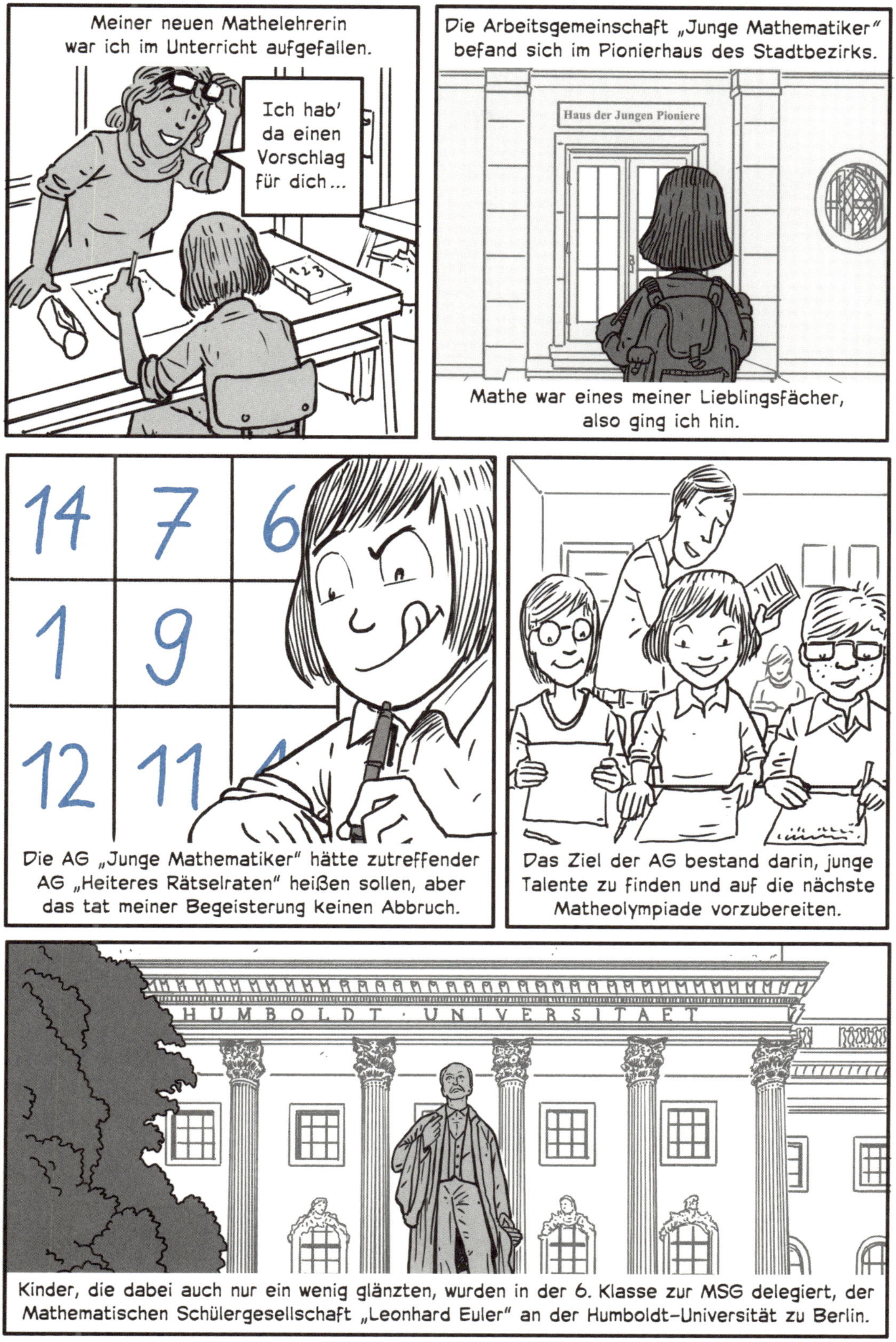
Meiner neuen Mathelehrerin war ich im Unterricht aufgefallen.
Ich hab' da einen Vorschlag für dich …
Die Arbeitsgemeinschaft „Junge Mathematiker" befand sich im Pionierhaus des Stadtbezirks.
Haus der Jungen Pioniere
Mathe war eines meiner Lieblingsfächer, also ging ich hin.
14 7 6
1 9
12 11
Die AG „Junge Mathematiker" hätte zutreffender AG „Heiteres Rätselraten" heißen sollen, aber das tat meiner Begeisterung keinen Abbruch.
Das Ziel der AG bestand darin, junge Talente zu finden und auf die nächste Matheolympiade vorzubereiten.
HUMBOLDT · UNIVERSITAET
Kinder, die dabei auch nur ein wenig glänzten, wurden in der 6. Klasse zur MSG delegiert, der Mathematischen Schülergesellschaft „Leonhard Euler" an der Humboldt-Universität zu Berlin.

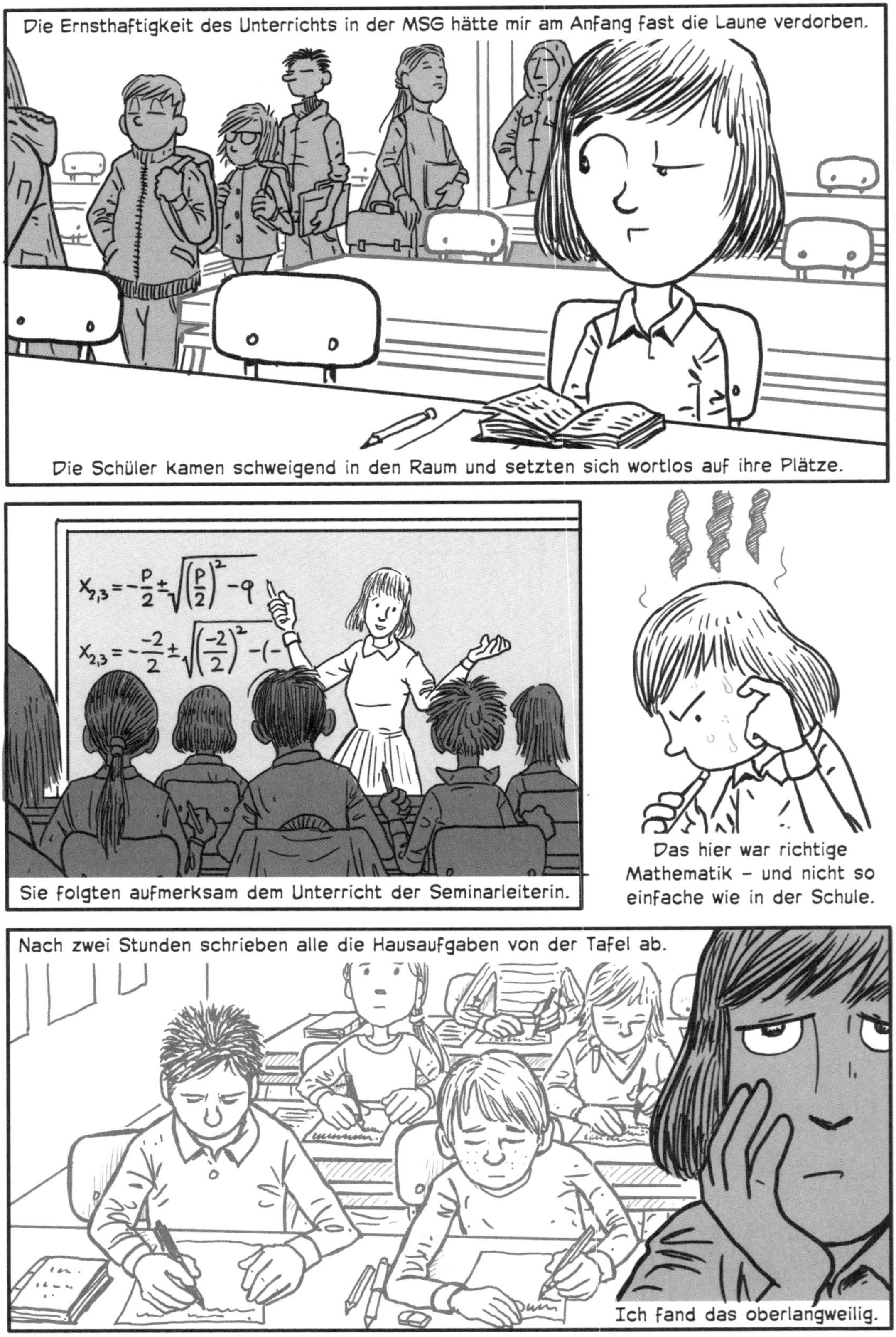
Die Ernsthaftigkeit des Unterrichts in der MSG hätte mir am Anfang fast die Laune verdorben.
Die Schüler kamen schweigend in den Raum und setzten sich wortlos auf ihre Plätze.
Sie folgten aufmerksam dem Unterricht der Seminarleiterin.
Das hier war richtige Mathematik – und nicht so einfache wie in der Schule.
Nach zwei Stunden schrieben alle die Hausaufgaben von der Tafel ab.
Ich fand das oberlangweilig.

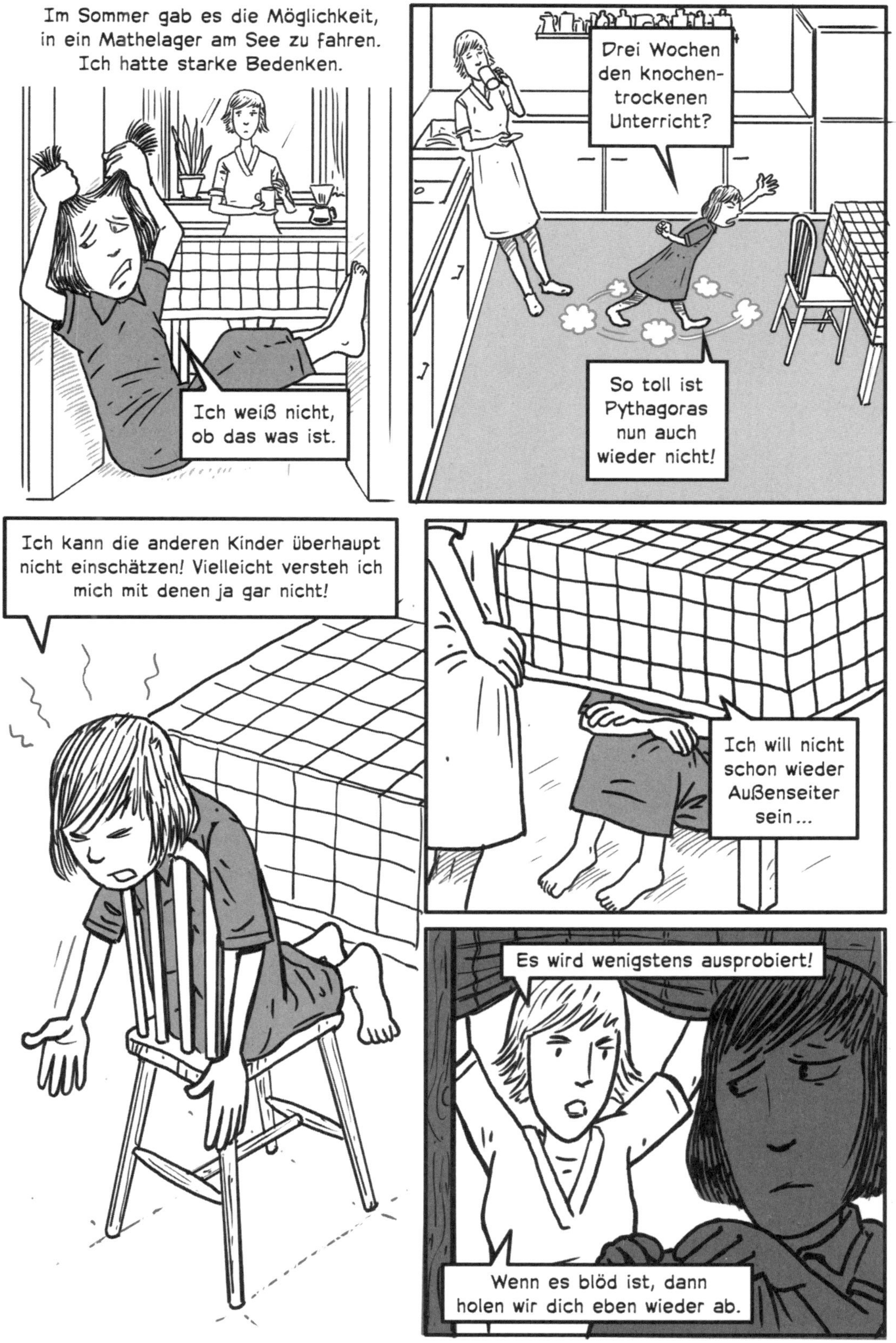
Im Sommer gab es die Möglichkeit, in ein Mathelager am See zu fahren. Ich hatte starke Bedenken.
Ich weiß nicht, ob das was ist.
Drei Wochen den knochentrockenen Unterricht?
So toll ist Pythagoras nun auch wieder nicht!
Ich kann die anderen Kinder überhaupt nicht einschätzen! Vielleicht versteh ich mich mit denen ja gar nicht!
Ich will nicht schon wieder Außenseiter sein ...
Es wird wenigstens ausprobiert!
Wenn es blöd ist, dann holen wir dich eben wieder ab.

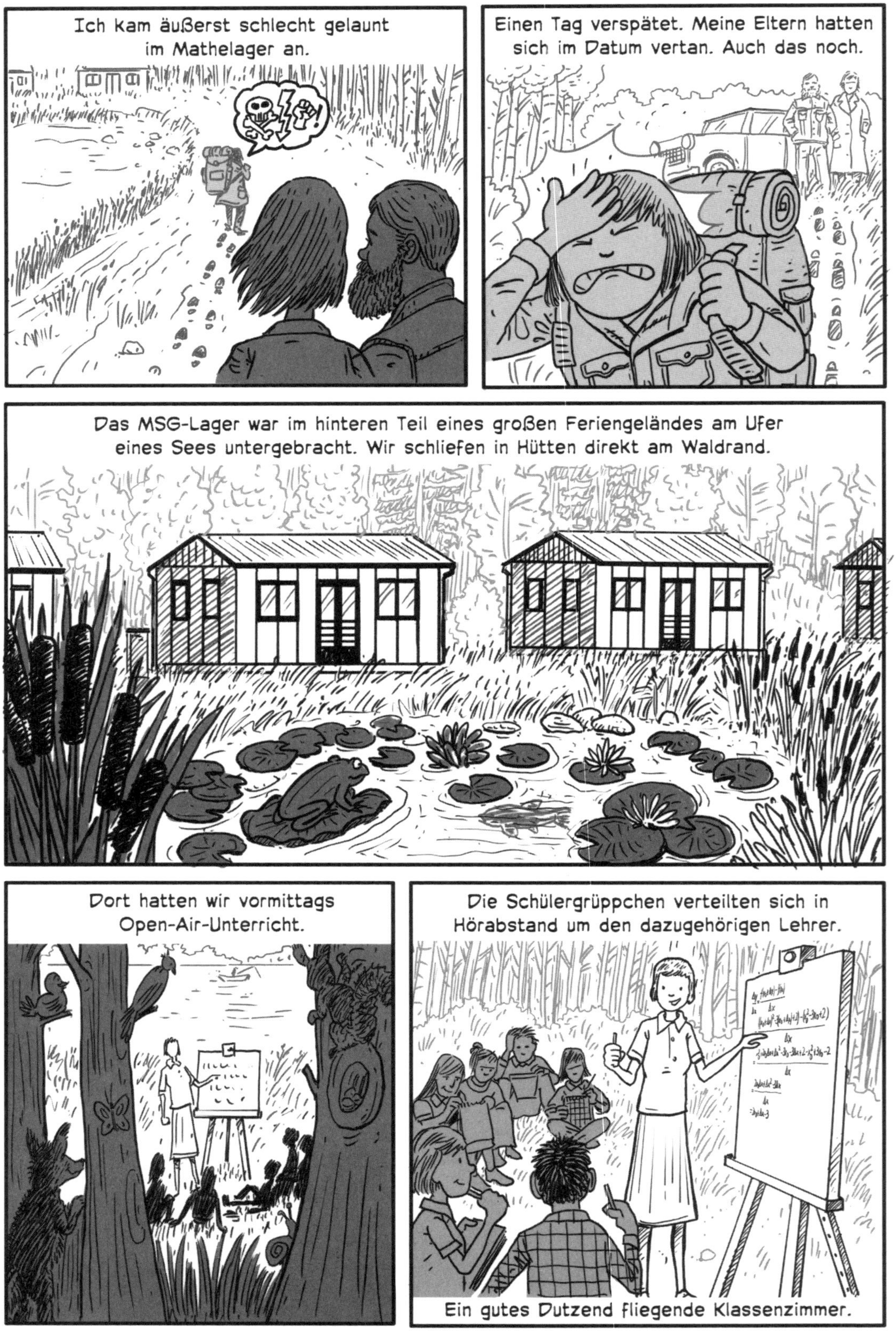

Ich kam äußerst schlecht gelaunt im Mathelager an.
Einen Tag verspätet. Meine Eltern hatten sich im Datum vertan. Auch das noch.
Das MSG-Lager war im hinteren Teil eines großen Feriengeländes am Ufer eines Sees untergebracht. Wir schliefen in Hütten direkt am Waldrand.
Dort hatten wir vormittags Open-Air-Unterricht.
Die Schülergrüppchen verteilten sich in Hörabstand um den dazugehörigen Lehrer.
Ein gutes Dutzend fliegende Klassenzimmer.

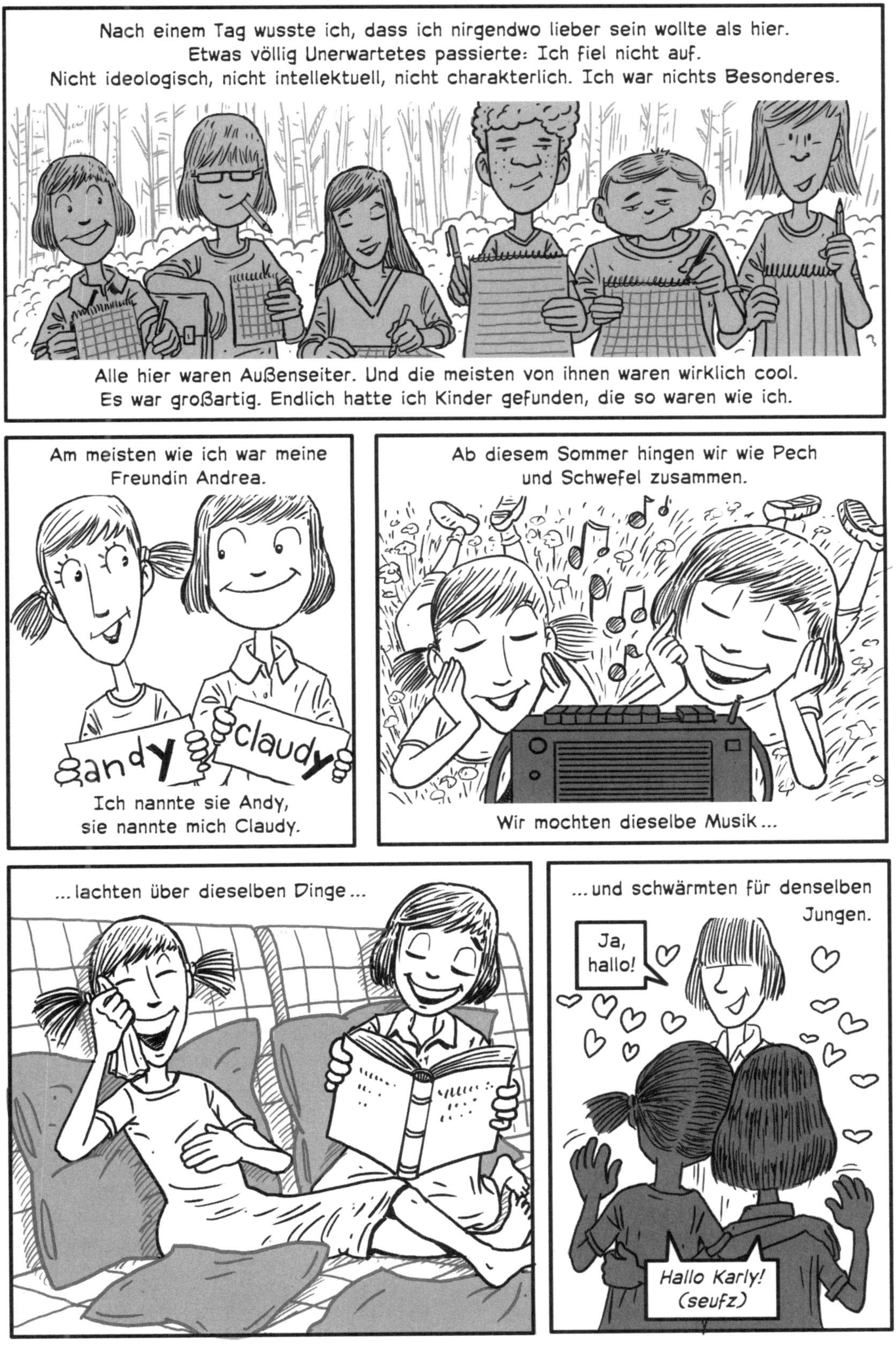
Nach einem Tag wusste ich, dass ich nirgendwo lieber sein wollte als hier.
Etwas völlig Unerwartetes passierte: Ich fiel nicht auf.
Nicht ideologisch, nicht intellektuell, nicht charakterlich. Ich war nichts Besonderes.
Alle hier waren Außenseiter. Und die meisten von ihnen waren wirklich cool.
Es war großartig. Endlich hatte ich Kinder gefunden, die so waren wie ich.
Am meisten wie ich war meine Freundin Andrea.
andy
claudy
Ich nannte sie Andy, sie nannte mich Claudy.
Ab diesem Sommer hingen wir wie Pech und Schwefel zusammen.
Wir mochten dieselbe Musik ...
... lachten über dieselben Dinge ...
... und schwärmten für denselben Jungen.
Ja, hallo!
Hallo Karly! (seufz)

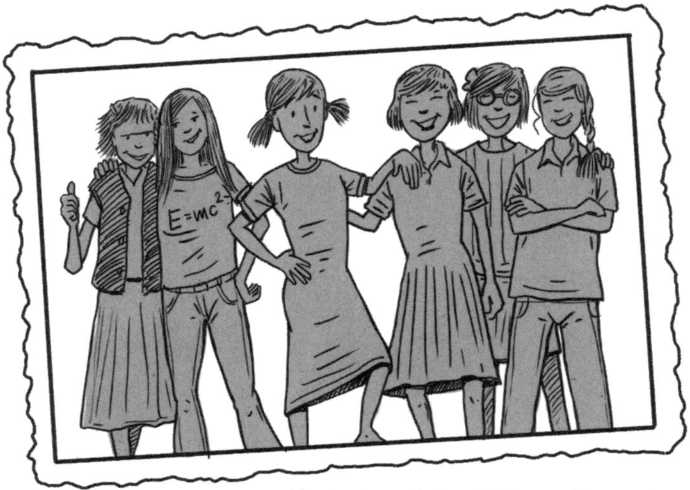

Traditionell gab es in der MSG ein starkes Ungleichgewicht der Geschlechter. Mädchen waren Mangelware. Normalerweise gab es zwei, höchstens drei pro Gruppe.

Wir stellten die große Ausnahme dar: Zu sechst machten wir immerhin fast ein Drittel der Klasse aus.

Nach dem Unterricht machten alle, wozu sie Lust hatten. Da es ein besonderes Ferienlager mit sonderbaren Kindern war, wurde die Freizeitgestaltung locker gesehen. Ich kann mich nicht erinnern, dass wir irgendeinem Programm folgen mussten.

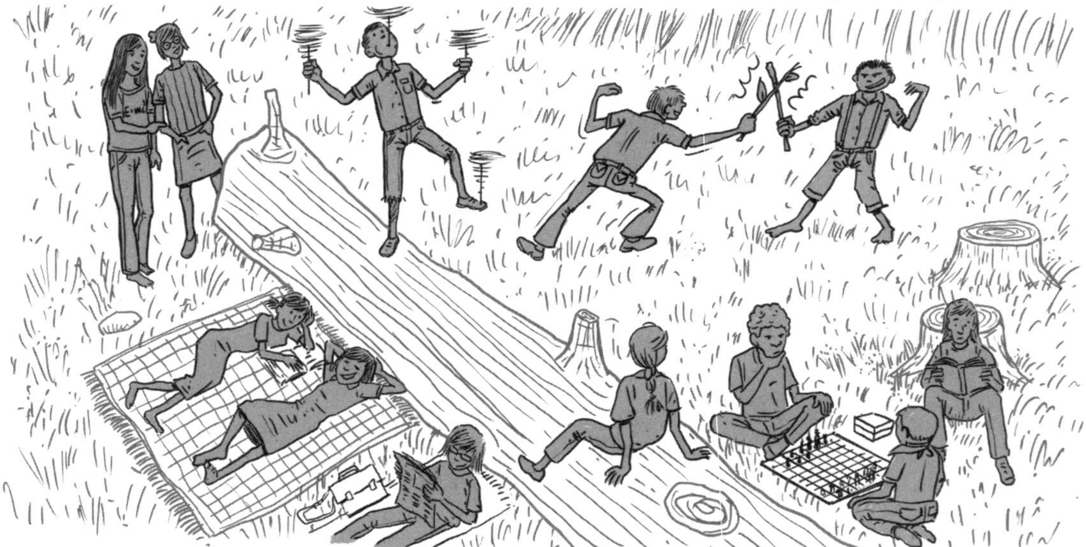

Da Mathe und Musik nah beieinanderliegen, musizierten wir Mädchen oft zusammen. Im Wesentlichen bestimmten Andy und ich das Repertoire.

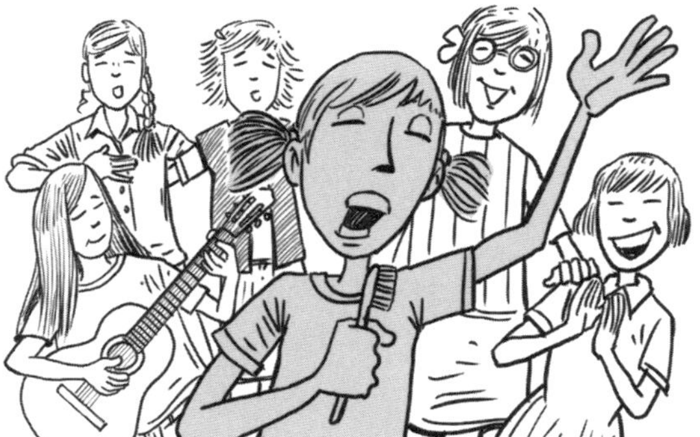

Andy konnte tolle Lieder aus dem Singeclub und der Jungen Gemeinde.

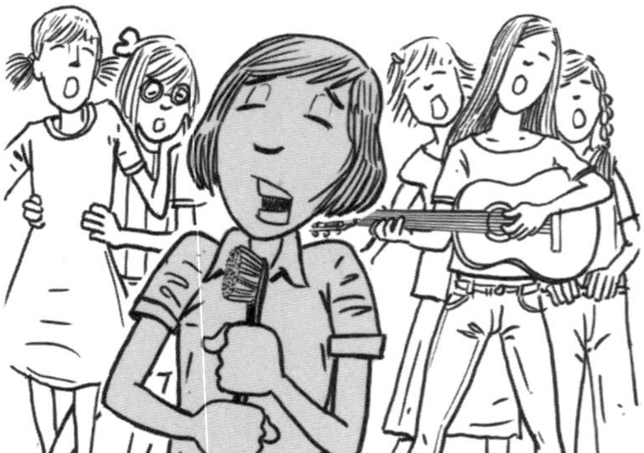

Ich konnte tolle Lieder von Wolf Biermann. Entsprechend sah unsere Hitparade aus.

Hier im Mathelager schien die DDR nicht da zu sein.
Zwischen Differentialrechnung und Fibonacci-Reihen war alles ganz anders.
Der ganze Polit-Hokuspokus sah von hier wie ein Spiel aus.

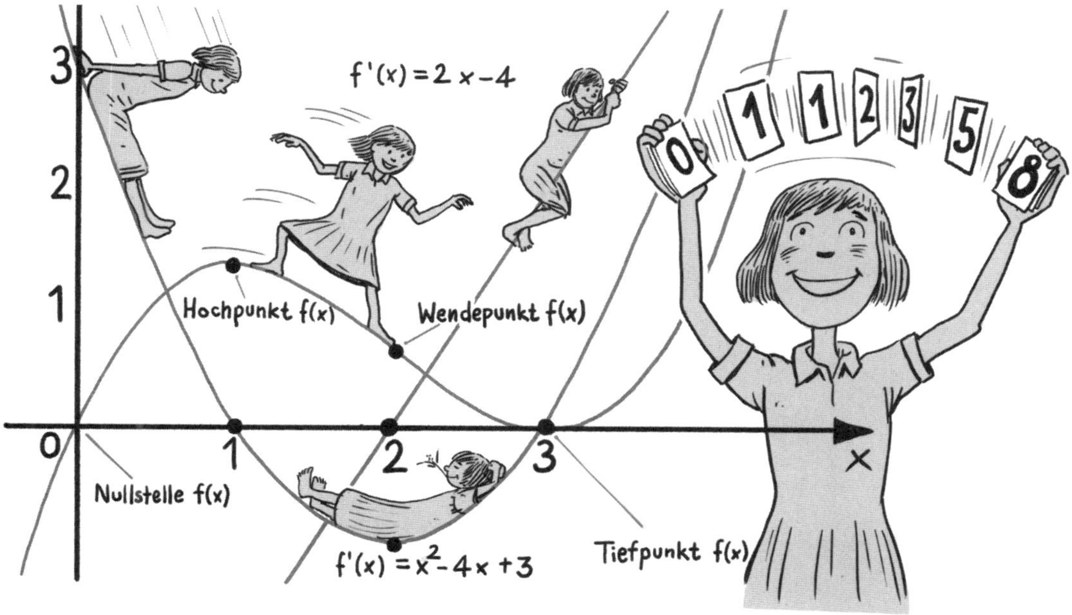

Drei Wochen im Jahr verlor die DDR für mich jede Bedrohlichkeit.
Es war Urlaub vom Realsozialismus – und die beste Zeit des Jahres.

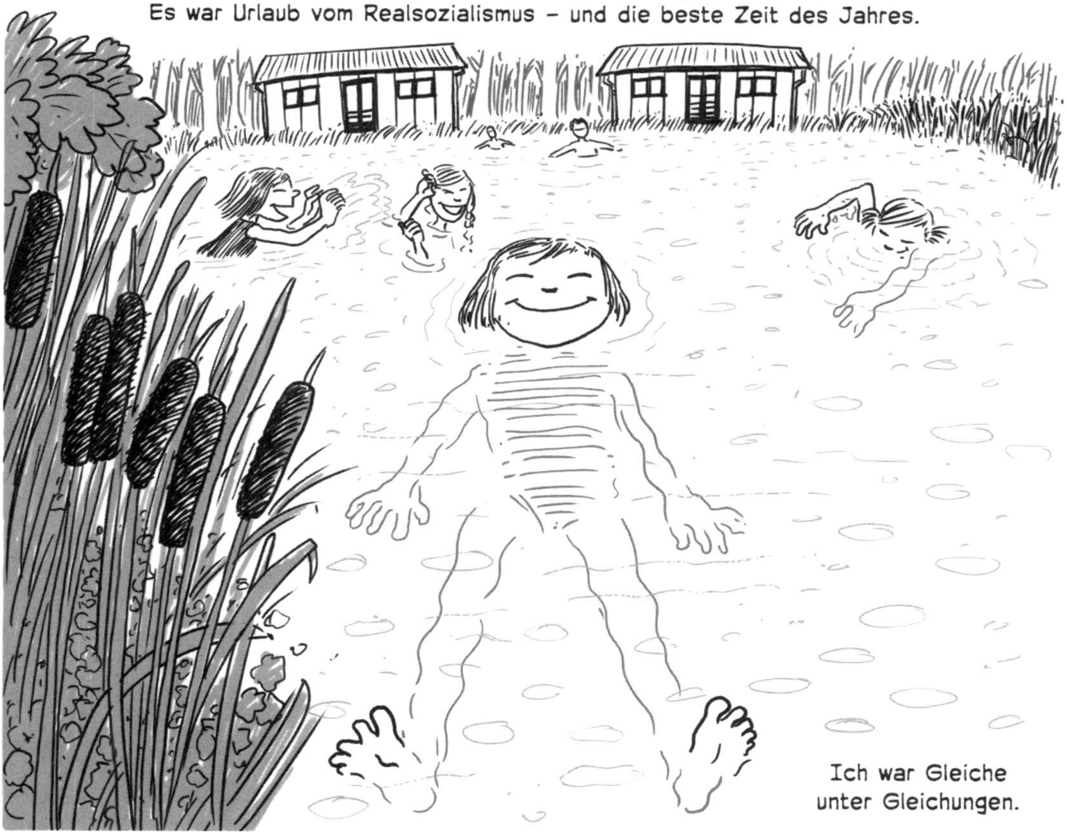

DIE JUGENDWEIHE

Die Jugendweihe war das abschließende und am heißesten erwartete Ereignis einer DDR-Kindheit.

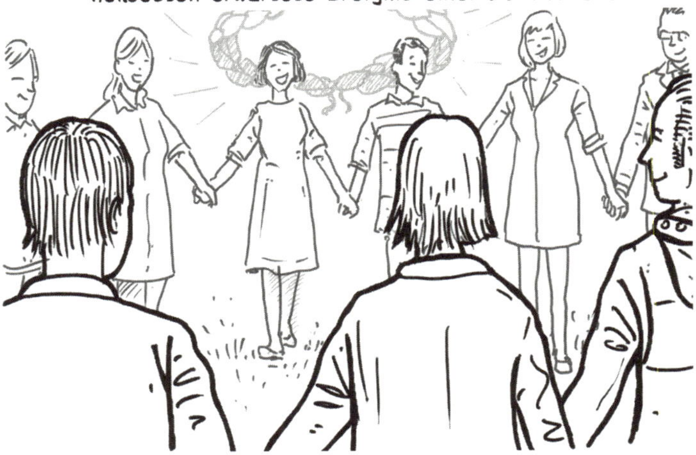

Sie bedeutete die feierliche Aufnahme der 14-Jährigen in den Kreis der Erwachsenen.

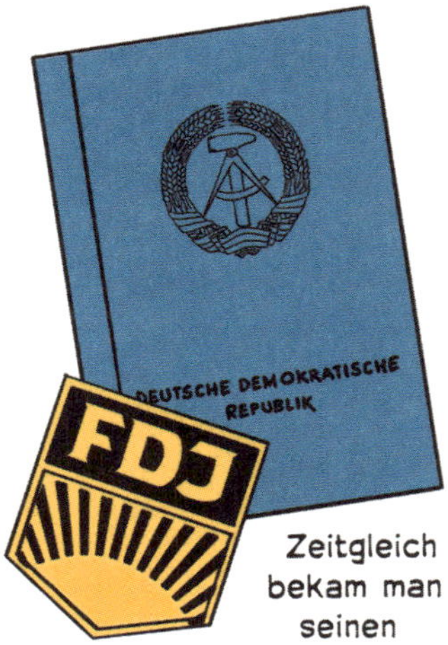

Zeitgleich bekam man seinen Personalausweis, trat in die FDJ ein und wurde von den Lehrern im Unterricht gesiezt. Ein bedeutsamer Moment also.

Da die Deutschen wissen, wie man Feste feiert, wurden die jungen Leute hierfür in Sonntagskleider gesteckt ...

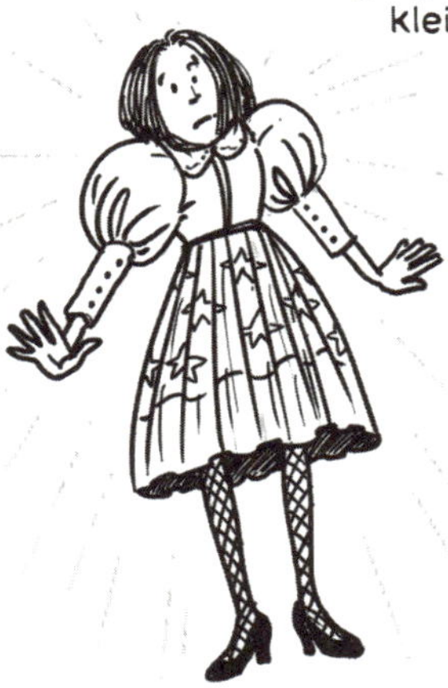

... bekamen teure Geschenke ...

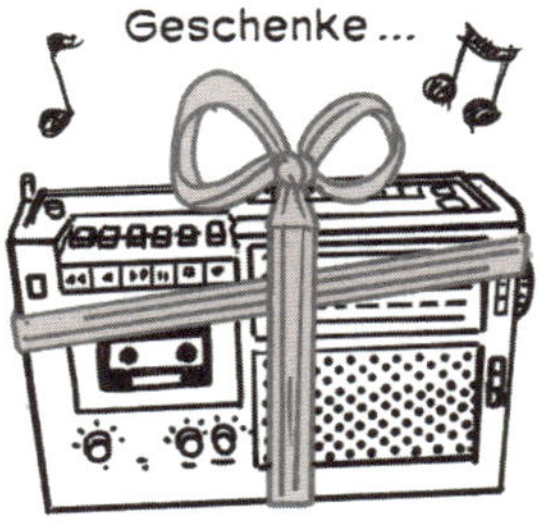

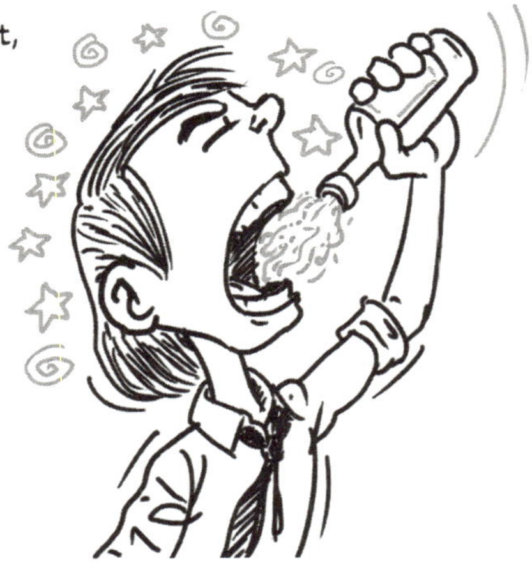

... und durften sich später unter der Aufsicht von Mutti und Vati zum ersten Mal richtig betrinken.

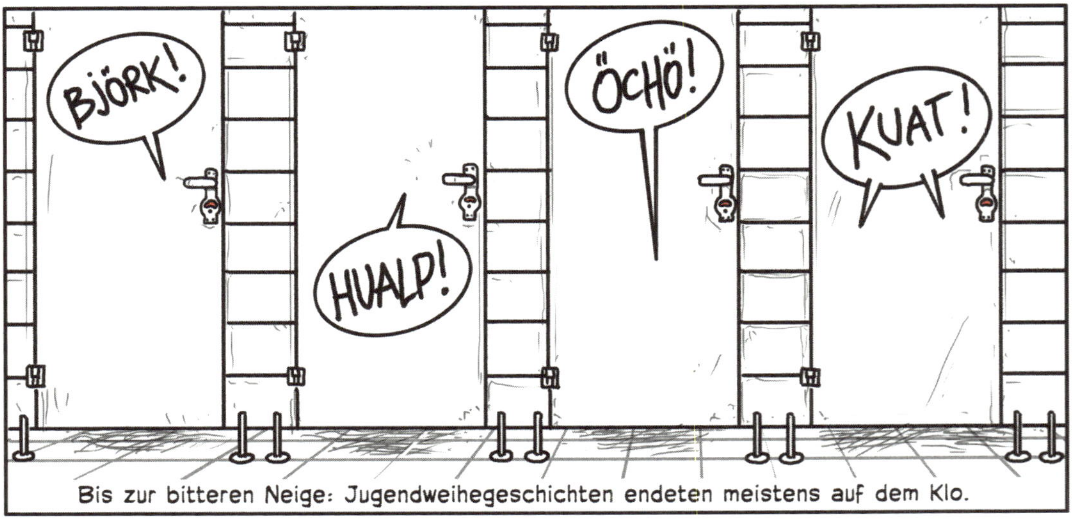

Bis zur bitteren Neige: Jugendweihegeschichten endeten meistens auf dem Klo.

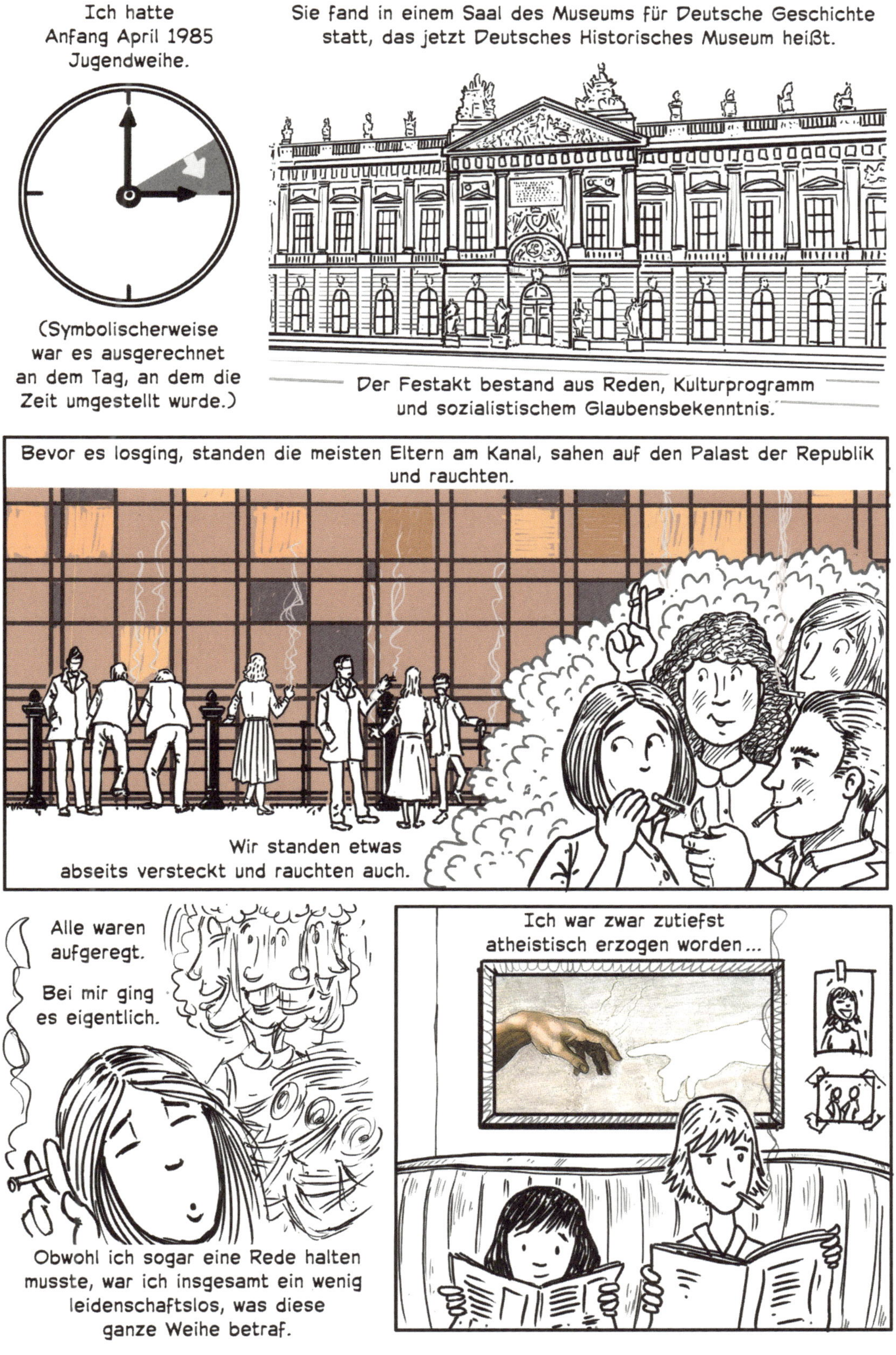
Ich hatte
Anfang April 1985
Jugendweihe.
(Symbolischerweise
war es ausgerechnet
an dem Tag, an dem die
Zeit umgestellt wurde.)
Sie fand in einem Saal des Museums für Deutsche Geschichte
statt, das jetzt Deutsches Historisches Museum heißt.
Der Festakt bestand aus Reden, Kulturprogramm
und sozialistischem Glaubensbekenntnis.
Bevor es losging, standen die meisten Eltern am Kanal, sahen auf den Palast der Republik
und rauchten.
Wir standen etwas
abseits versteckt und rauchten auch.
Alle waren
aufgeregt.
Bei mir ging
es eigentlich.
Obwohl ich sogar eine Rede halten
musste, war ich insgesamt ein wenig
leidenschaftslos, was diese
ganze Weihe betraf.
Ich war zwar zutiefst
atheistisch erzogen worden ...

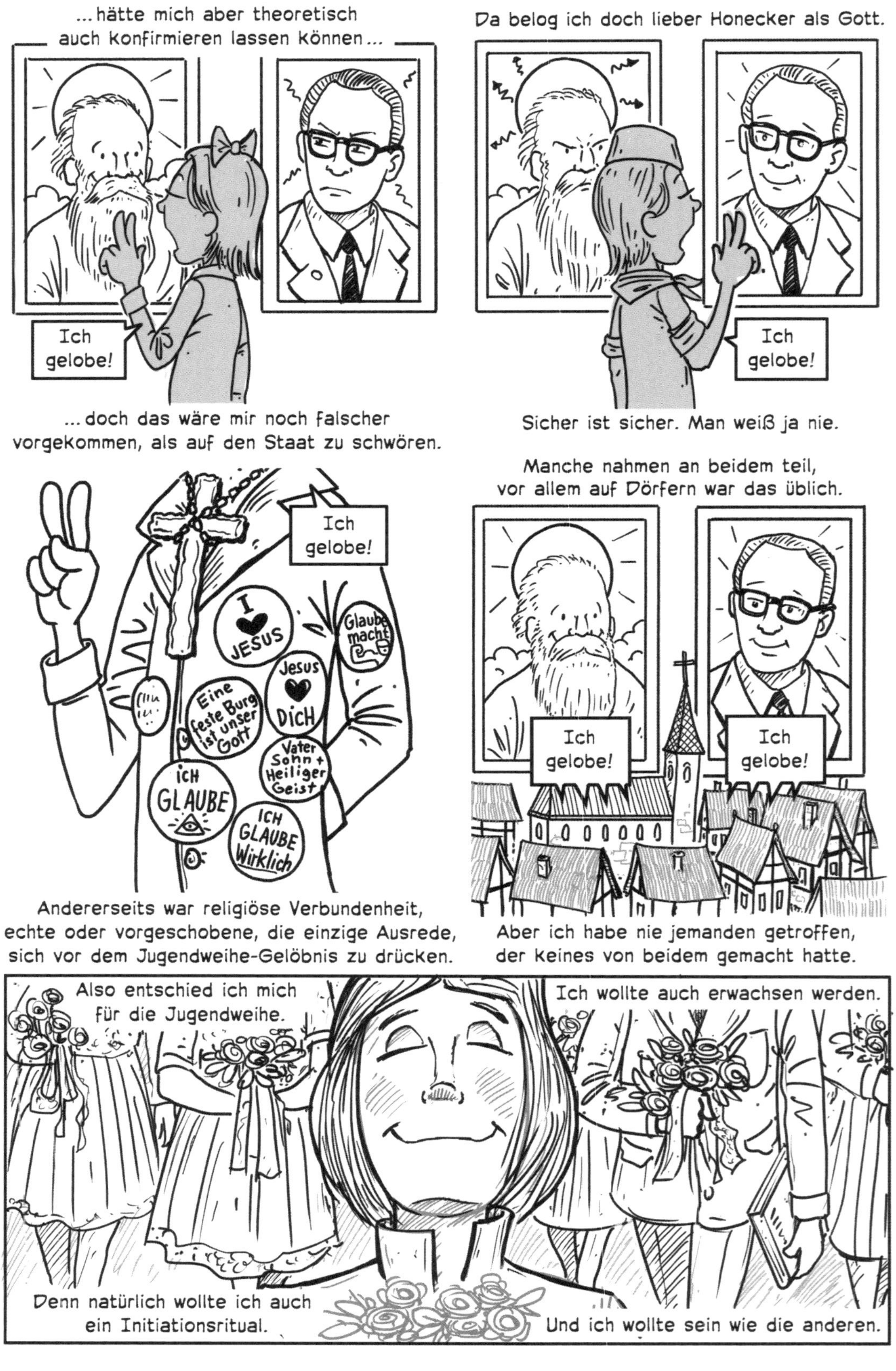
...hätte mich aber theoretisch auch konfirmieren lassen können...
Ich gelobe!
...doch das wäre mir noch falscher vorgekommen, als auf den Staat zu schwören.
Da belog ich doch lieber Honecker als Gott.
Ich gelobe!
Sicher ist sicher. Man weiß ja nie.
Ich gelobe!
I ♥ JESUS
Glaube macht
Jesus ♥ DICH
Eine feste Burg ist unser Gott
Vater Sohn + Heiliger Geist
ICH GLAUBE
ICH GLAUBE Wirklich
Andererseits war religiöse Verbundenheit, echte oder vorgeschobene, die einzige Ausrede, sich vor dem Jugendweihe-Gelöbnis zu drücken.
Manche nahmen an beidem teil, vor allem auf Dörfern war das üblich.
Ich gelobe!
Ich gelobe!
Aber ich habe nie jemanden getroffen, der keines von beidem gemacht hatte.
Also entschied ich mich für die Jugendweihe.
Ich wollte auch erwachsen werden.
Denn natürlich wollte ich auch ein Initiationsritual.
Und ich wollte sein wie die anderen.

Doch wie immer, wenn ich versuchte, nicht aufzufallen, ging es total in die Hose. Genauer gesagt ins Kleid.

Eine Schulfreundin meiner Oma aus dem Westen hatte ein getragenes Cordkleid geschickt.

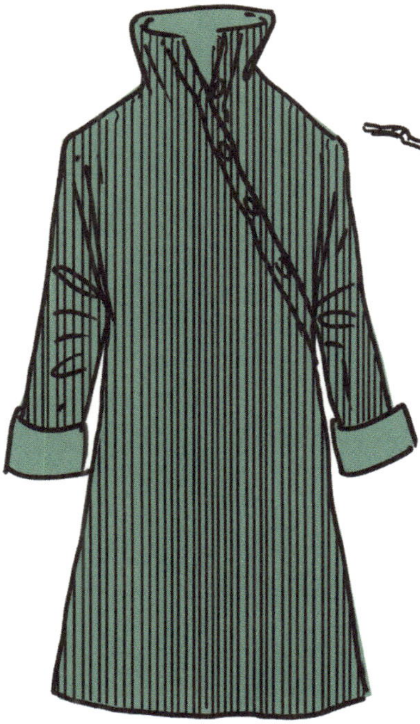

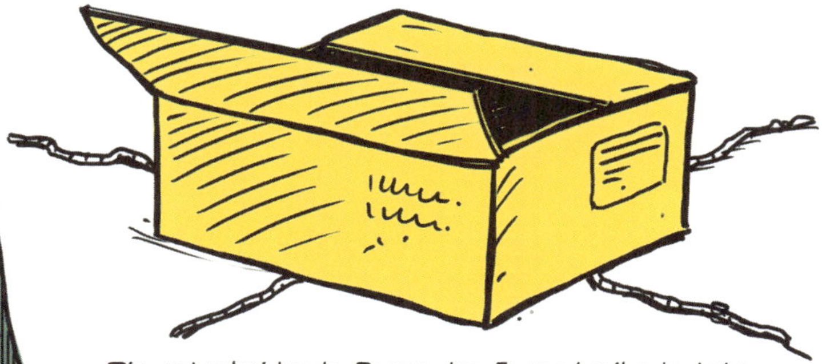

Weil es mir passte und noch ganz neu aussah, wurde beschlossen, dass ich es zur Jugendweihe anziehen sollte.

Die entscheidende Frage der Jugendweihe lautete nämlich:

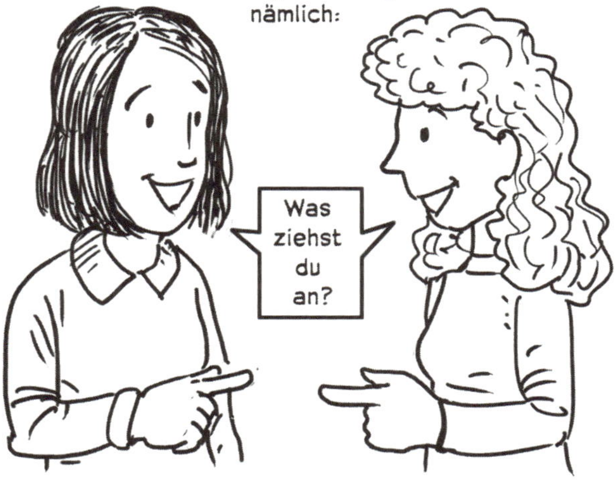

Ich hätte das wohl häufiger ansprechen sollen, vielleicht wäre mein farblicher Alleingang dann zu verhindern gewesen.

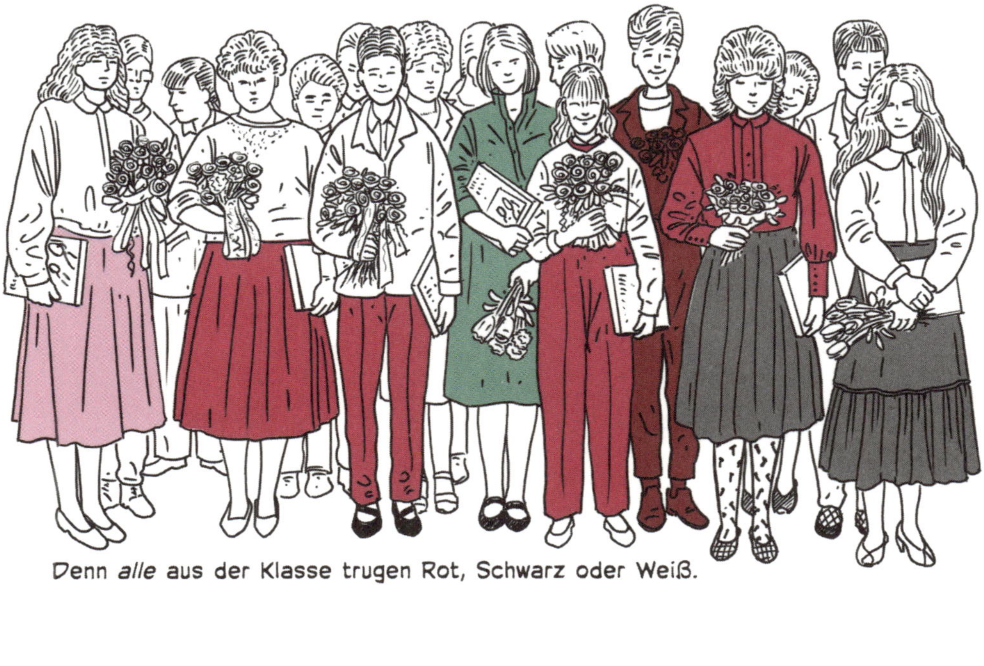

Denn *alle* aus der Klasse trugen Rot, Schwarz oder Weiß.

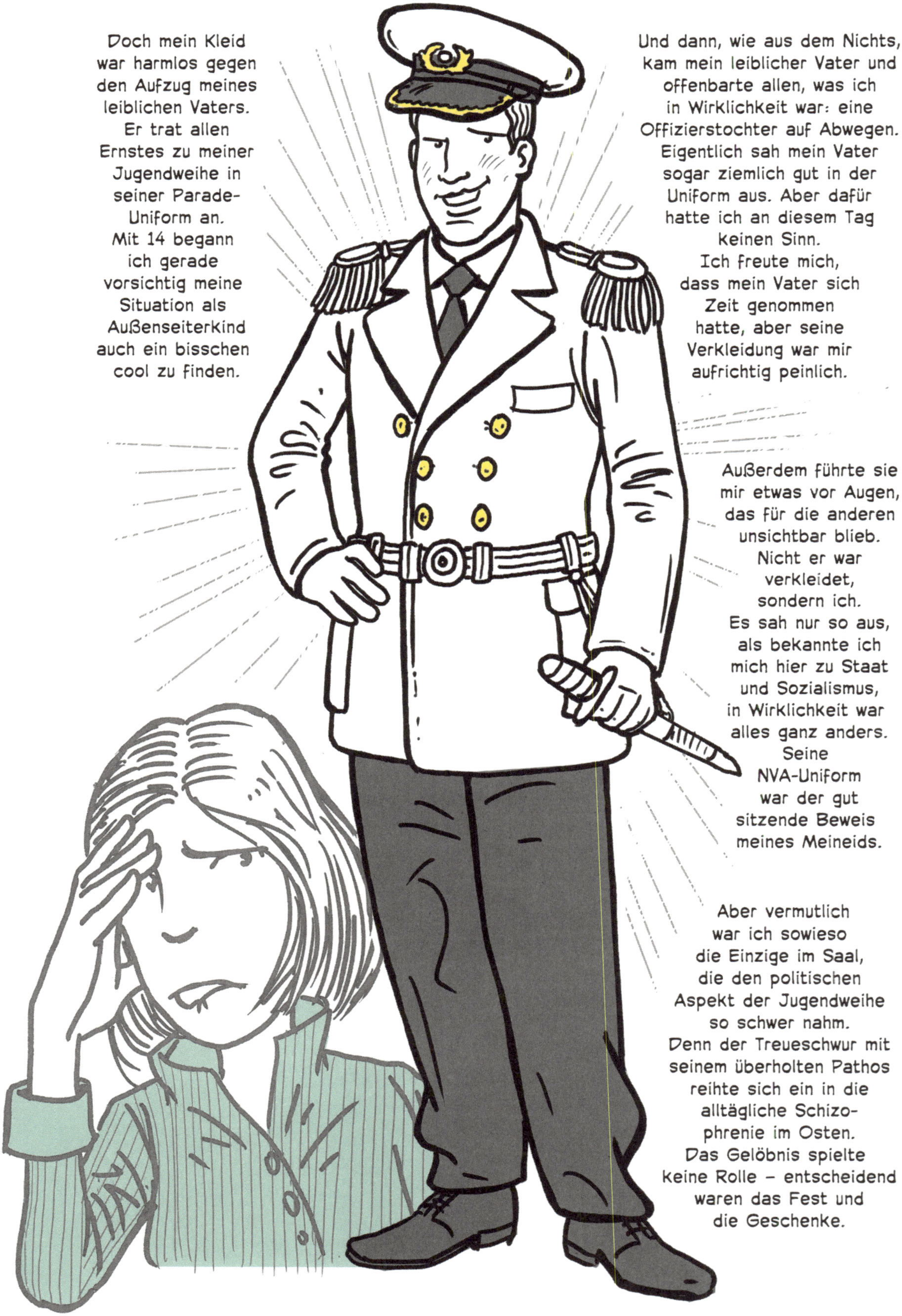
Doch mein Kleid war harmlos gegen den Aufzug meines leiblichen Vaters. Er trat allen Ernstes zu meiner Jugendweihe in seiner Parade-Uniform an. Mit 14 begann ich gerade vorsichtig meine Situation als Außenseiterkind auch ein bisschen cool zu finden.
Und dann, wie aus dem Nichts, kam mein leiblicher Vater und offenbarte allen, was ich in Wirklichkeit war: eine Offizierstochter auf Abwegen. Eigentlich sah mein Vater sogar ziemlich gut in der Uniform aus. Aber dafür hatte ich an diesem Tag keinen Sinn. Ich freute mich, dass mein Vater sich Zeit genommen hatte, aber seine Verkleidung war mir aufrichtig peinlich.
Außerdem führte sie mir etwas vor Augen, das für die anderen unsichtbar blieb. Nicht er war verkleidet, sondern ich. Es sah nur so aus, als bekannte ich mich hier zu Staat und Sozialismus, in Wirklichkeit war alles ganz anders. Seine NVA-Uniform war der gut sitzende Beweis meines Meineids.
Aber vermutlich war ich sowieso die Einzige im Saal, die den politischen Aspekt der Jugendweihe so schwer nahm. Denn der Treueschwur mit seinem überholten Pathos reihte sich ein in die alltägliche Schizophrenie im Osten. Das Gelöbnis spielte keine Rolle – entscheidend waren das Fest und die Geschenke.

Während der Zeremonie saß ich zwischen meinen beiden Vätern. Jeans links, Uniform rechts.

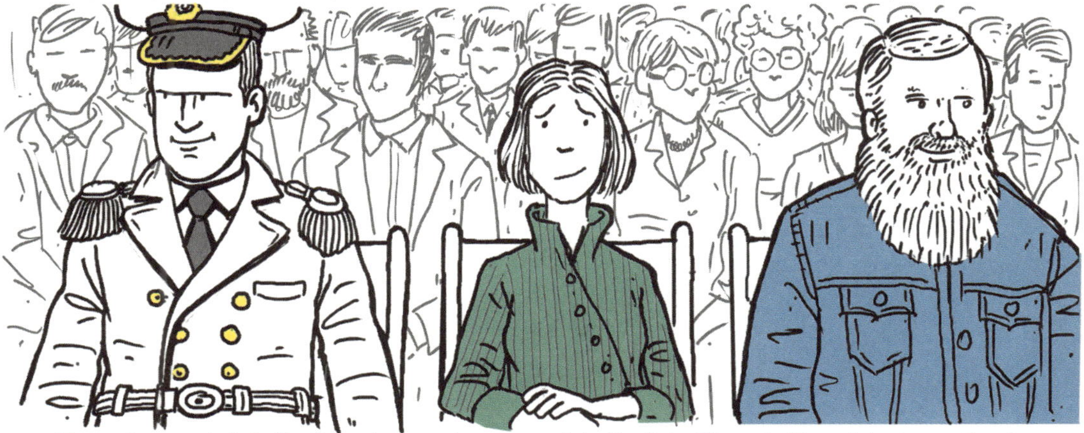

Dem einen sah ich ähnlich, dem anderen war ich ähnlich. Einer hatte mich gezeugt, einer hatte mich geformt. Der glatt rasierte Krieger und der langhaarige Verweigerer. Die ganze Bandbreite der DDR in diesen beiden Männern. Und ich grün in der Mitte. Es war mein Karma.

Als wir dran waren, erhob ich mich und tat das, was ich immer tat: Ich ging los und stand es durch.

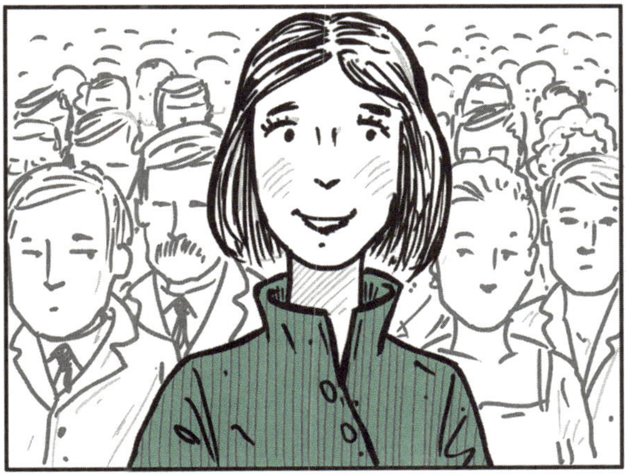

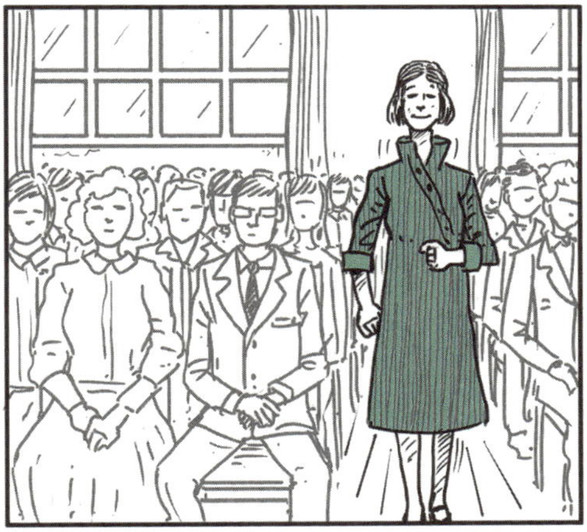

In meinem bedeutungsvollen Westkleid stieg ich auf die Bühne.

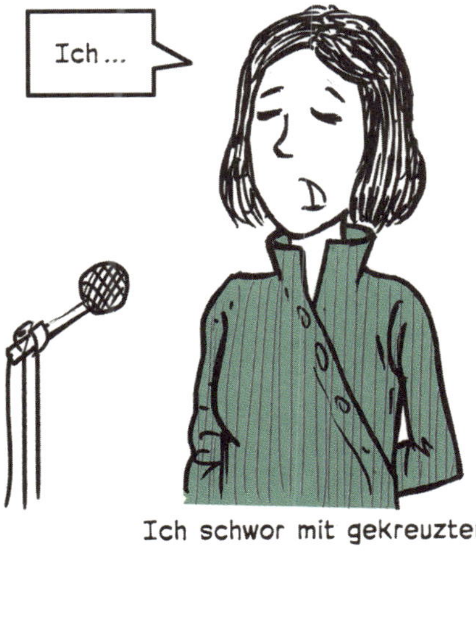

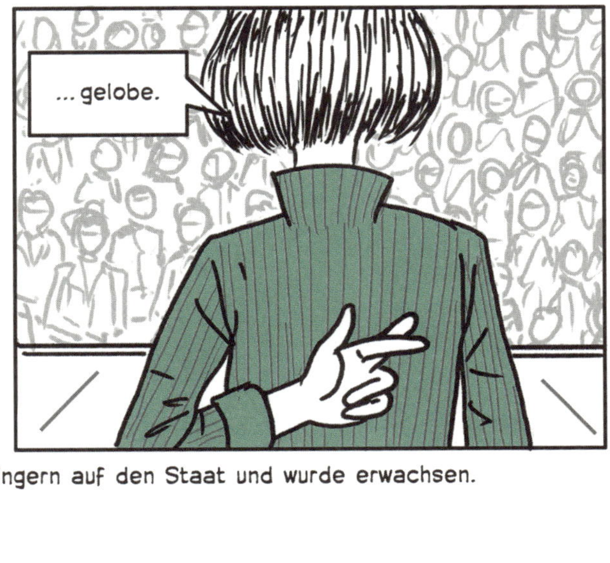

Ich schwor mit gekreuzten Fingern auf den Staat und wurde erwachsen.

DIE STRICKJACKE

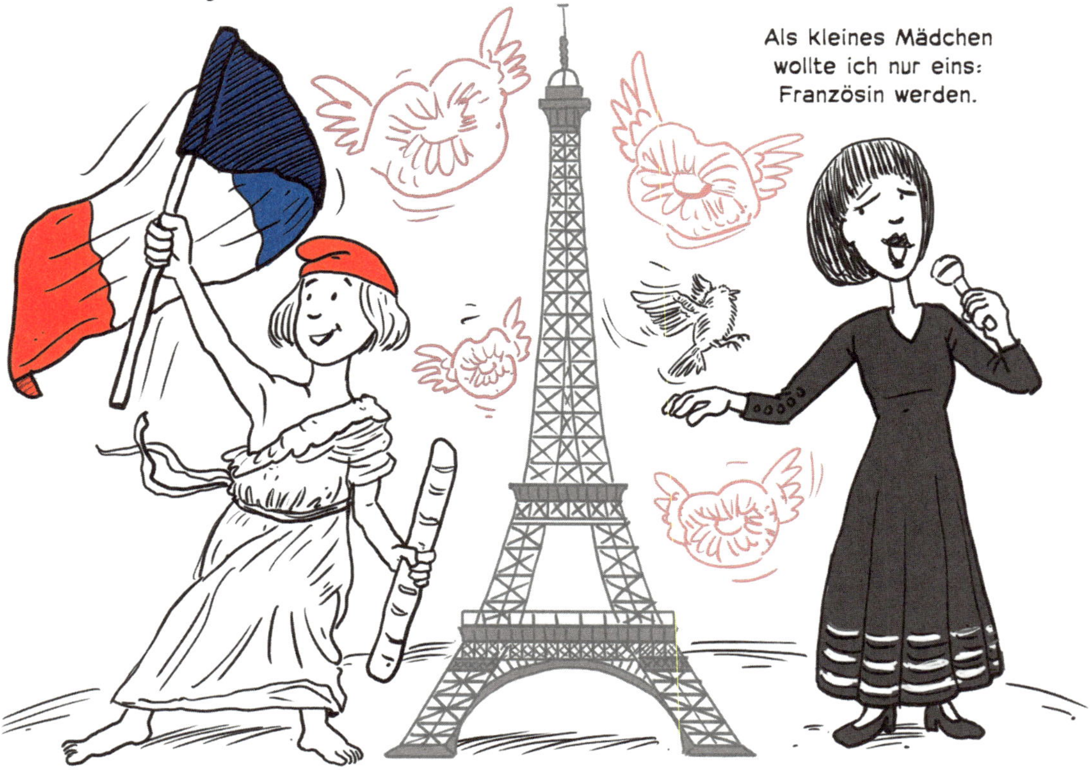

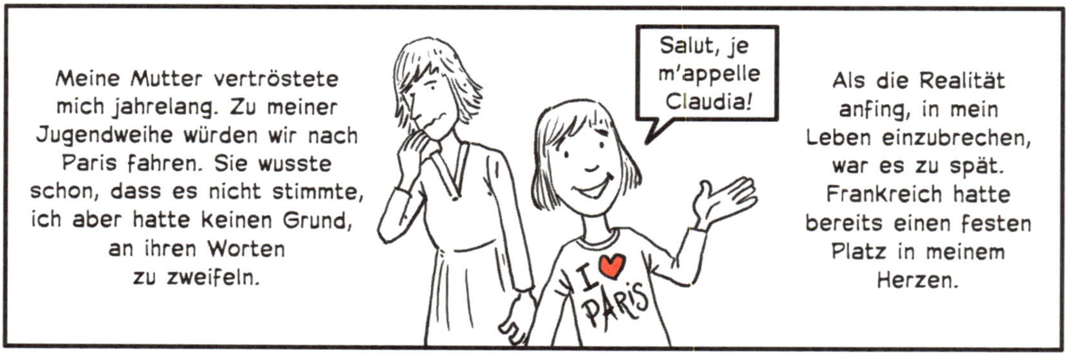

Fremdsprachenunterricht war in der DDR so eine Sache für sich. Russisch lernen war Pflicht, und durch den Zwang verlor die schöne Sprache Tschechows für die meisten ihren Reiz.

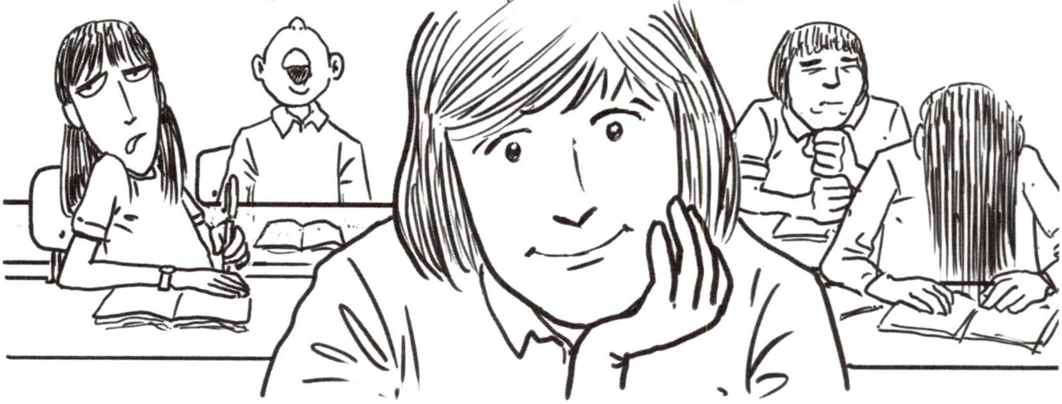

Ab der siebten Klasse konnte dann, wer wollte, noch Englisch oder Französisch dazunehmen. Dieser Unterricht war nicht in den allgemeinen Lehrplan integriert, und die Stunden fanden vor oder nach der regulären Schule statt. Damit signalisierte das Bildungssystem eindeutig, wofür es internationale Verständigung hielt: sinnlosen Luxus.

	MONTAG	DIENSTAG	MITTWOCH
0.			Englisch
1.	Mathematik	Staatsbürgerkunde	Sport
2.	Mathematik	Geschichte	Sport
3.	Biologie	Geschichte	Chemie
4.	Biologie	Deutsch	Chemie

Es gab schon keinen praktischen Anlass, als Ostkind Englisch zu lernen, Französisch war die reine Zeitverschwendung. Als echter Fan war mir aber keine Mühe zu groß. Weil meine Schule keinen Französisch-Unterricht anbot, ging ich mit 14 an die Abendschule.

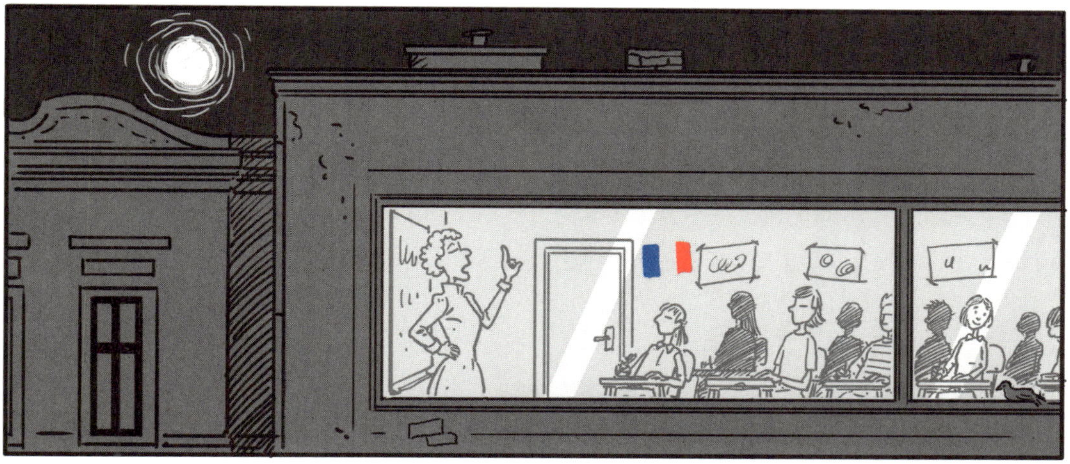

Ein Versuch meiner Eltern und der Direktorin, eine vorzeitige Genehmigung für mich zu erwirken, schlug fehl. Keine Ausnahmen. Ich musste warten, bis ich alt genug war.

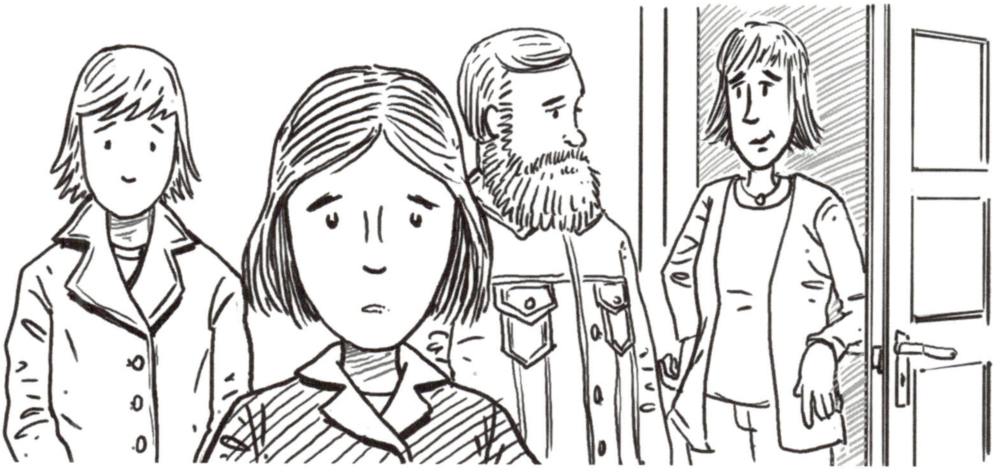

Zwei meiner besten Freunde, Bruno und Mesch, hatten mehr Glück. An ihrer Schule gab es eine Französisch-Lehrerin. Sie kam frisch von der Uni und war nur wenig älter als die Jungs.

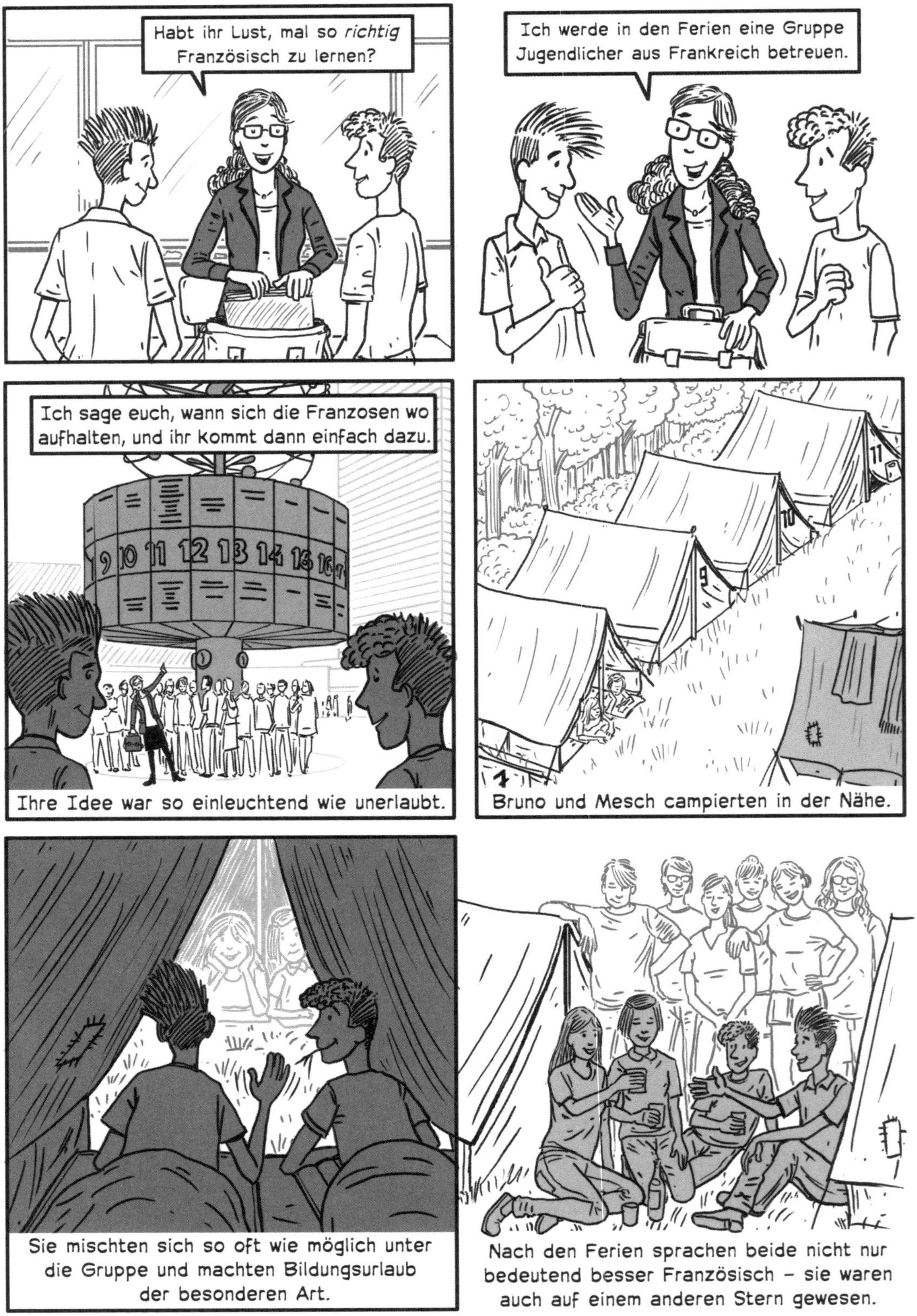

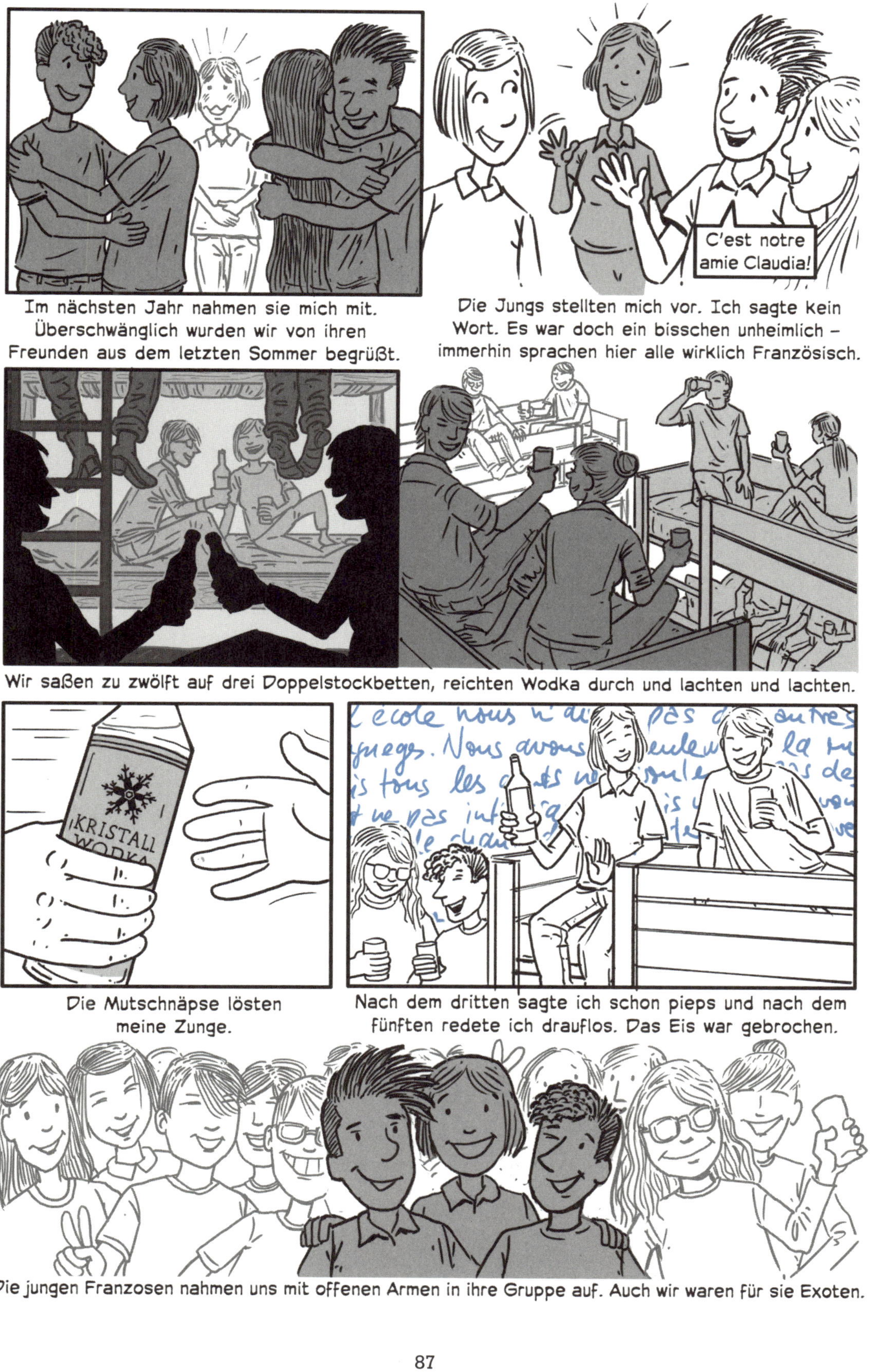
Im nächsten Jahr nahmen sie mich mit. Überschwänglich wurden wir von ihren Freunden aus dem letzten Sommer begrüßt.
C'est notre amie Claudia!
Die Jungs stellten mich vor. Ich sagte kein Wort. Es war doch ein bisschen unheimlich – immerhin sprachen hier alle wirklich Französisch.
Wir saßen zu zwölft auf drei Doppelstockbetten, reichten Wodka durch und lachten und lachten.
KRISTALL WODKA
Die Mutschnäpse lösten meine Zunge.
Nach dem dritten sagte ich schon pieps und nach dem fünften redete ich drauflos. Das Eis war gebrochen.
Die jungen Franzosen nahmen uns mit offenen Armen in ihre Gruppe auf. Auch wir waren für sie Exoten.

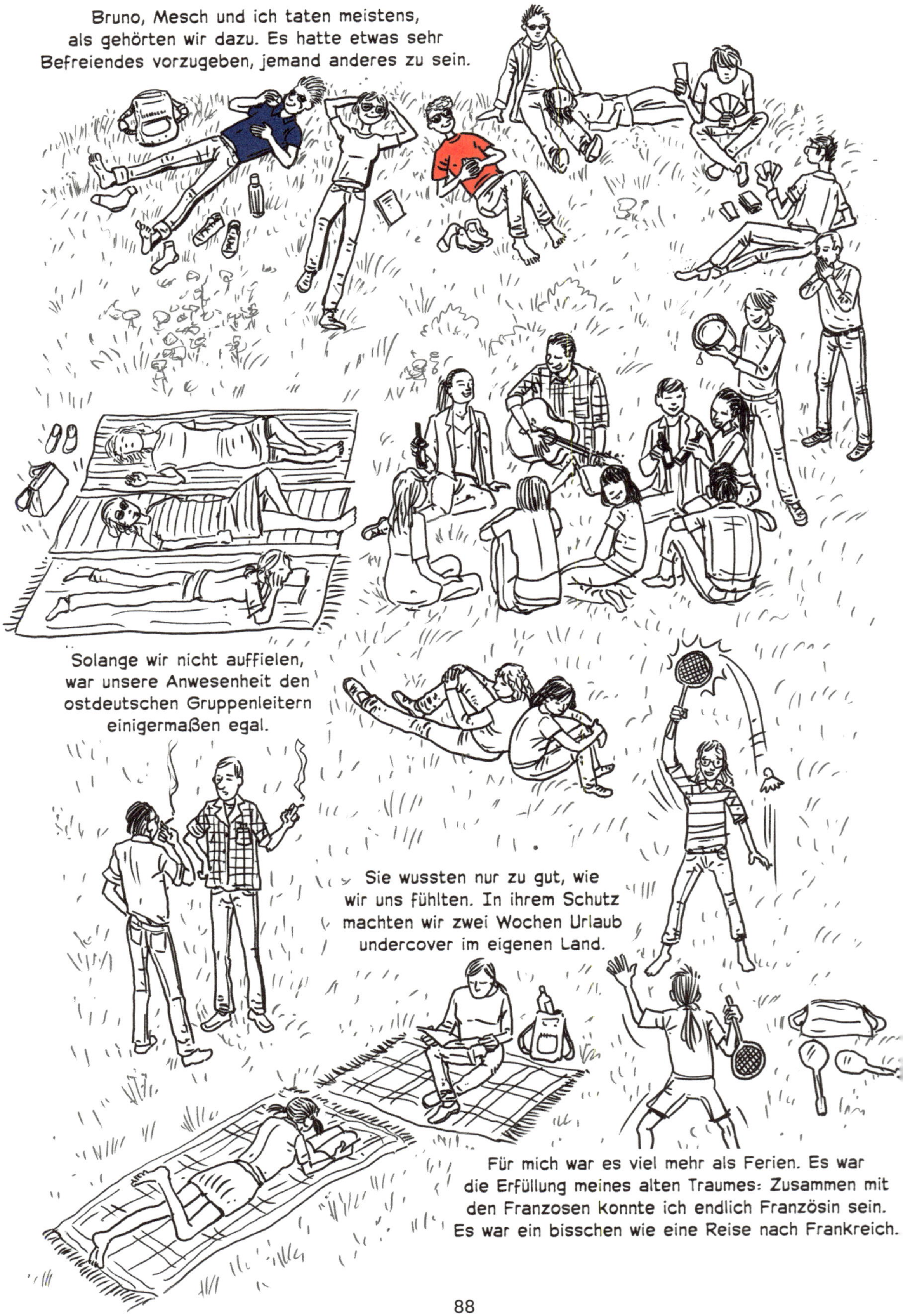
Bruno, Mesch und ich taten meistens, als gehörten wir dazu. Es hatte etwas sehr Befreiendes vorzugeben, jemand anderes zu sein.
Solange wir nicht auffielen, war unsere Anwesenheit den ostdeutschen Gruppenleitern einigermaßen egal.
Sie wussten nur zu gut, wie wir uns fühlten. In ihrem Schutz machten wir zwei Wochen Urlaub undercover im eigenen Land.
Für mich war es viel mehr als Ferien. Es war die Erfüllung meines alten Traumes: Zusammen mit den Franzosen konnte ich endlich Französin sein. Es war ein bisschen wie eine Reise nach Frankreich.

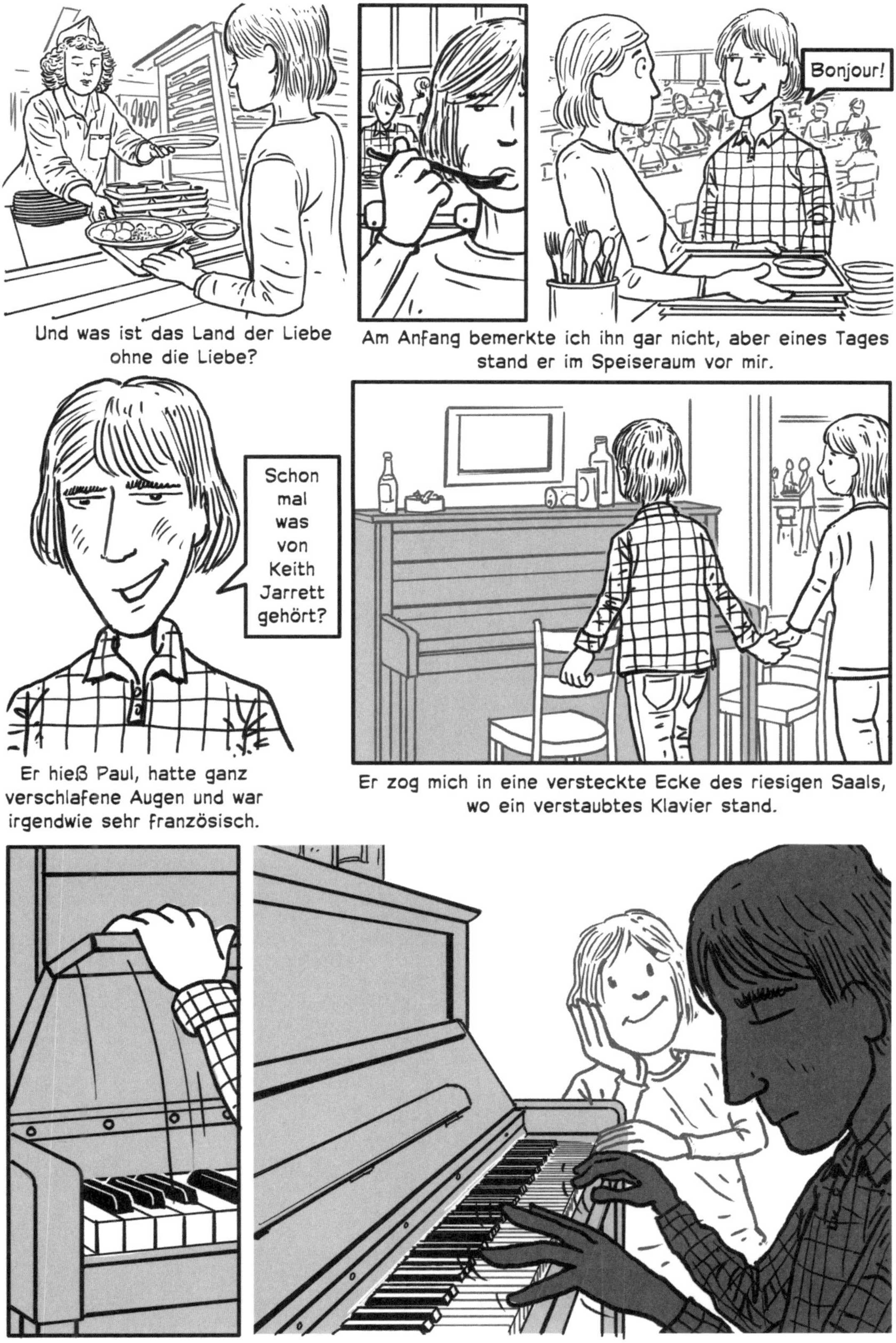
Und was ist das Land der Liebe ohne die Liebe?
Am Anfang bemerkte ich ihn gar nicht, aber eines Tages stand er im Speiseraum vor mir.
Bonjour!
Schon mal was von Keith Jarrett gehört?
Er hieß Paul, hatte ganz verschlafene Augen und war irgendwie sehr französisch.
Er zog mich in eine versteckte Ecke des riesigen Saals, wo ein verstaubtes Klavier stand.

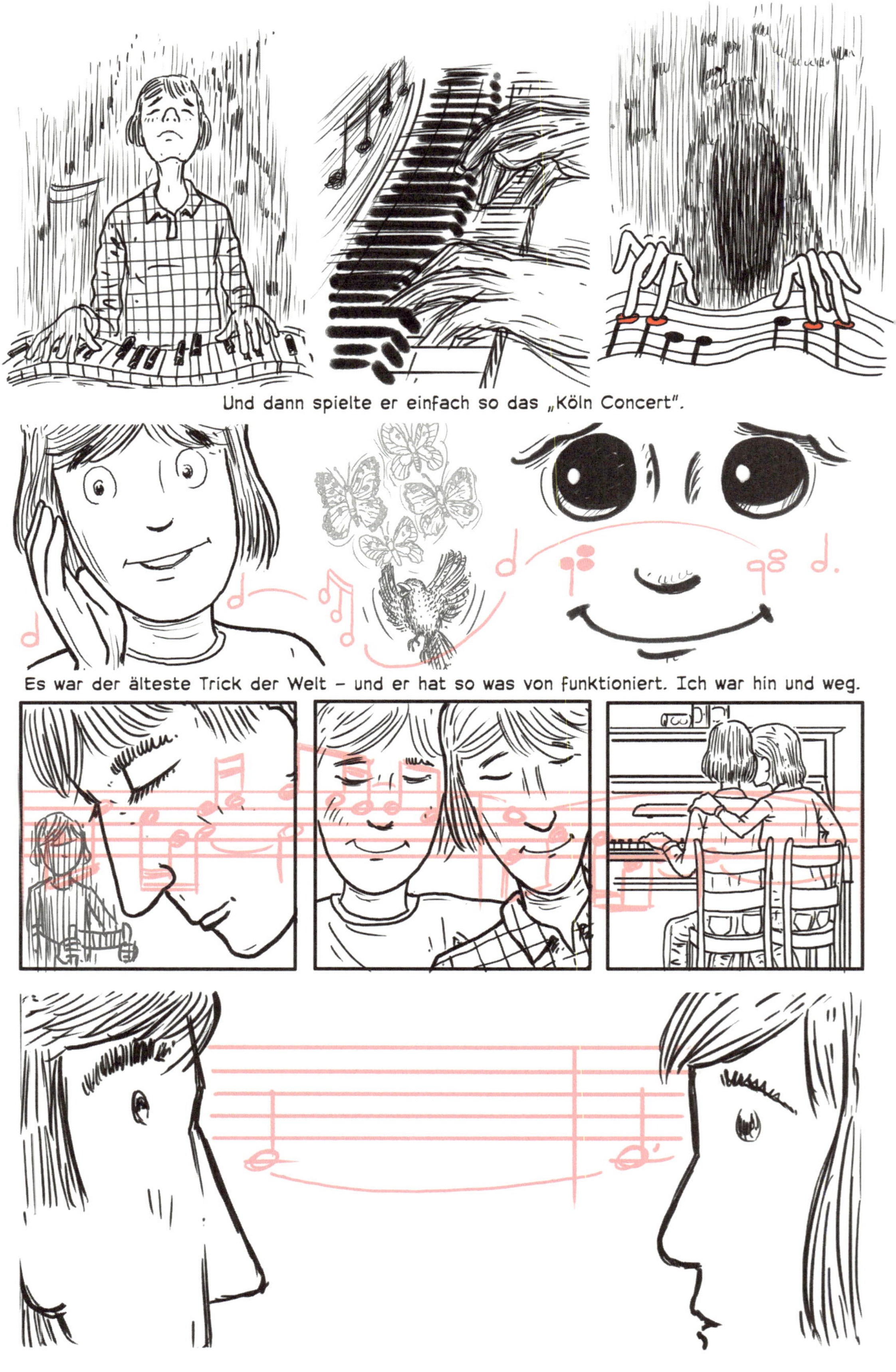
Und dann spielte er einfach so das „Köln Concert".
Es war der älteste Trick der Welt – und er hat so was von funktioniert. Ich war hin und weg.

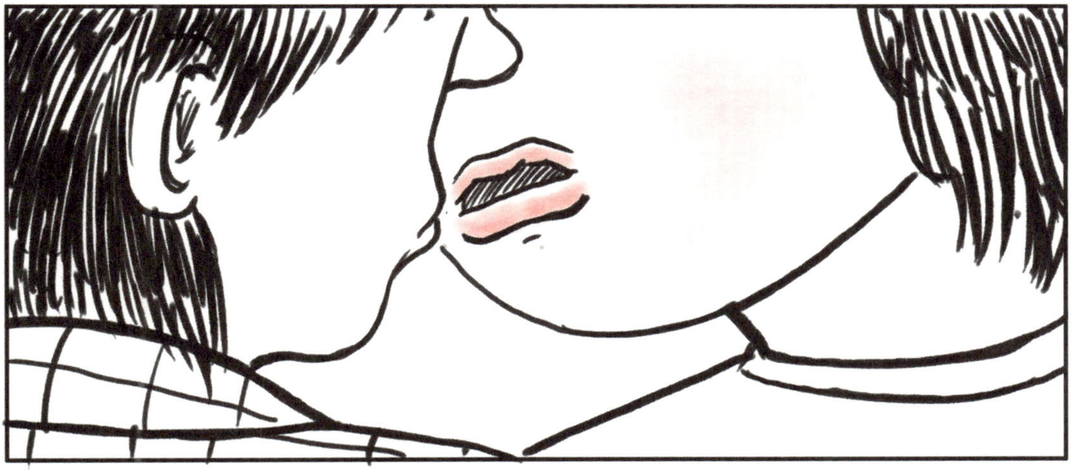

Die verbleibende Zeit verbrachten Paul und ich knutschend und Händchen haltend im siebten Himmel.

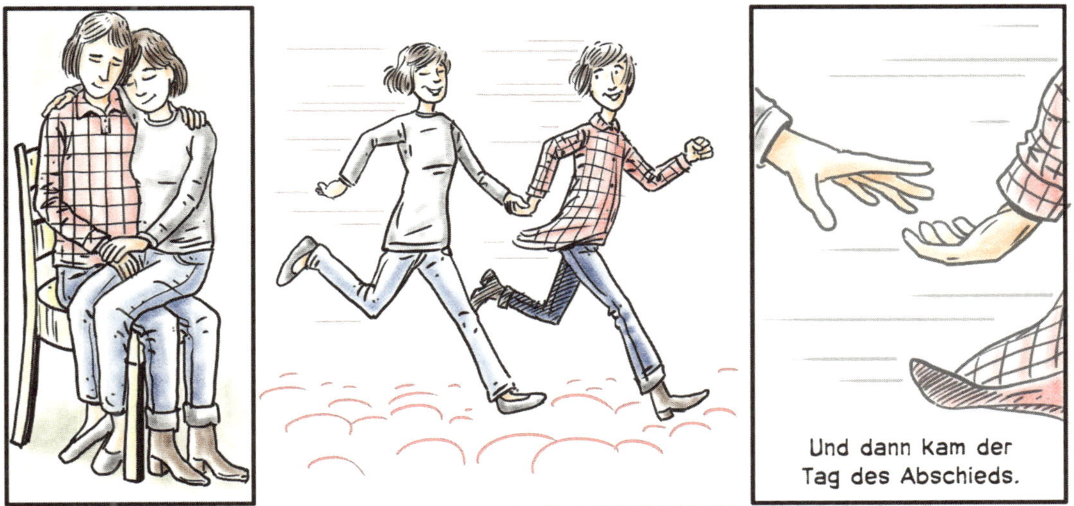

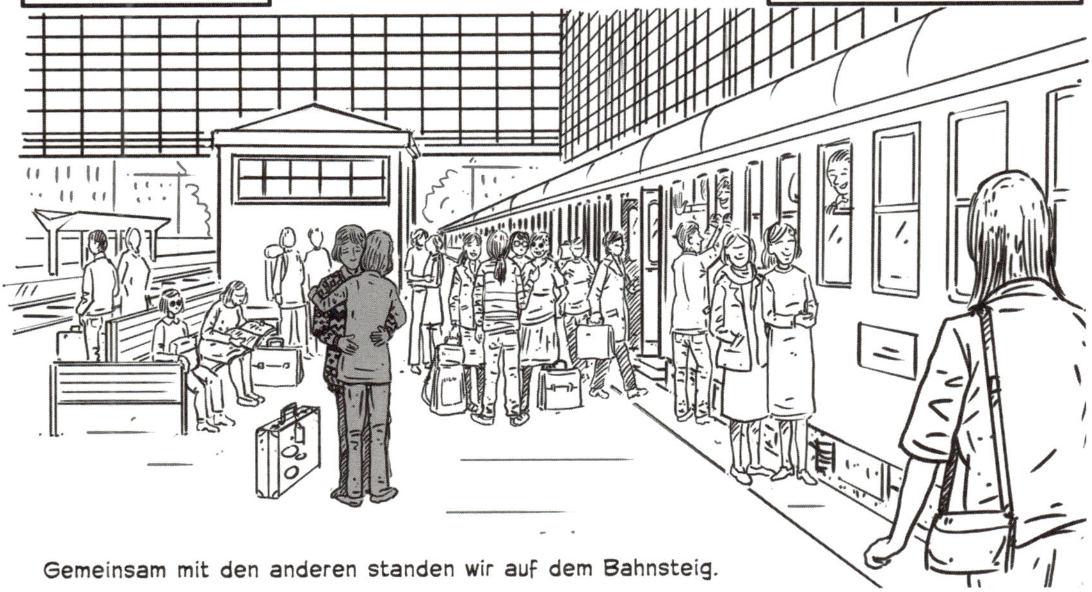

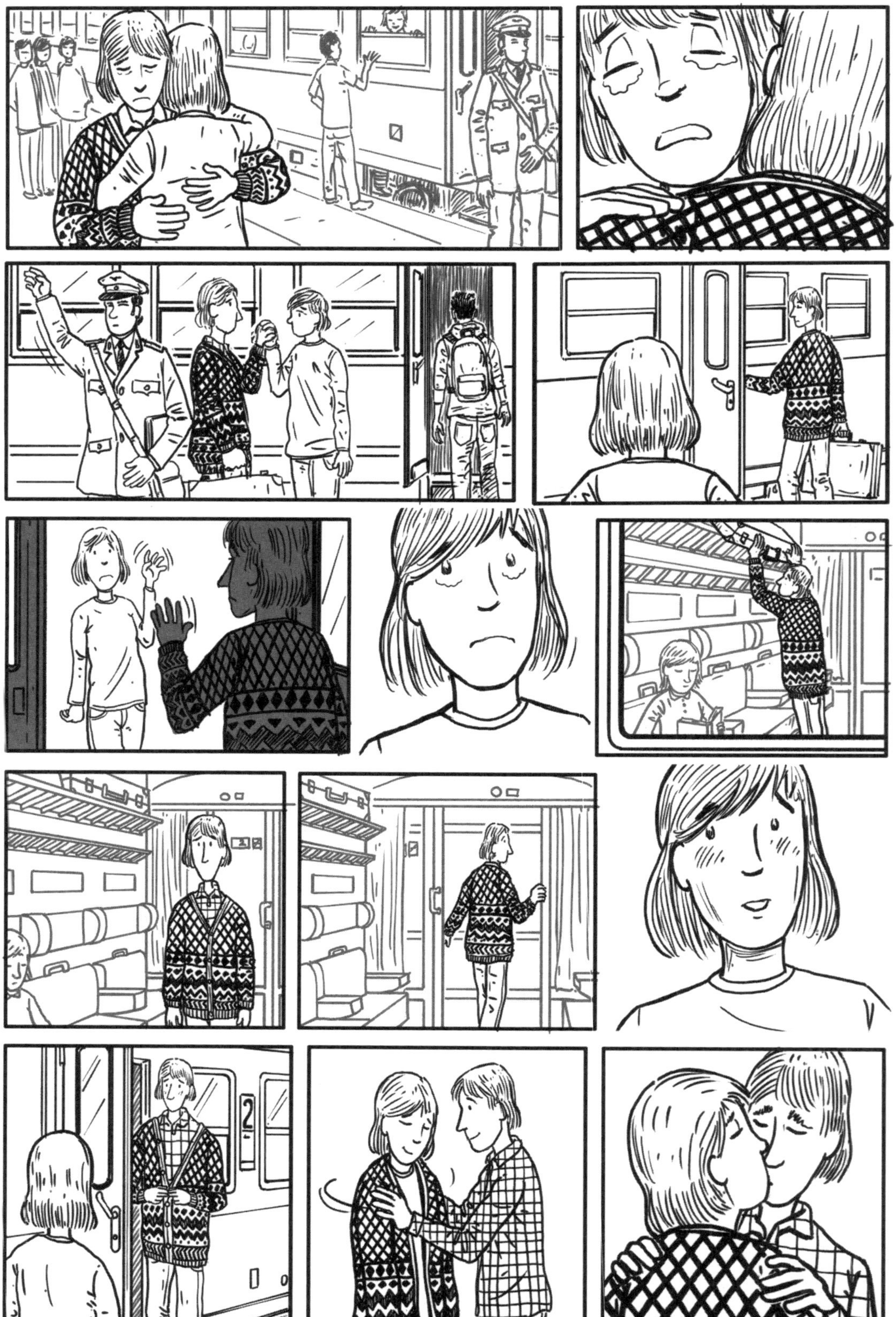
2

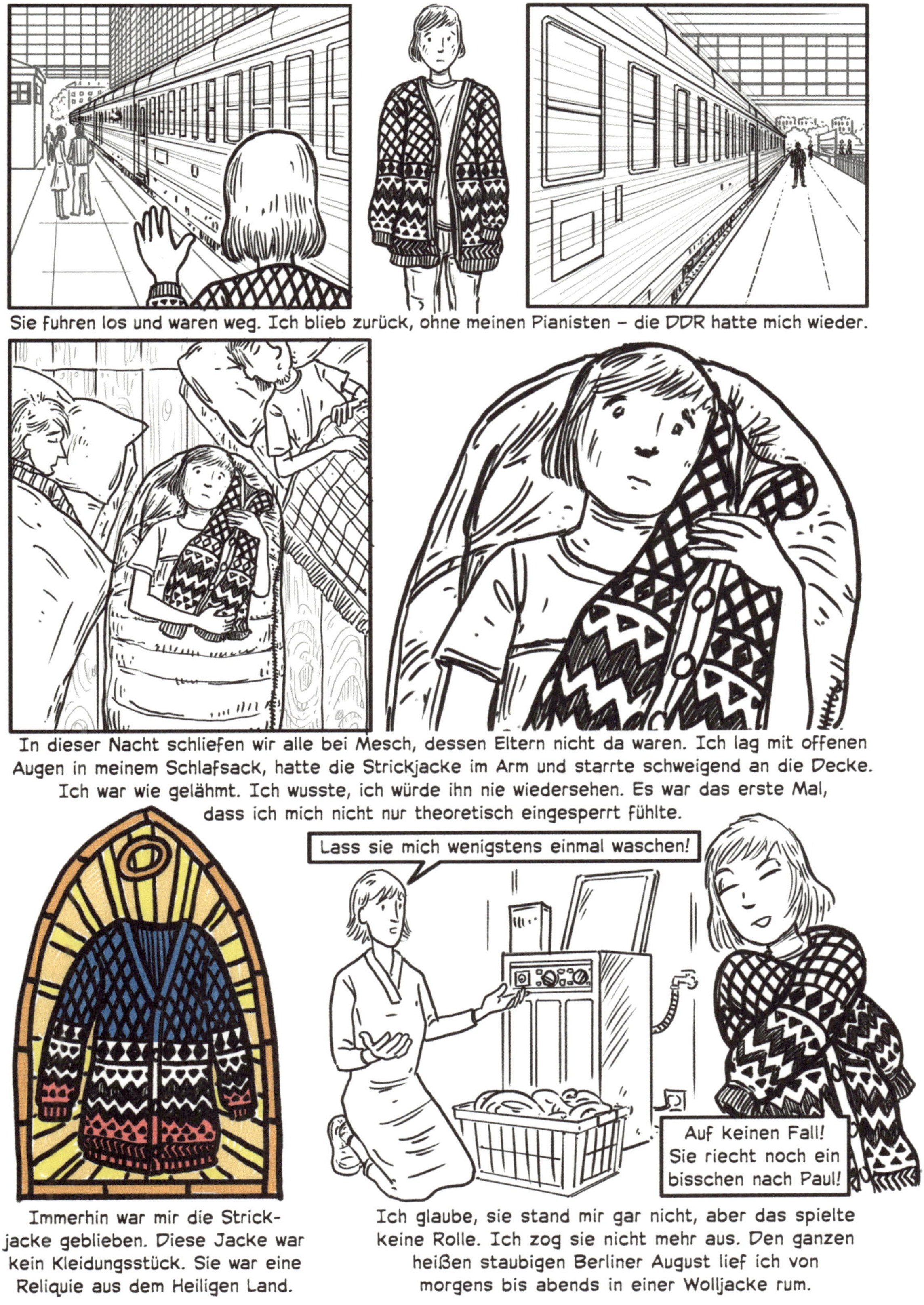
Sie fuhren los und waren weg. Ich blieb zurück, ohne meinen Pianisten – die DDR hatte mich wieder.
In dieser Nacht schliefen wir alle bei Mesch, dessen Eltern nicht da waren. Ich lag mit offenen Augen in meinem Schlafsack, hatte die Strickjacke im Arm und starrte schweigend an die Decke. Ich war wie gelähmt. Ich wusste, ich würde ihn nie wiedersehen. Es war das erste Mal, dass ich mich nicht nur theoretisch eingesperrt fühlte.
Immerhin war mir die Strickjacke geblieben. Diese Jacke war kein Kleidungsstück. Sie war eine Reliquie aus dem Heiligen Land.
Lass sie mich wenigstens einmal waschen!
Auf keinen Fall! Sie riecht noch ein bisschen nach Paul!
Ich glaube, sie stand mir gar nicht, aber das spielte keine Rolle. Ich zog sie nicht mehr aus. Den ganzen heißen staubigen Berliner August lief ich von morgens bis abends in einer Wolljacke rum.

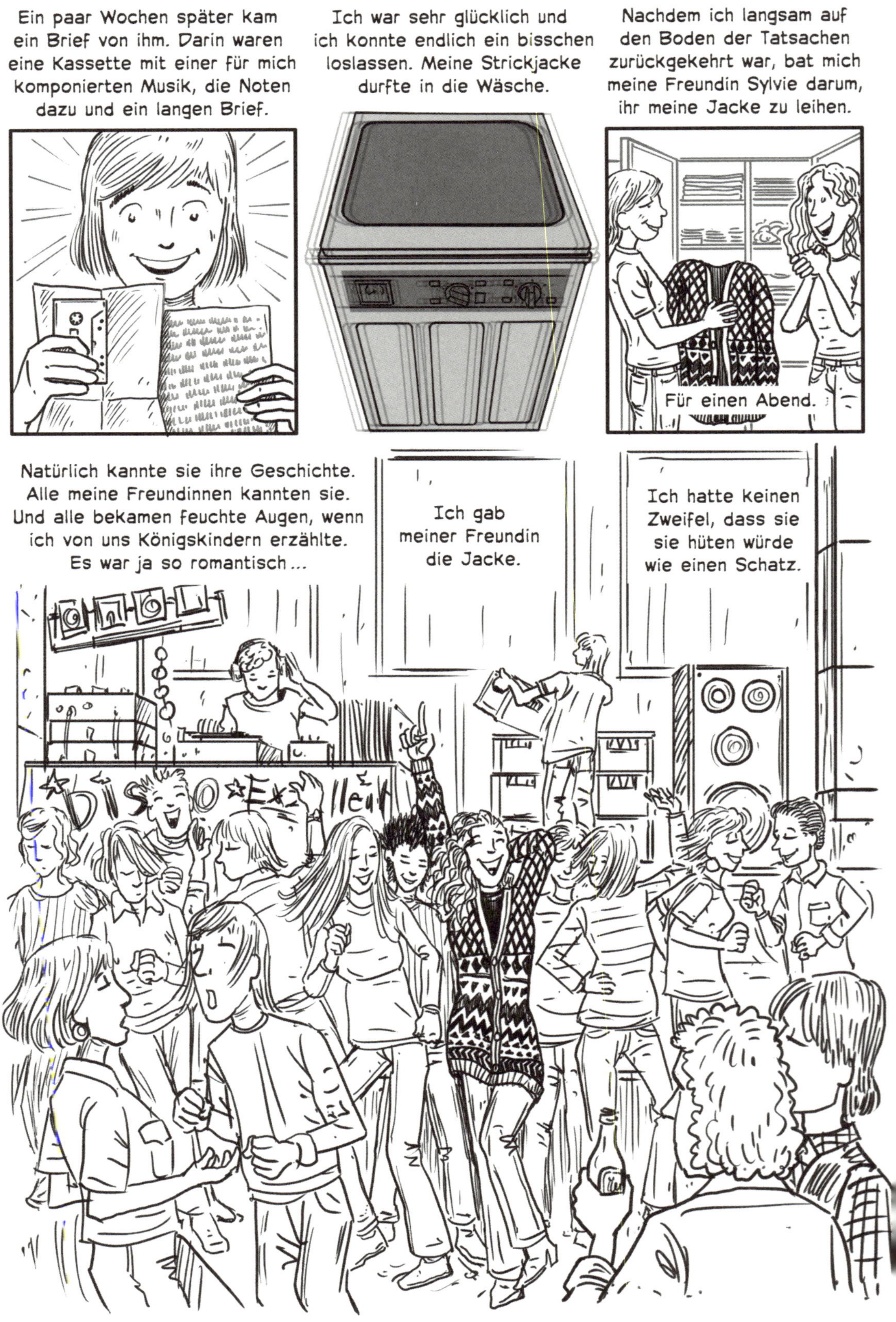
Ein paar Wochen später kam ein Brief von ihm. Darin waren eine Kassette mit einer für mich komponierten Musik, die Noten dazu und ein langen Brief.
Ich war sehr glücklich und ich konnte endlich ein bisschen loslassen. Meine Strickjacke durfte in die Wäsche.
Nachdem ich langsam auf den Boden der Tatsachen zurückgekehrt war, bat mich meine Freundin Sylvie darum, ihr meine Jacke zu leihen.
Für einen Abend.
Natürlich kannte sie ihre Geschichte. Alle meine Freundinnen kannten sie. Und alle bekamen feuchte Augen, wenn ich von uns Königskindern erzählte. Es war ja so romantisch ...
Ich gab meiner Freundin die Jacke.
Ich hatte keinen Zweifel, dass sie sie hüten würde wie einen Schatz.

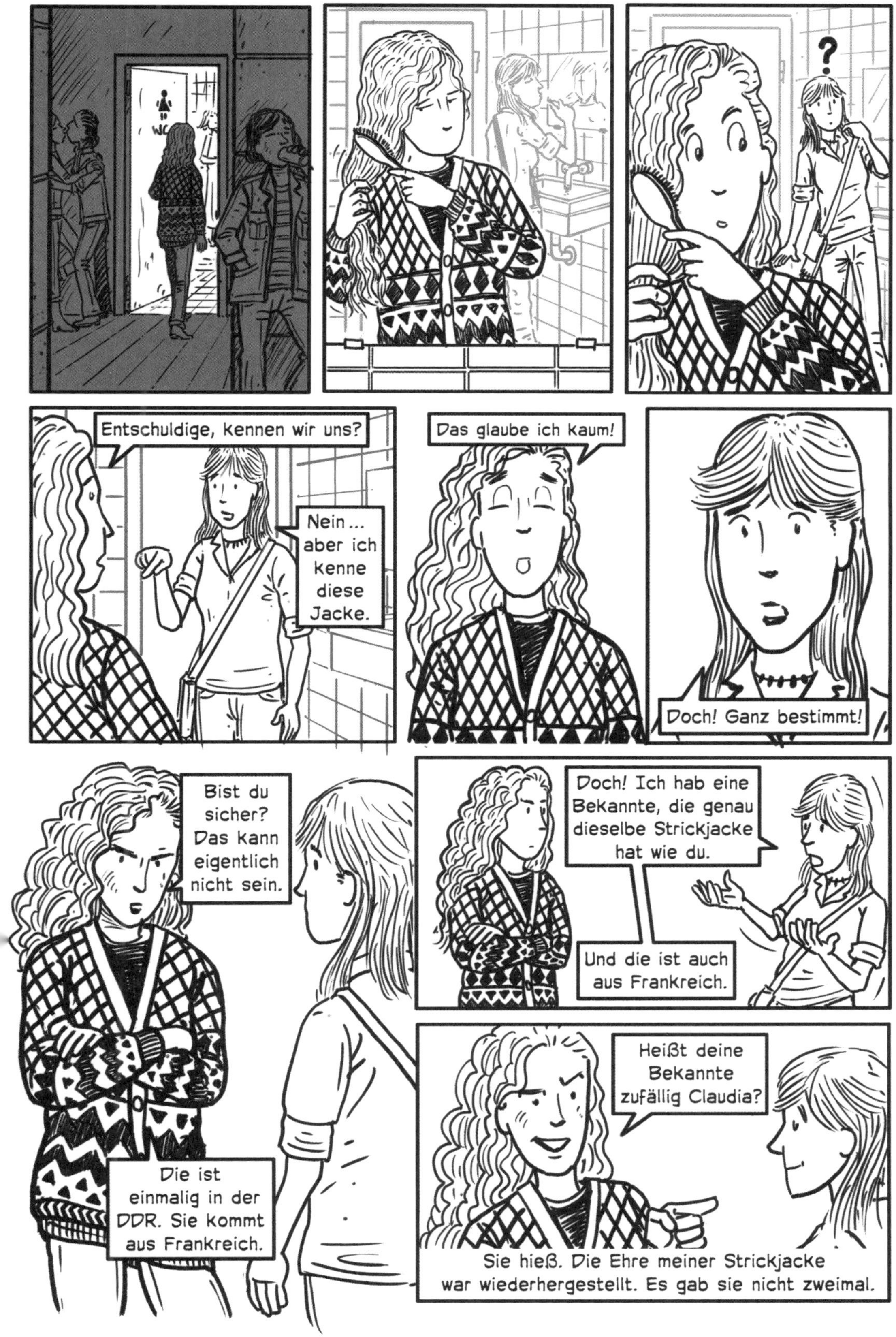

?
Entschuldige, kennen wir uns?
Nein ... aber ich kenne diese Jacke.
Das glaube ich kaum!
Doch! Ganz bestimmt!
Bist du sicher? Das kann eigentlich nicht sein.
Die ist einmalig in der DDR. Sie kommt aus Frankreich.
Doch! Ich hab eine Bekannte, die genau dieselbe Strickjacke hat wie du.
Und die ist auch aus Frankreich.
Heißt deine Bekannte zufällig Claudia?
Sie hieß. Die Ehre meiner Strickjacke war wiederhergestellt. Es gab sie nicht zweimal.

MAUER MIT BANANE

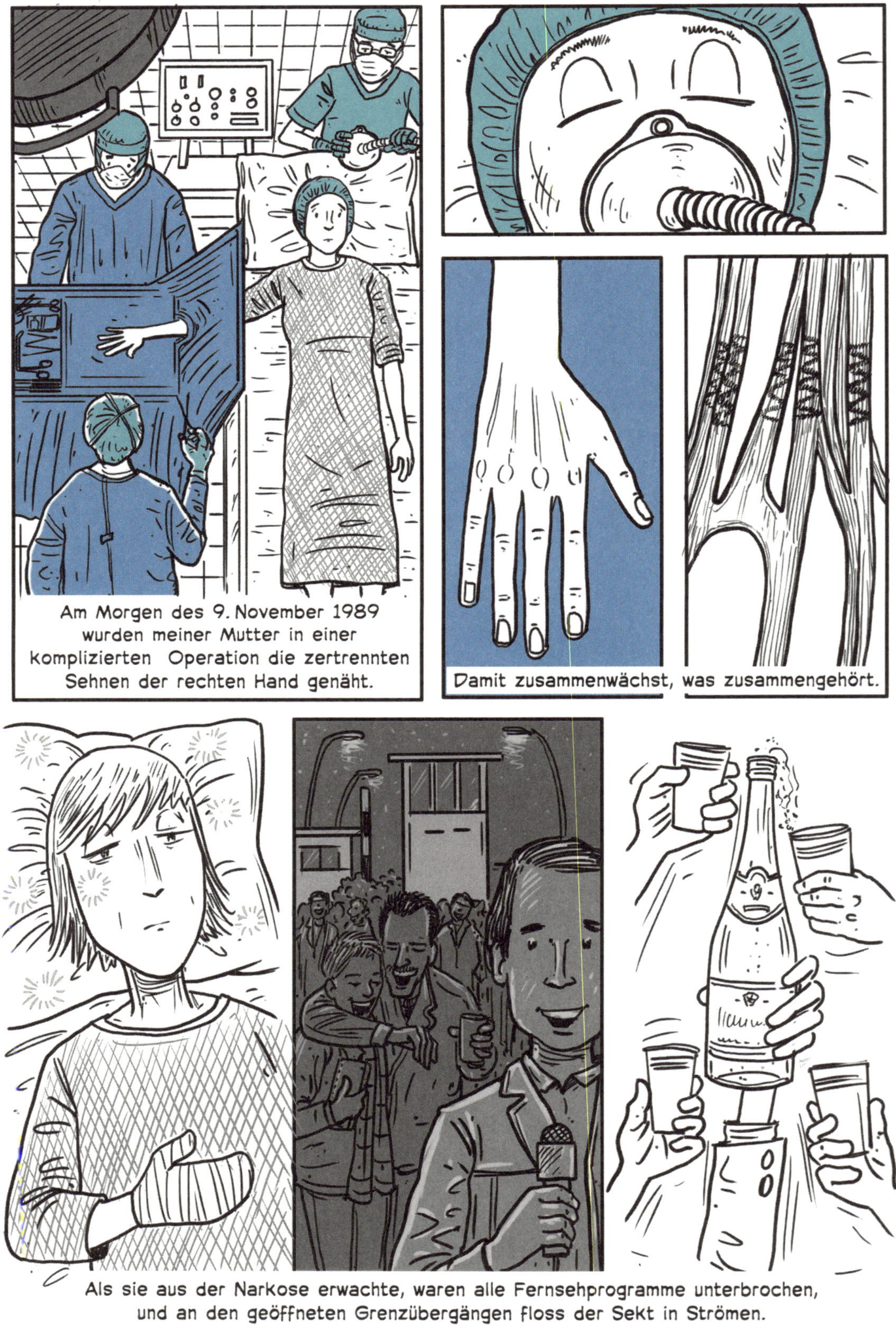

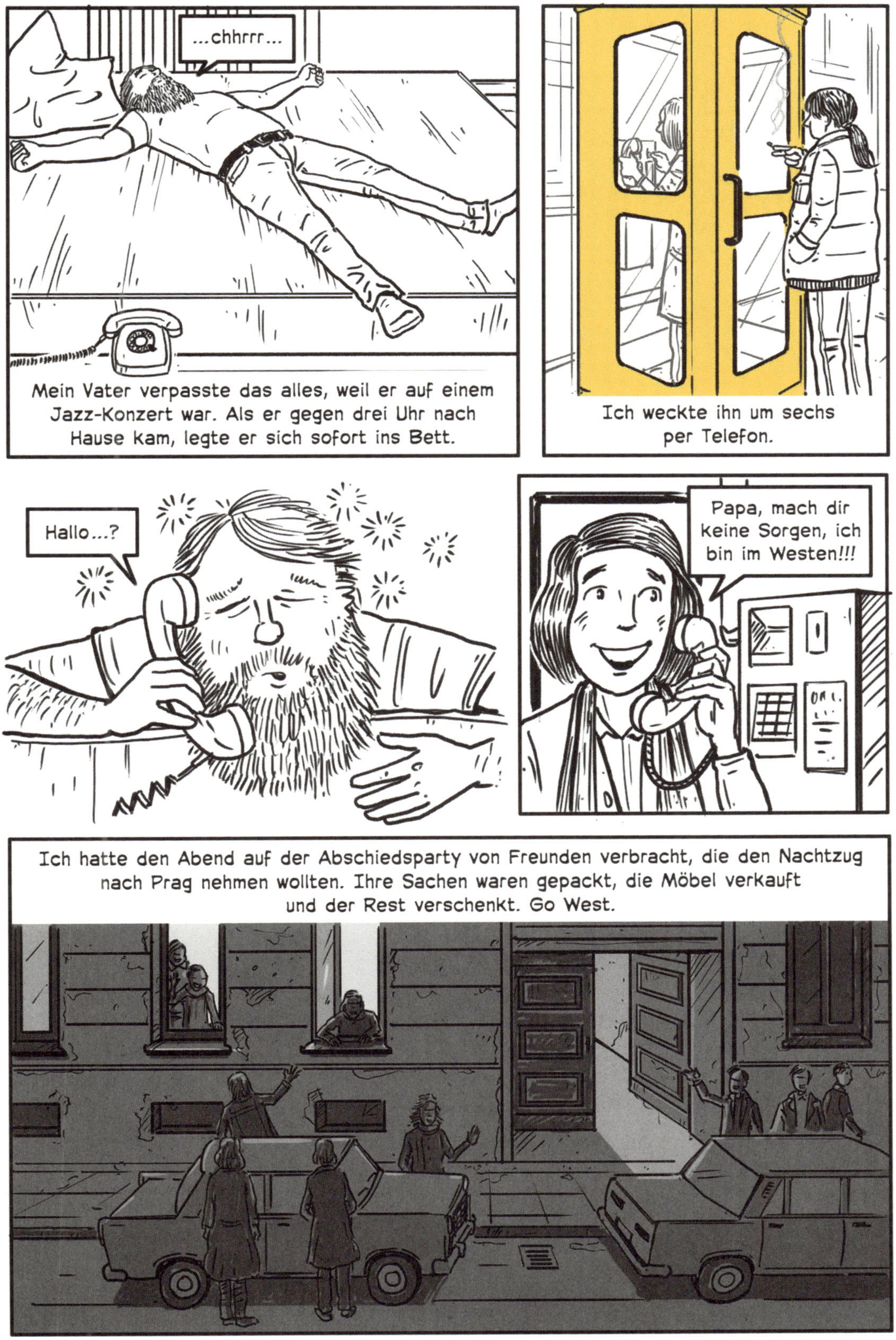
...chhrrr...
Mein Vater verpasste das alles, weil er auf einem Jazz-Konzert war. Als er gegen drei Uhr nach Hause kam, legte er sich sofort ins Bett.
Ich weckte ihn um sechs per Telefon.
Hallo...?
Papa, mach dir keine Sorgen, ich bin im Westen!!!
Ich hatte den Abend auf der Abschiedsparty von Freunden verbracht, die den Nachtzug nach Prag nehmen wollten. Ihre Sachen waren gepackt, die Möbel verkauft und der Rest verschenkt. Go West.

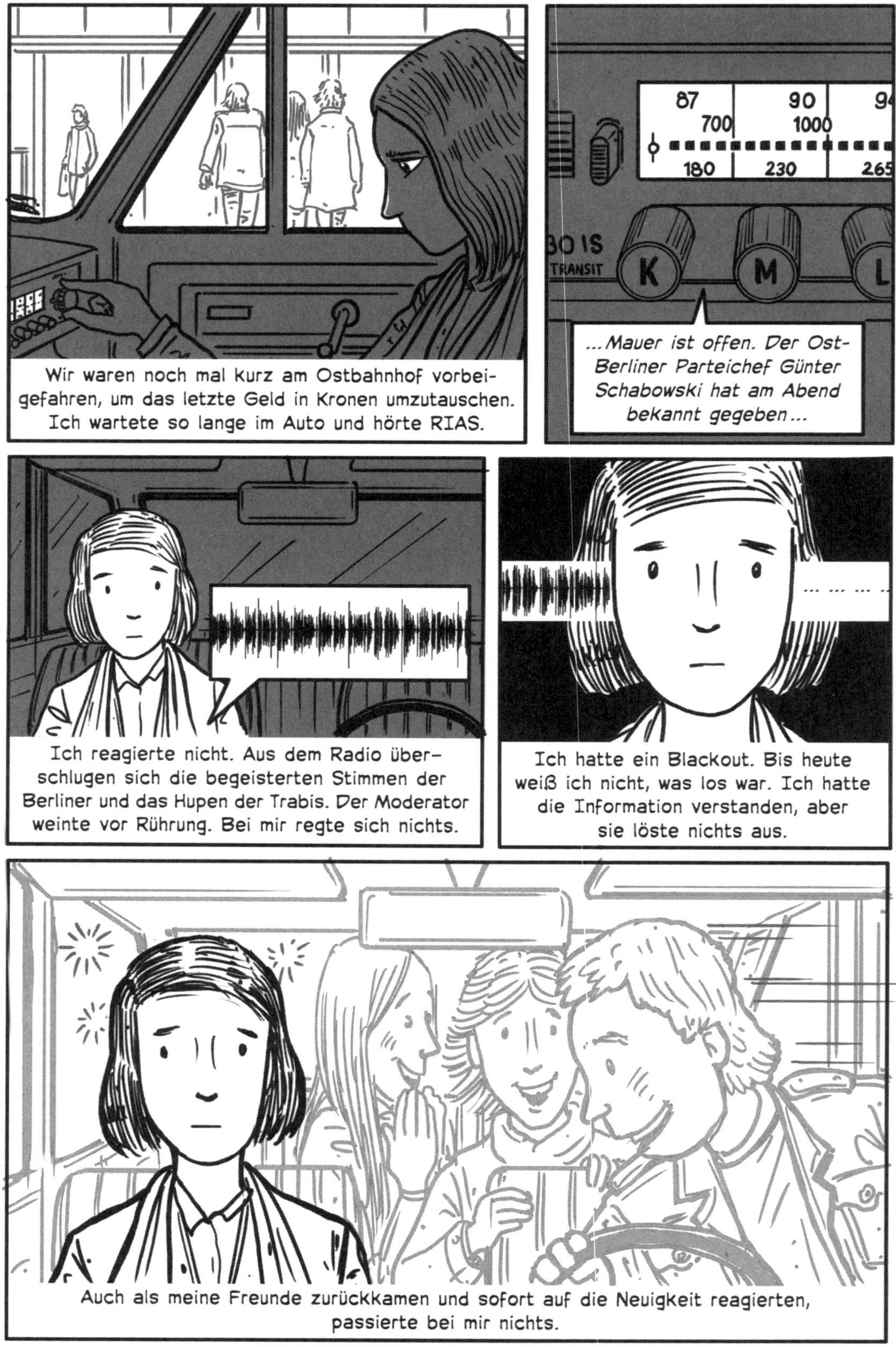
Wir waren noch mal kurz am Ostbahnhof vorbeigefahren, um das letzte Geld in Kronen umzutauschen. Ich wartete so lange im Auto und hörte RIAS.
87 90 700 1000 180 230 265
K M L
...Mauer ist offen. Der Ost-Berliner Parteichef Günter Schabowski hat am Abend bekannt gegeben...
Ich reagierte nicht. Aus dem Radio überschlugen sich die begeisterten Stimmen der Berliner und das Hupen der Trabis. Der Moderator weinte vor Rührung. Bei mir regte sich nichts.
Ich hatte ein Blackout. Bis heute weiß ich nicht, was los war. Ich hatte die Information verstanden, aber sie löste nichts aus.
Auch als meine Freunde zurückkamen und sofort auf die Neuigkeit reagierten, passierte bei mir nichts.

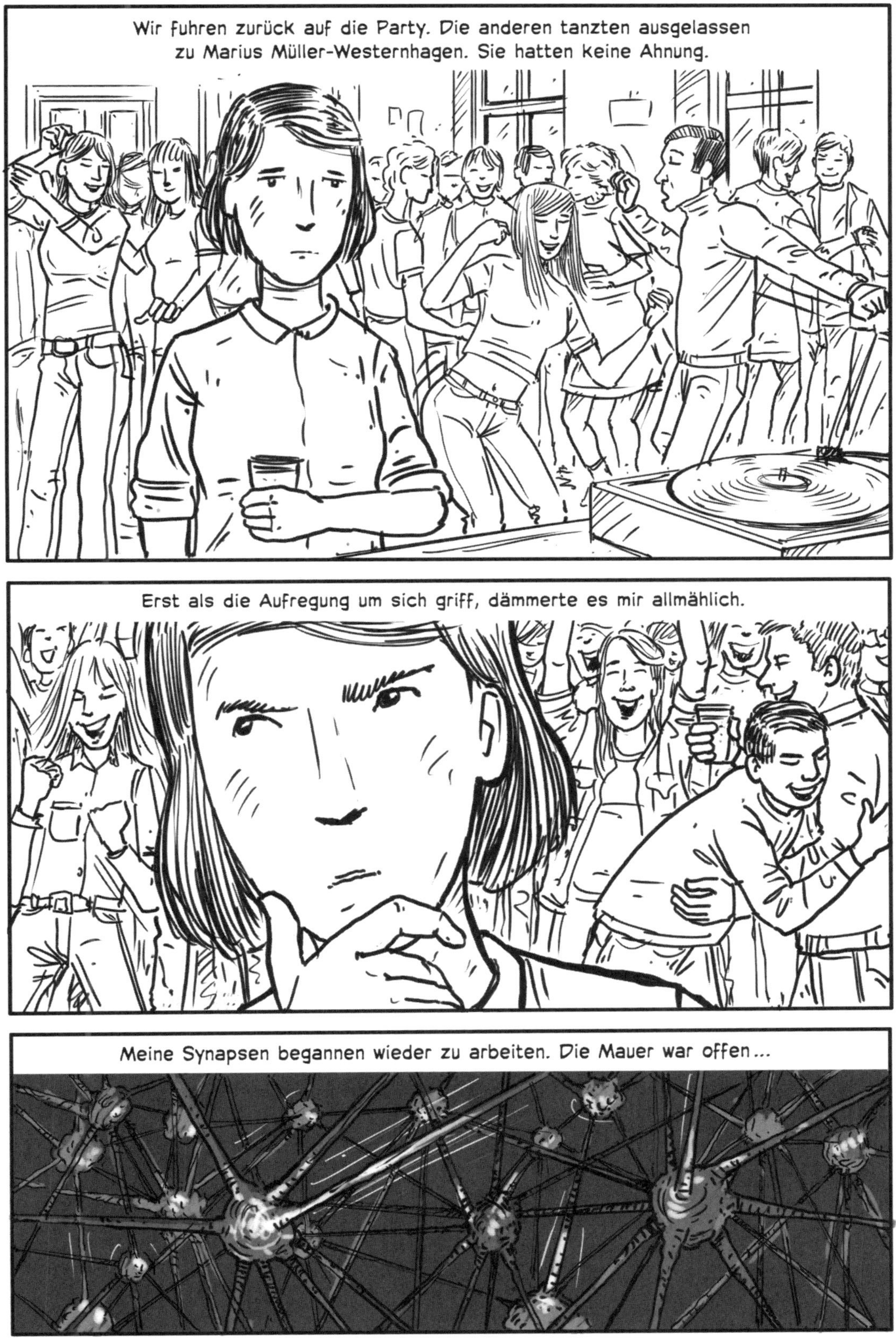
Wir fuhren zurück auf die Party. Die anderen tanzten ausgelassen zu Marius Müller-Westernhagen. Sie hatten keine Ahnung.
Erst als die Aufregung um sich griff, dämmerte es mir allmählich.
Meine Synapsen begannen wieder zu arbeiten. Die Mauer war offen...

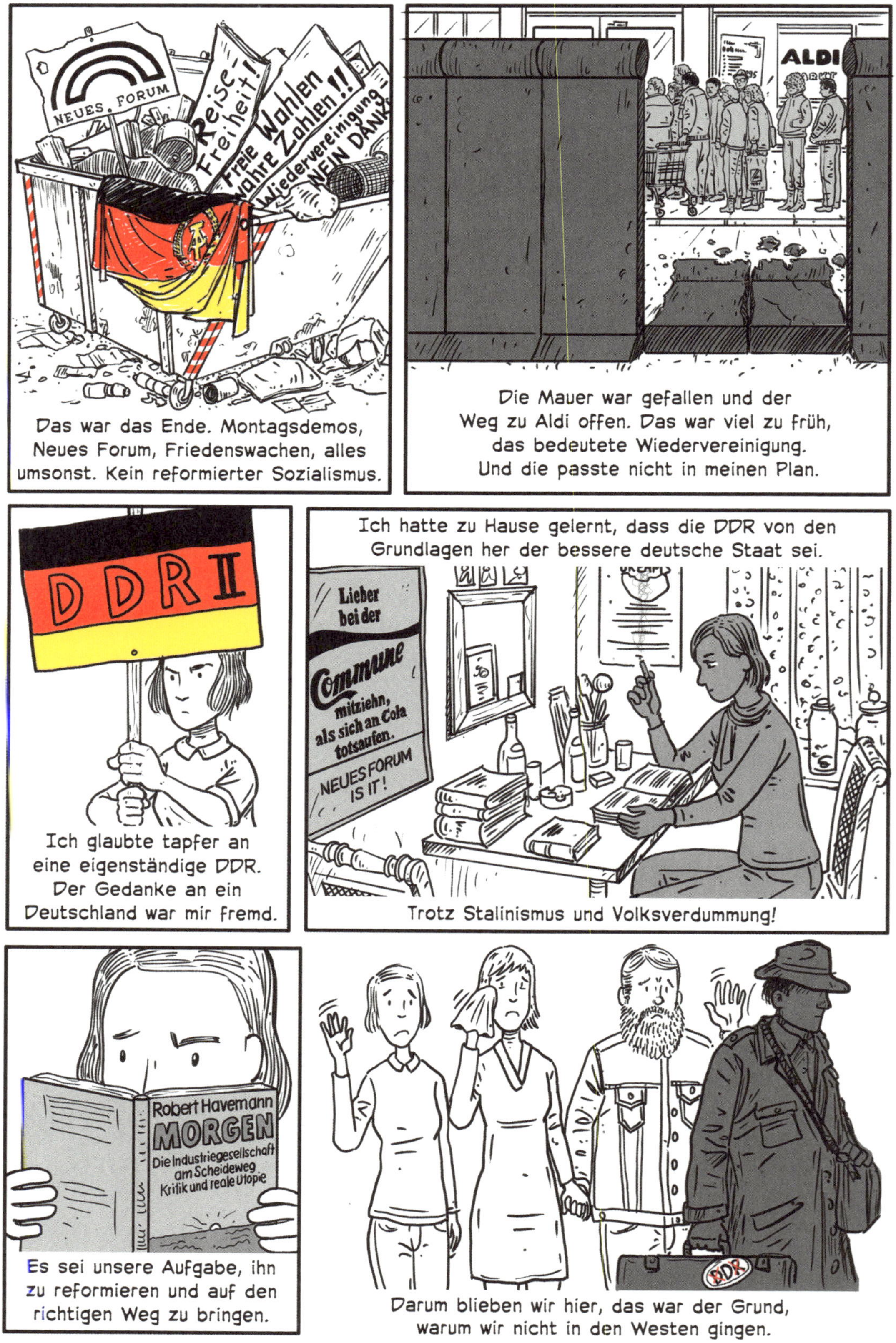

NEUES FORUM
Reise-Freiheit!
Freie Wahlen wahre Zahlen!!
Wiedervereinigung NEIN DANK
Das war das Ende. Montagsdemos, Neues Forum, Friedenswachen, alles umsonst. Kein reformierter Sozialismus.
ALDI
Die Mauer war gefallen und der Weg zu Aldi offen. Das war viel zu früh, das bedeutete Wiedervereinigung. Und die passte nicht in meinen Plan.
DDR II
Ich glaubte tapfer an eine eigenständige DDR. Der Gedanke an ein Deutschland war mir fremd.
Ich hatte zu Hause gelernt, dass die DDR von den Grundlagen her der bessere deutsche Staat sei.
Lieber bei der Commune mitziehn, als sich an Cola totsaufen.
NEUES FORUM IS IT!
Trotz Stalinismus und Volksverdummung!
Robert Havemann
MORGEN
Die Industriegesellschaft am Scheideweg
Kritik und reale Utopie
Es sei unsere Aufgabe, ihn zu reformieren und auf den richtigen Weg zu bringen.
DDR
Darum blieben wir hier, das war der Grund, warum wir nicht in den Westen gingen.

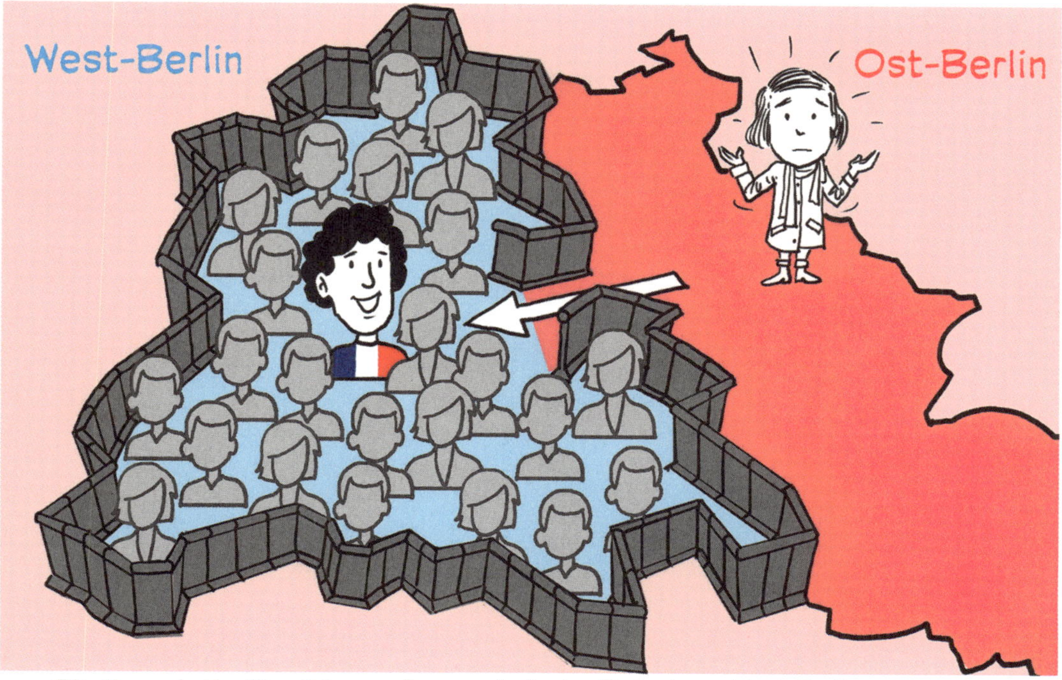

Die Mauer hatte für mich vor allem symbolische Bedeutung. West-Berlin war mir egal.
Ich kannte überhaupt nur ausgereiste Ossis, die alle weit weg waren.
Lediglich Pierre, ein französischer Freund, wohnte seit zwei Jahren in Kreuzberg.
Wir hatten uns Mitte der Achtziger zufällig kennengelernt und seitdem Kontakt gehalten.
Für mich war er eine Art großer Bruder. Er passte prima in die Familie.

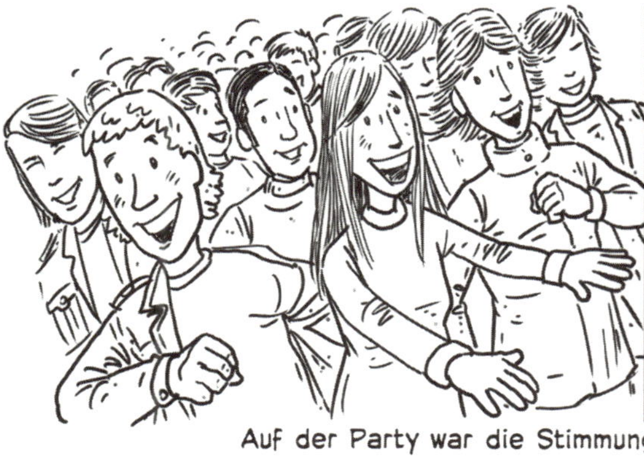

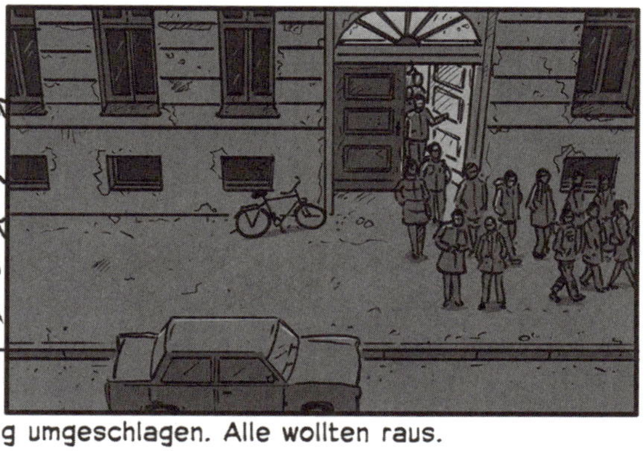

Auf der Party war die Stimmung umgeschlagen. Alle wollten raus.
Völlig planlos brachen wir zum nächstbesten Grenzübergang auf.

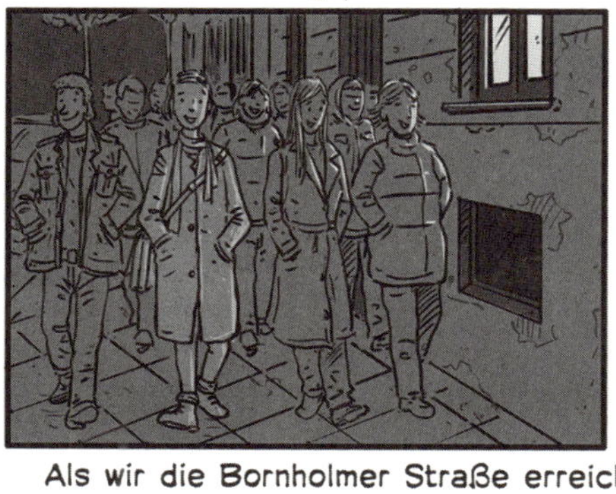

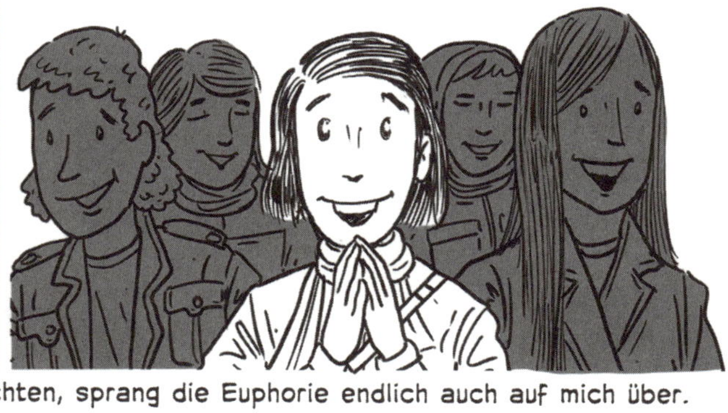

Als wir die Bornholmer Straße erreichten, sprang die Euphorie endlich auch auf mich über.

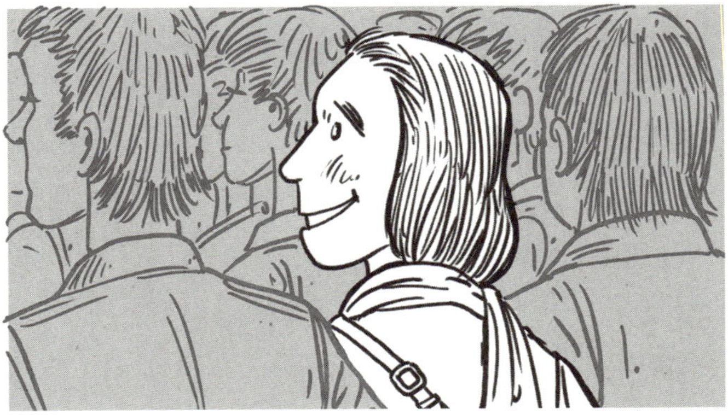

Hier war es unmöglich, sich der Freude und Verwirrung zu entziehen. In allen Köpfen hämmerte es: Haben sie wirklich die Mauer aufgemacht? Ich spürte plötzlich, inmitten der vielen aufgelösten Menschen, dass ich diesen Moment niemals wieder vergessen würde, dass sich mein Leben gerade in einer Weise änderte, die ich noch nicht übersah.

Je näher wir dem Grenzübergang kamen, desto größer wurde das Gedränge. Es ging kaum noch vorwärts. Kein Wunder, es kannte ja keiner den Weg.

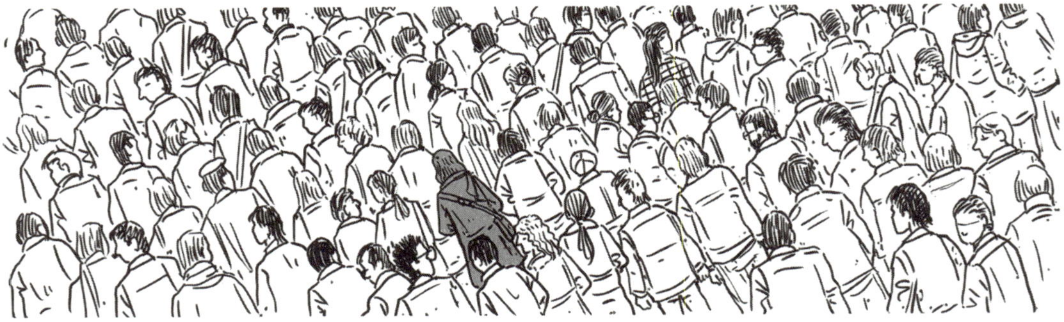

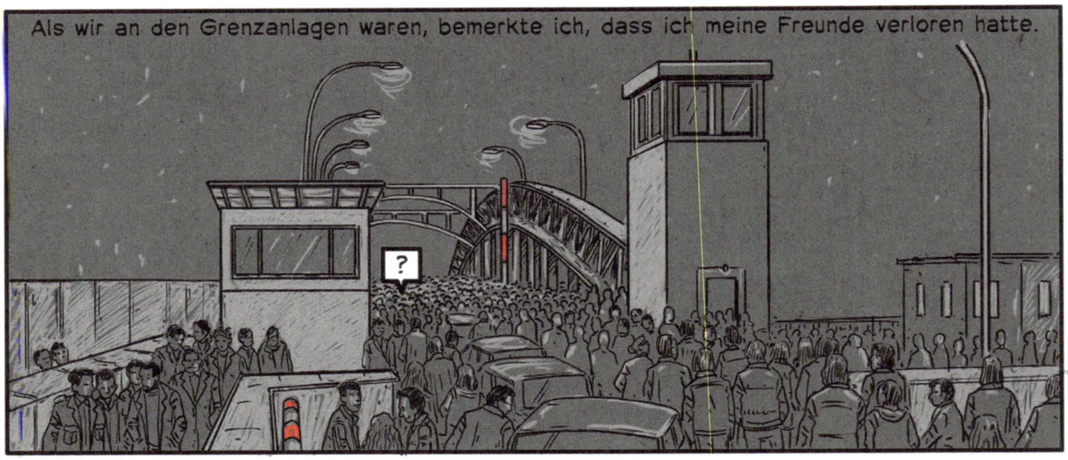

Und dann passierte ein Wunder.

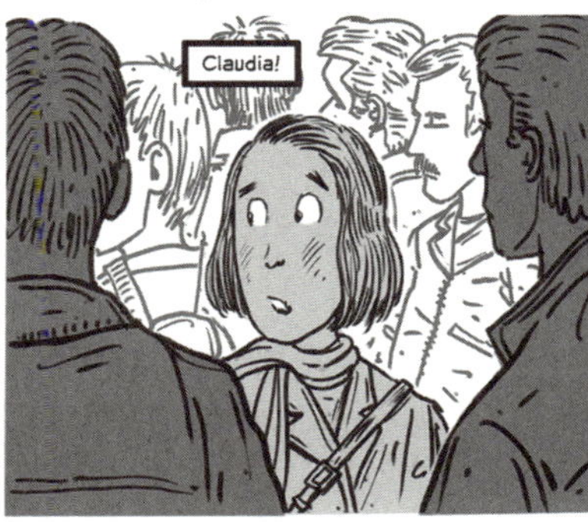

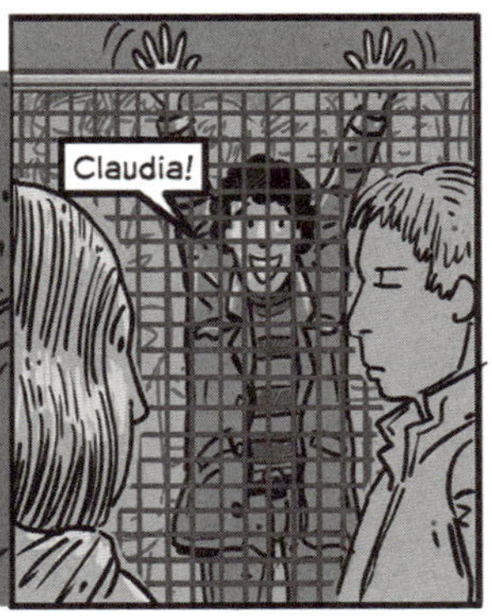

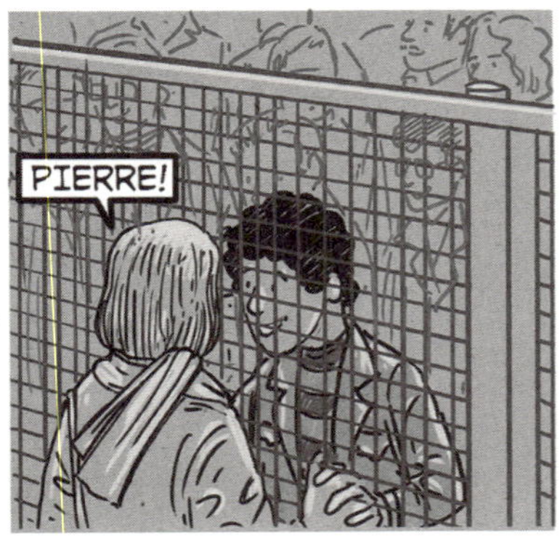

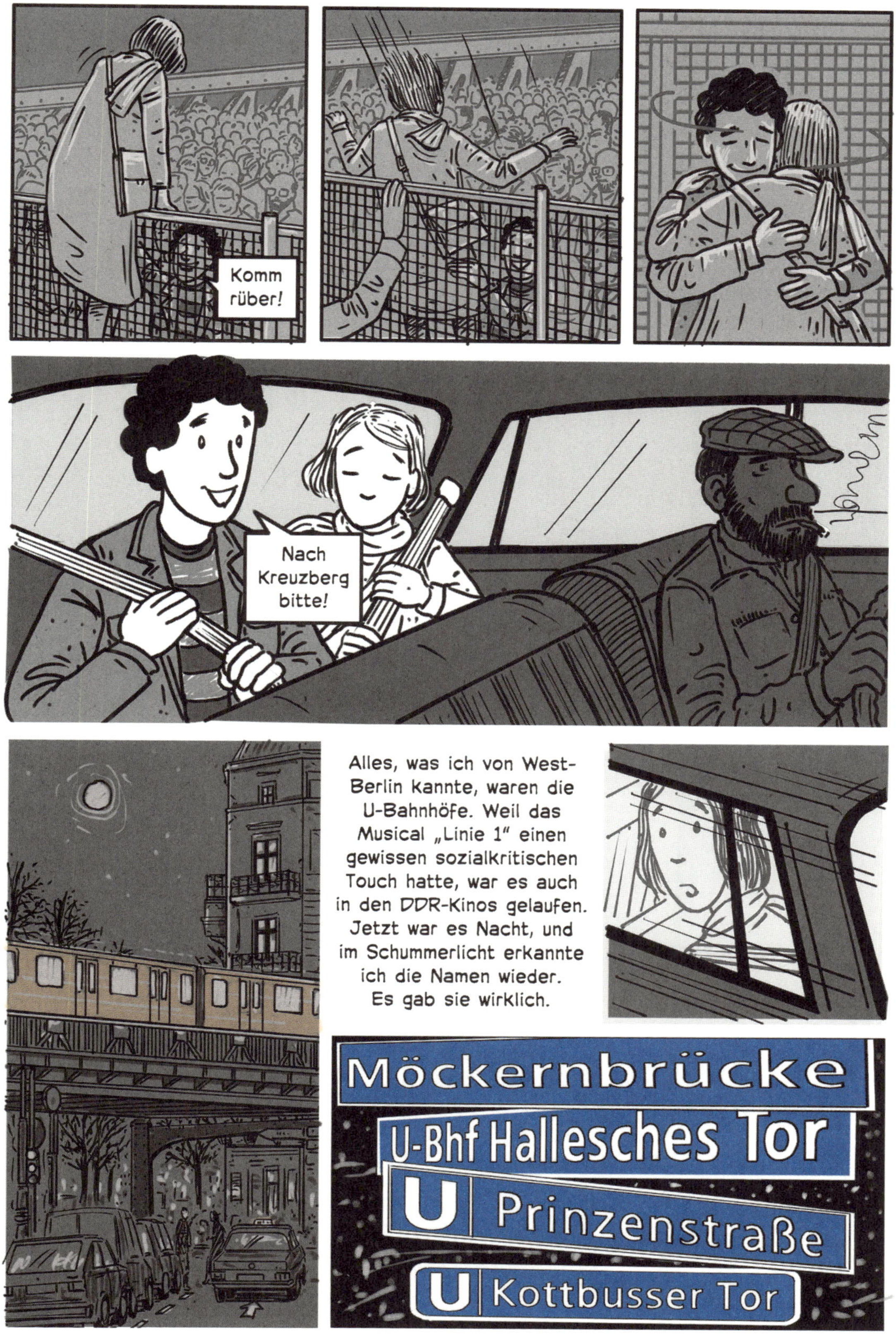
Komm rüber!
Nach Kreuzberg bitte!
Alles, was ich von West-Berlin kannte, waren die U-Bahnhöfe. Weil das Musical „Linie 1“ einen gewissen sozialkritischen Touch hatte, war es auch in den DDR-Kinos gelaufen. Jetzt war es Nacht, und im Schummerlicht erkannte ich die Namen wieder. Es gab sie wirklich.
Möckernbrücke
U-Bhf Hallesches Tor
U Prinzenstraße
U Kottbusser Tor

Irgendwo hielt das Taxi, und wir stiegen aus. Pierre bestand darauf, mit mir einen Döner zu essen und dann einen Spaziergang durch SO 36 zu machen.

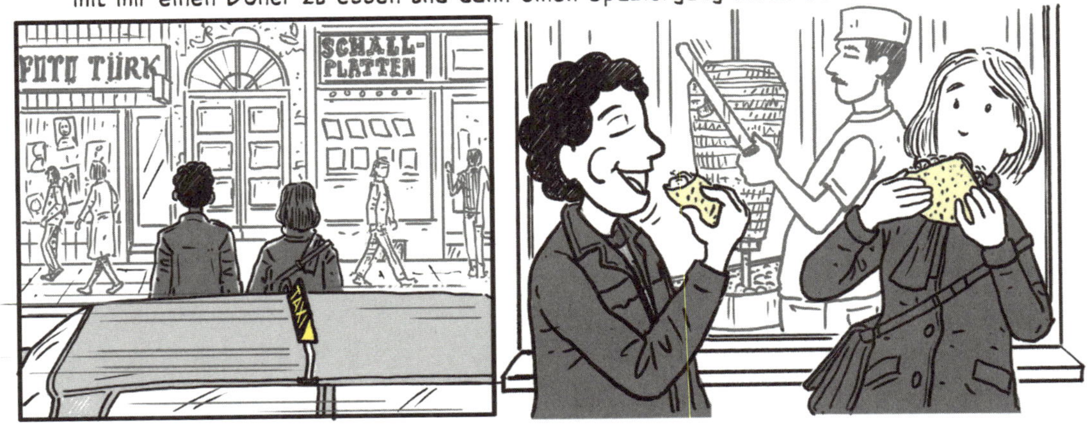

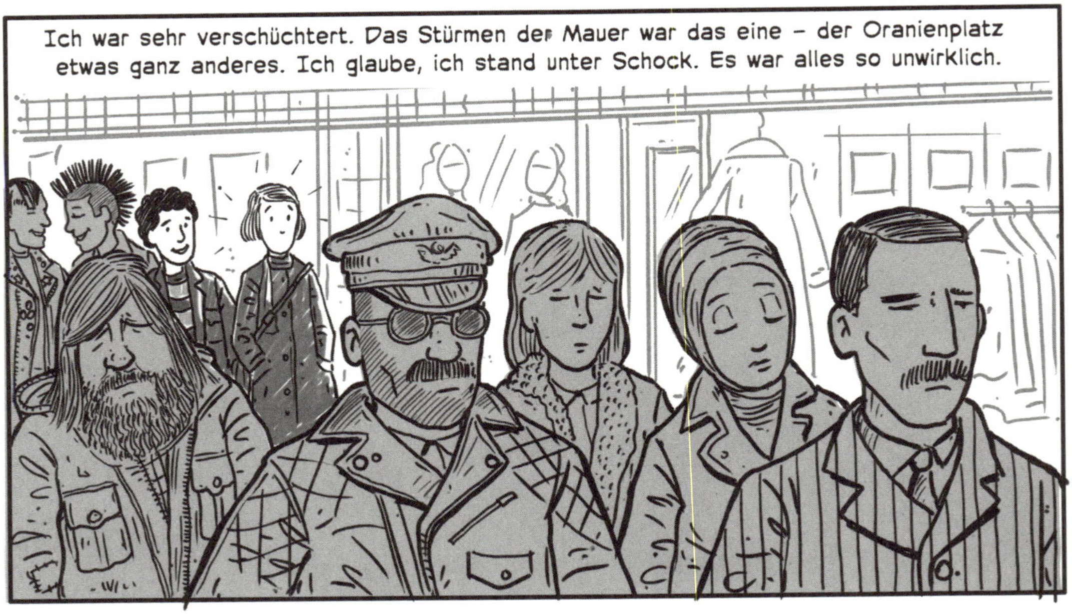

Wir versuchten immer wieder, meinen Vater telefonisch zu erreichen, und es kam mir jedes Mal verschwenderisch vor, das kostbare Westgeld in einen Münzautomaten zu schmeißen.

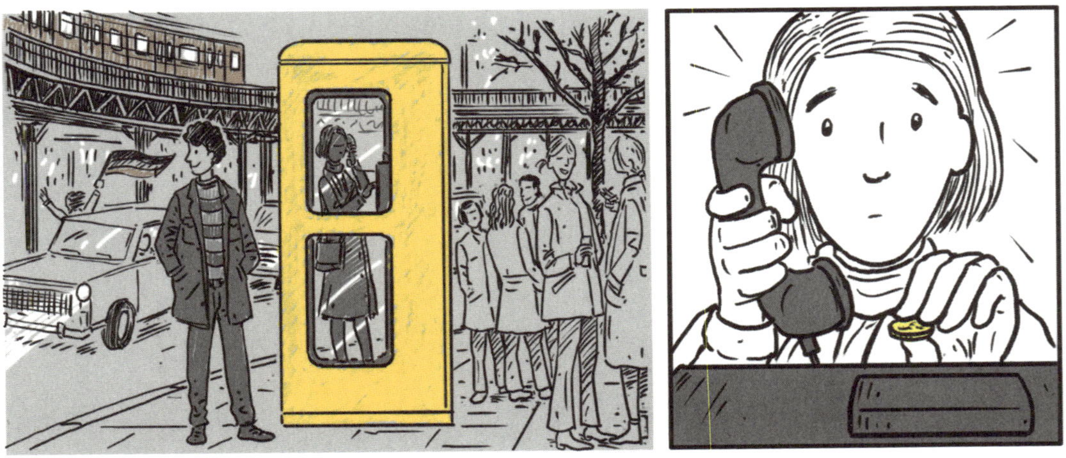

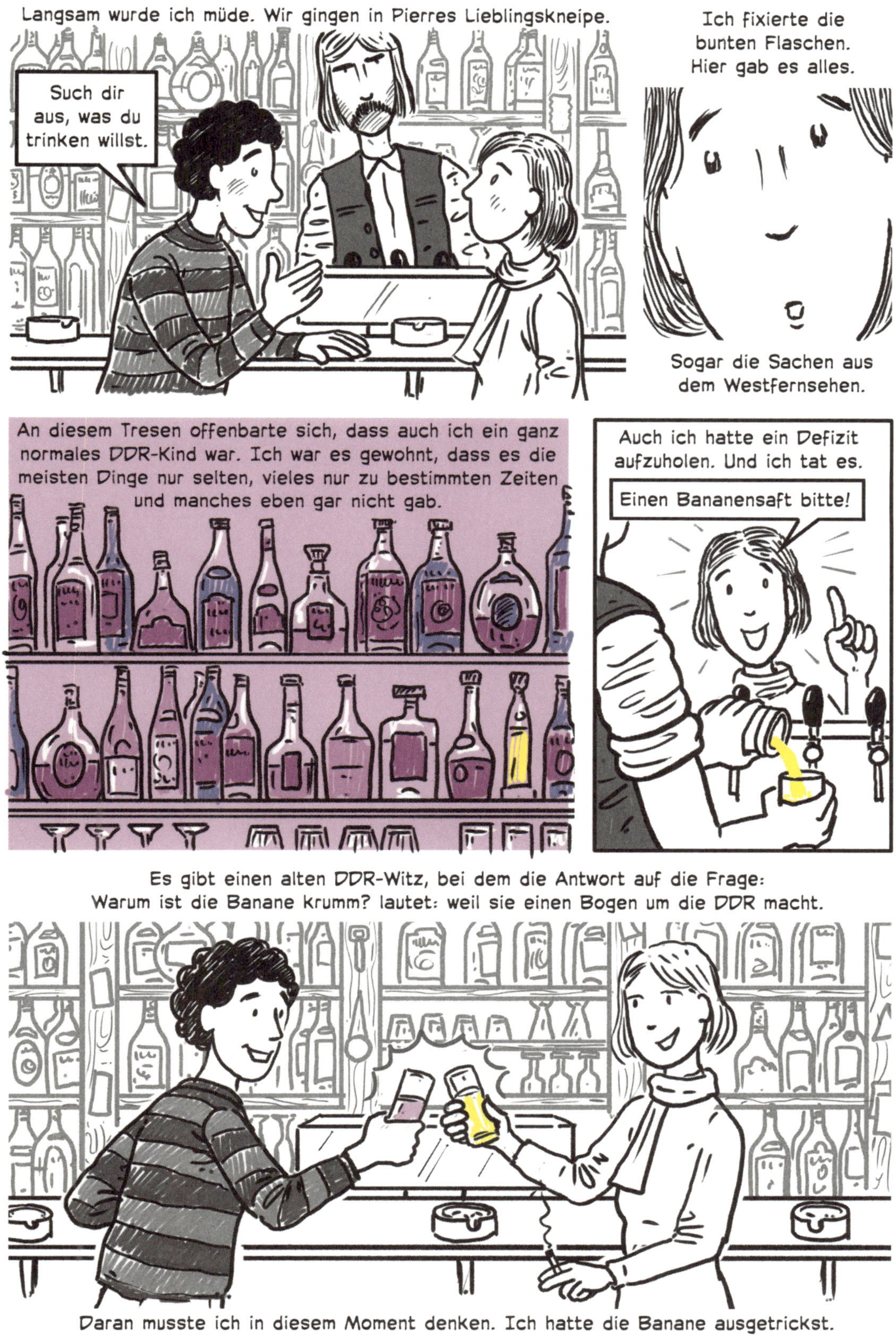
Langsam wurde ich müde. Wir gingen in Pierres Lieblingskneipe.
Such dir aus, was du trinken willst.
Ich fixierte die bunten Flaschen. Hier gab es alles.
Sogar die Sachen aus dem Westfernsehen.
An diesem Tresen offenbarte sich, dass auch ich ein ganz normales DDR-Kind war. Ich war es gewohnt, dass es die meisten Dinge nur selten, vieles nur zu bestimmten Zeiten und manches eben gar nicht gab.
Auch ich hatte ein Defizit aufzuholen. Und ich tat es.
Einen Bananensaft bitte!
Es gibt einen alten DDR-Witz, bei dem die Antwort auf die Frage: Warum ist die Banane krumm? lautet: weil sie einen Bogen um die DDR macht.
Daran musste ich in diesem Moment denken. Ich hatte die Banane ausgetrickst.

Die Rede

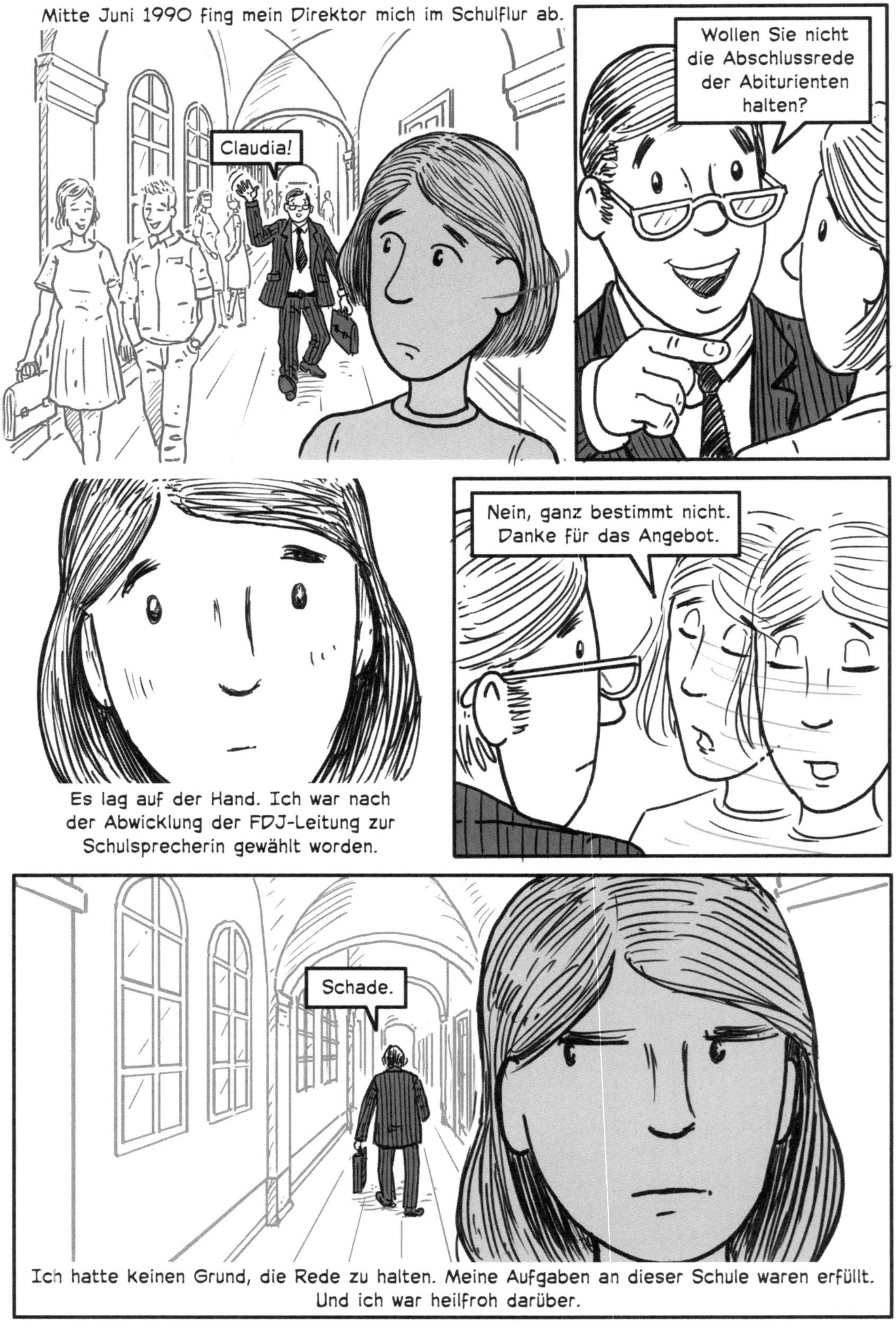
Mitte Juni 1990 fing mein Direktor mich im Schulflur ab.
Claudia!
Wollen Sie nicht die Abschlussrede der Abiturienten halten?
Es lag auf der Hand. Ich war nach der Abwicklung der FDJ-Leitung zur Schulsprecherin gewählt worden.
Nein, ganz bestimmt nicht. Danke für das Angebot.
Schade.
Ich hatte keinen Grund, die Rede zu halten. Meine Aufgaben an dieser Schule waren erfüllt. Und ich war heilfroh darüber.

Es gab nur einen Menschen, der noch erleichterter war, dass ich das endlich hinter mir hatte: meine Mutter. Es war vorbei. Sie hatten keine Macht mehr über mich.

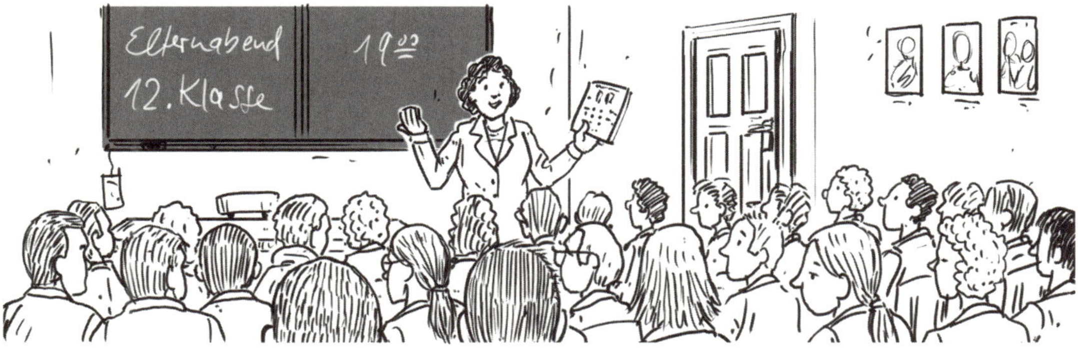

Neun Monate zuvor reichte meine Klassenlehrerin auf der ersten Elternversammlung des 12. Schuljahres eine Liste durch.

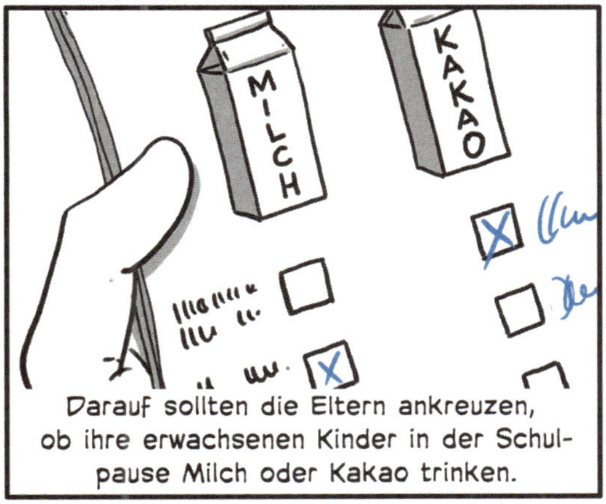

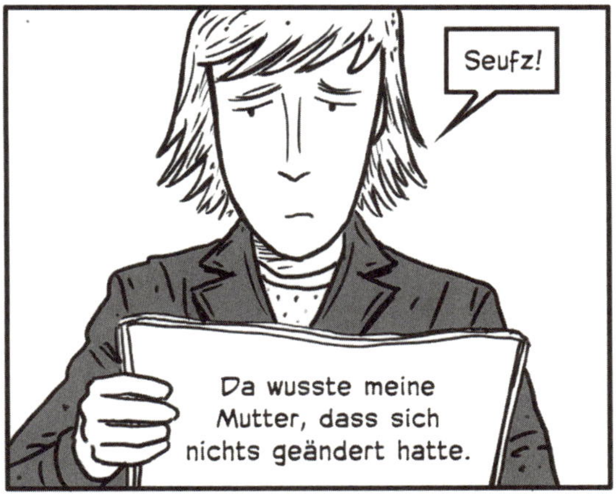

Es war der heiße Herbst 1989.

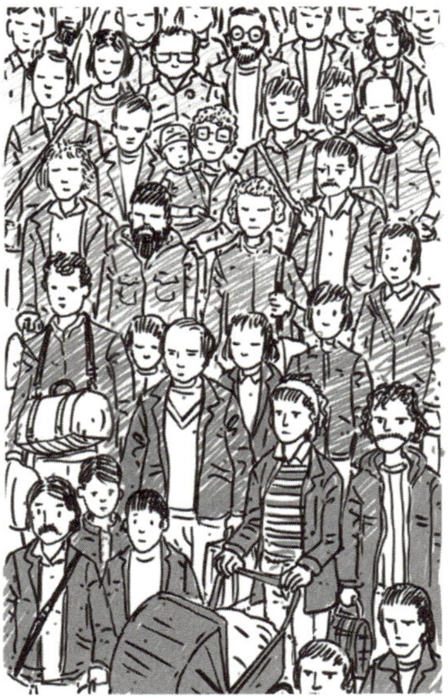

Die Menschen verließen zu Tausenden das Land.

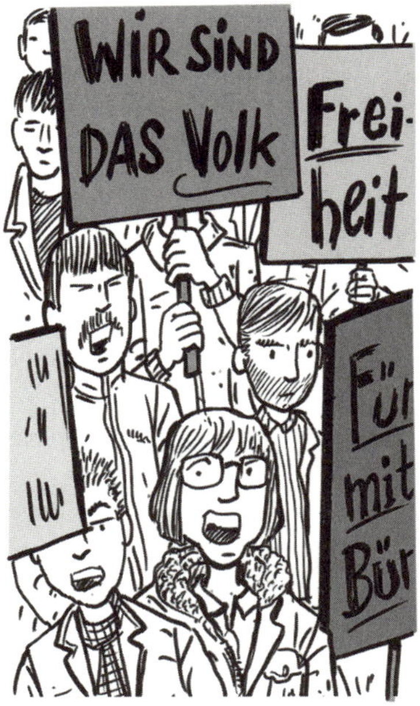

In Leipzig formierten sich die Montagsdemonstrationen.

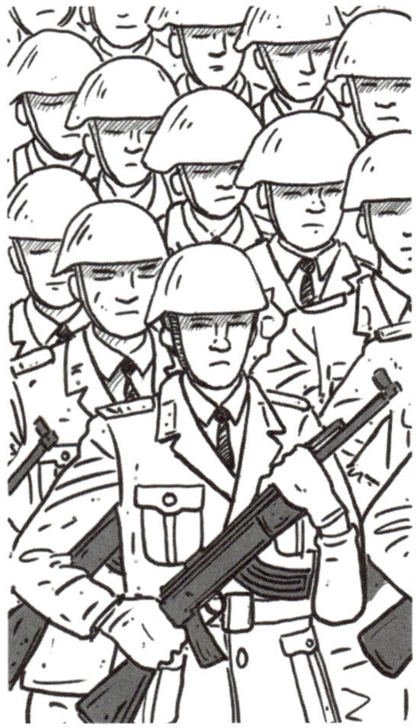

Die NVA stand unter erhöhter Alarmbereitschaft.

Milch oder Kakao – meiner Mutter blieb das Lachen im Hals stecken. Diese Ignoranz verhieß nichts Gutes. Ihr war sofort klar, dass wir immer noch ausgeliefert waren. Von diesen Leuten hing es ab, ob ich einen Abschluss bekam oder nicht. Sie entschieden über mein Leben.

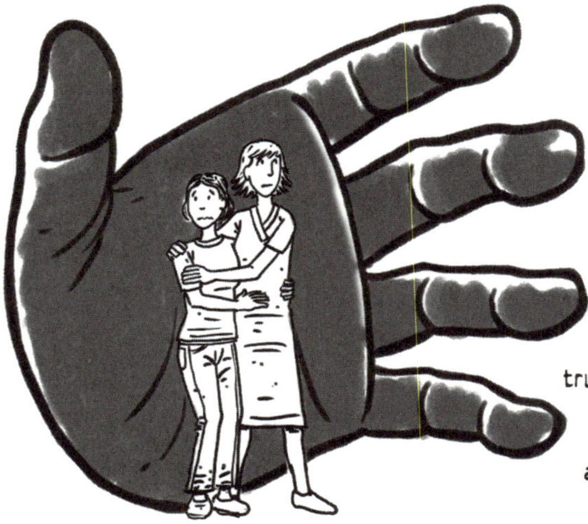

Was sich hinter der Milchpause versteckte, hatte eine gefährliche Tradition.

Erst der Fall der Mauer trug später den Wind des Neuen endlich auch an unsere Schule.

Ich hatte Petitionen geschrieben, Unterschriften gesammelt und ganze Nachmittage an Runden Tischen verbracht.

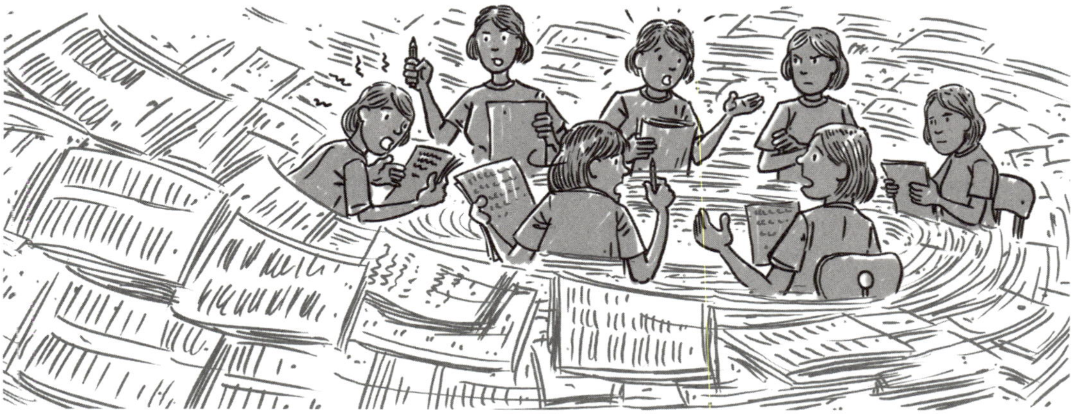

Ich hatte mich sehr engagiert.

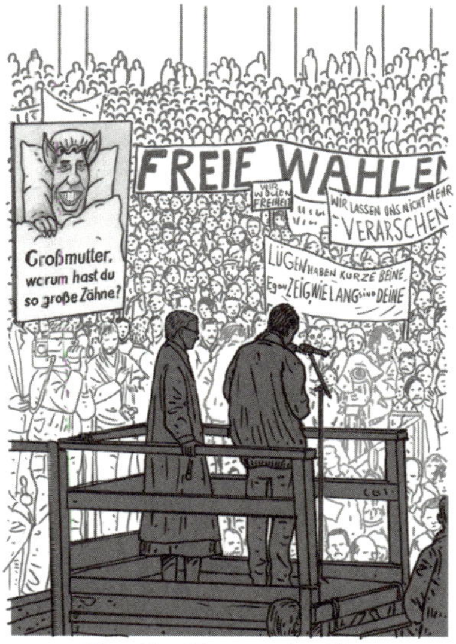

Für die Demonstration am 4. November.

Für den schulfreien Samstag.

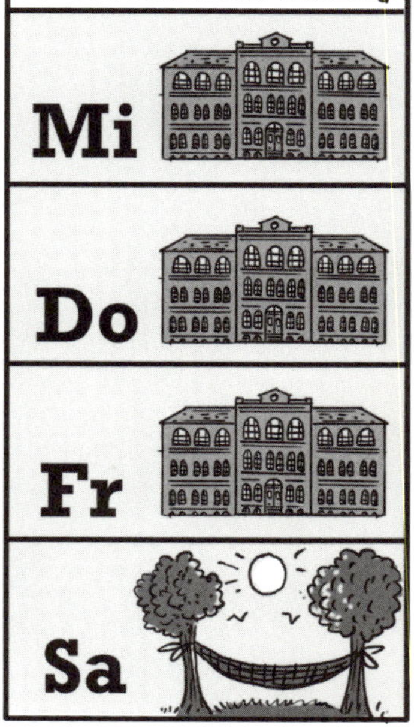

Und für eine Raucherinsel im Hof.

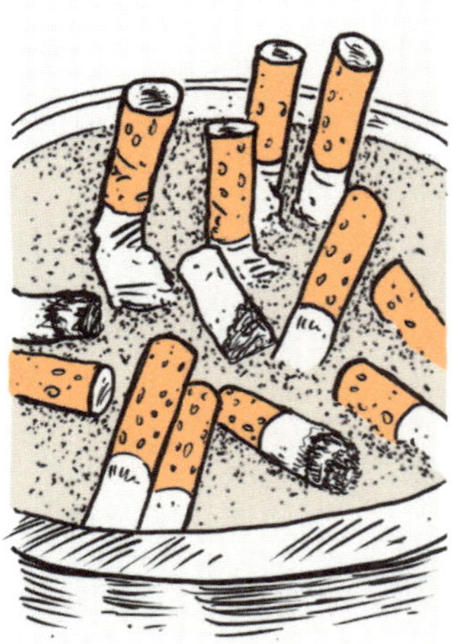

Ich war hier fertig. Die Abschlussrede interessierte mich nicht.

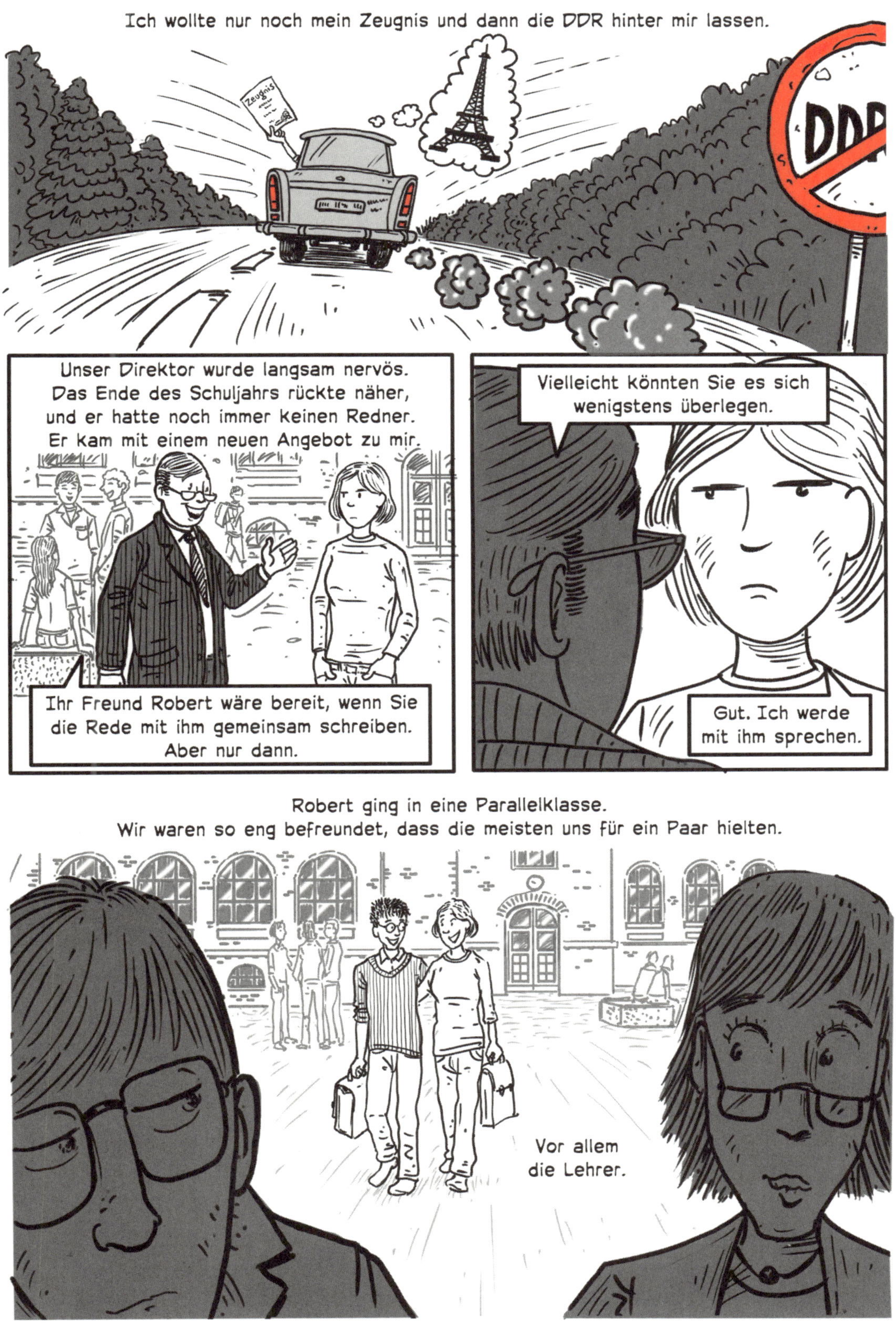

Ich wollte nur noch mein Zeugnis und dann die DDR hinter mir lassen.
Zeugnis
DDR
Unser Direktor wurde langsam nervös. Das Ende des Schuljahrs rückte näher, und er hatte noch immer keinen Redner. Er kam mit einem neuen Angebot zu mir.
Ihr Freund Robert wäre bereit, wenn Sie die Rede mit ihm gemeinsam schreiben. Aber nur dann.
Vielleicht könnten Sie es sich wenigstens überlegen.
Gut. Ich werde mit ihm sprechen.
Robert ging in eine Parallelklasse. Wir waren so eng befreundet, dass die meisten uns für ein Paar hielten.
Vor allem die Lehrer.

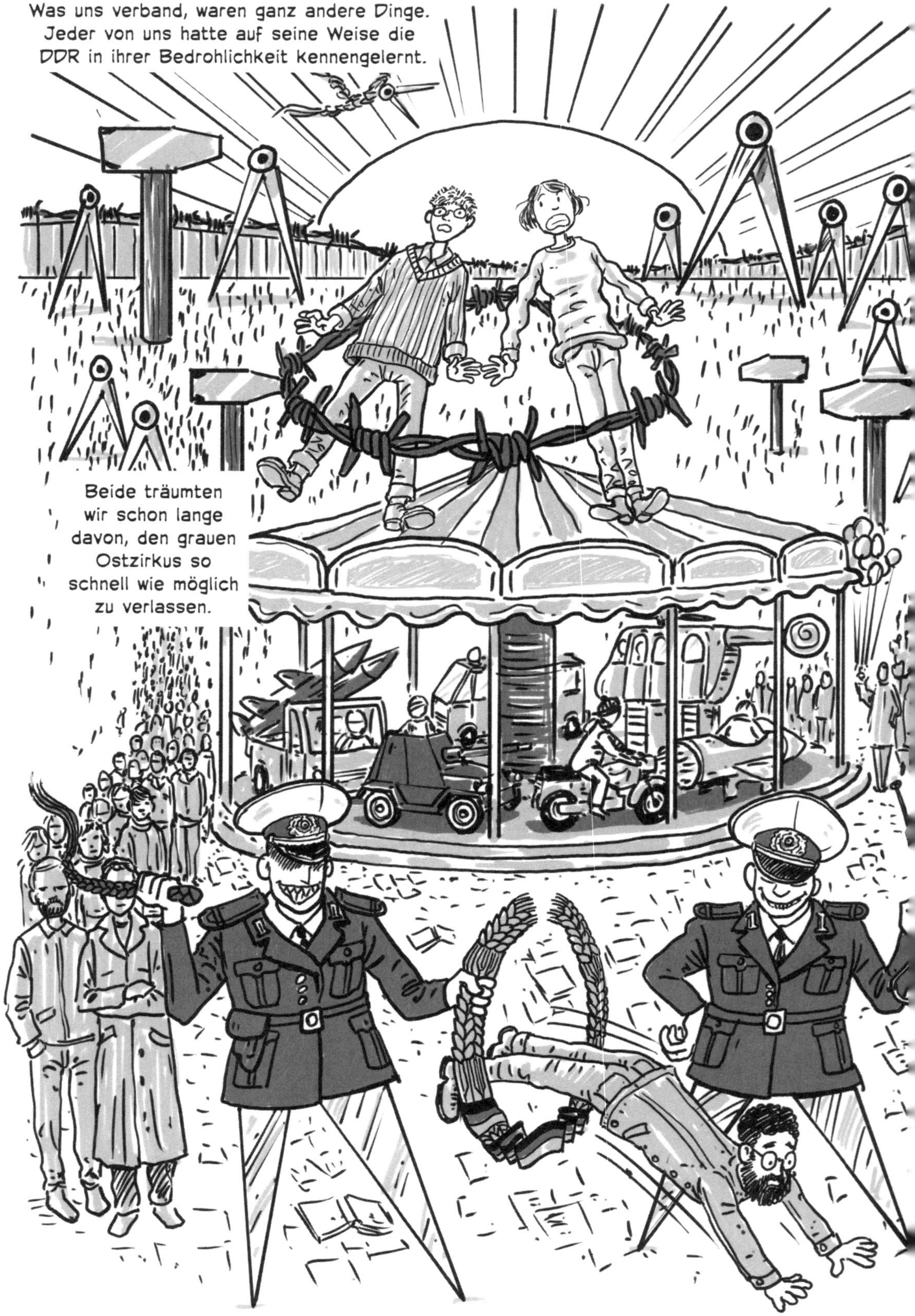
Was uns verband, waren ganz andere Dinge. Jeder von uns hatte auf seine Weise die DDR in ihrer Bedrohlichkeit kennengelernt.
Beide träumten wir schon lange davon, den grauen Ostzirkus so schnell wie möglich zu verlassen.

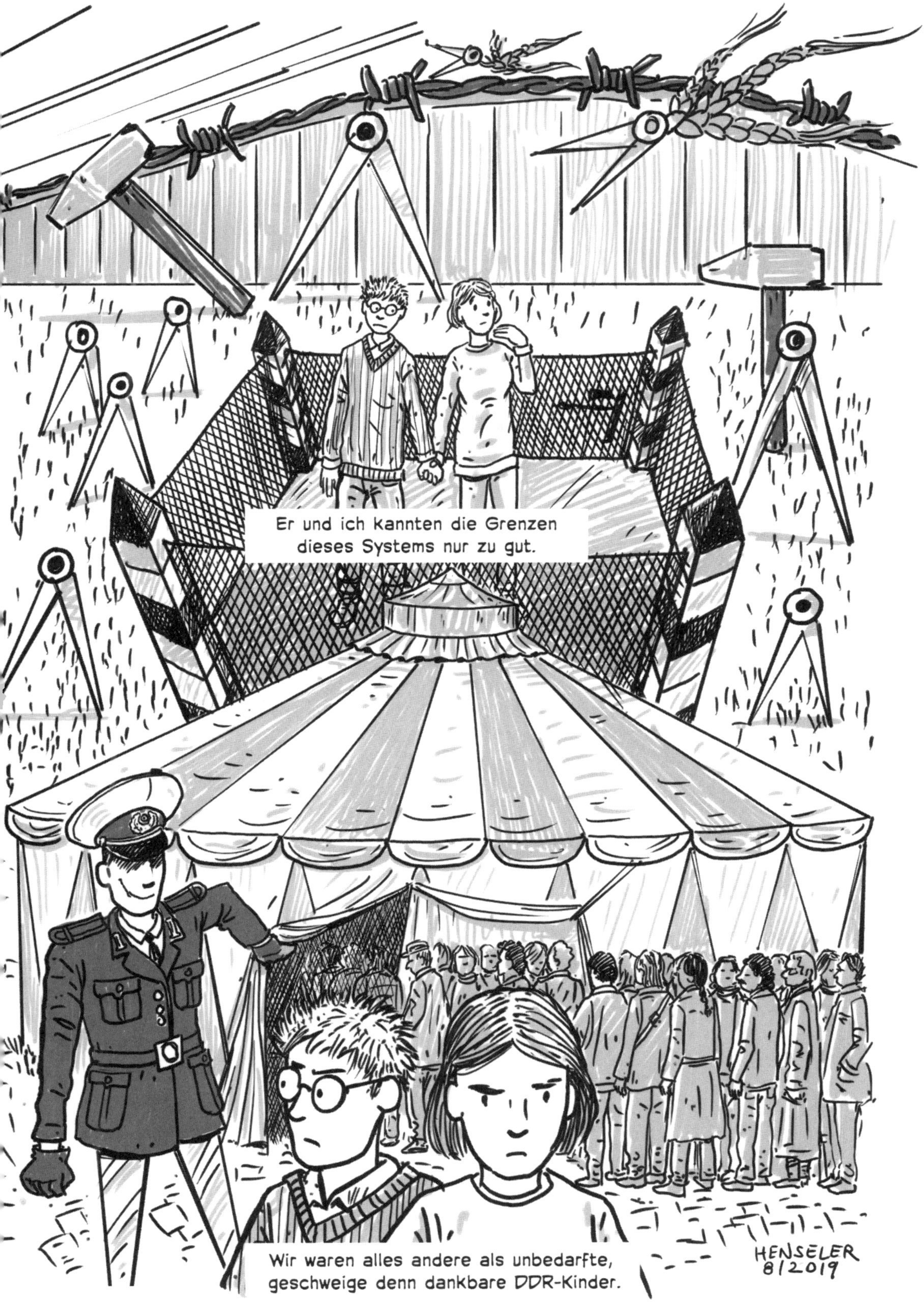

Er und ich kannten die Grenzen dieses Systems nur zu gut.
Wir waren alles andere als unbedarfte, geschweige denn dankbare DDR-Kinder.
HENSELER 8|2019

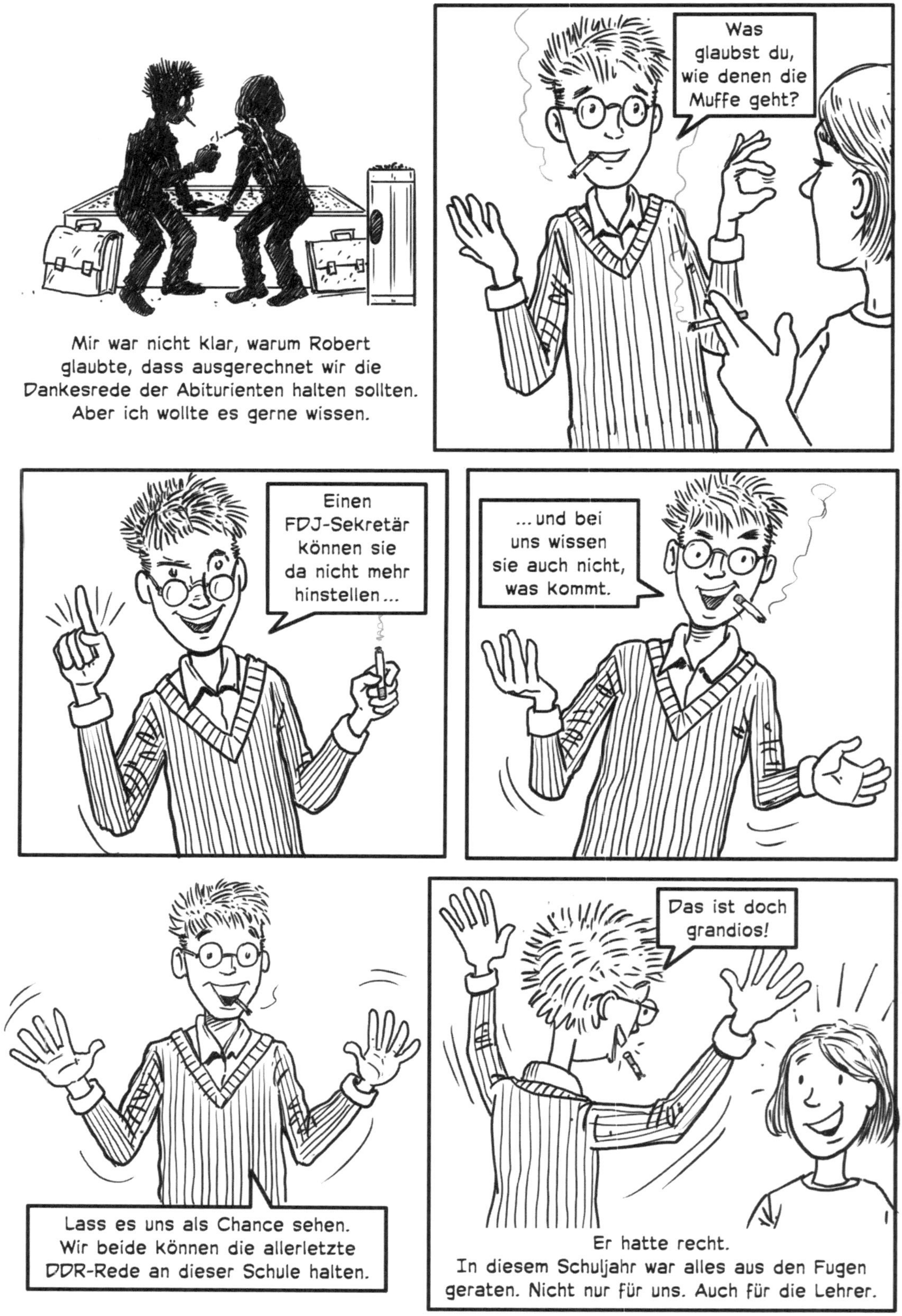
Mir war nicht klar, warum Robert glaubte, dass ausgerechnet wir die Dankesrede der Abiturienten halten sollten. Aber ich wollte es gerne wissen.
Was glaubst du, wie denen die Muffe geht?
Einen FDJ-Sekretär können sie da nicht mehr hinstellen ...
... und bei uns wissen sie auch nicht, was kommt.
Lass es uns als Chance sehen. Wir beide können die allerletzte DDR-Rede an dieser Schule halten.
Das ist doch grandios!
Er hatte recht.
In diesem Schuljahr war alles aus den Fugen geraten. Nicht nur für uns. Auch für die Lehrer.

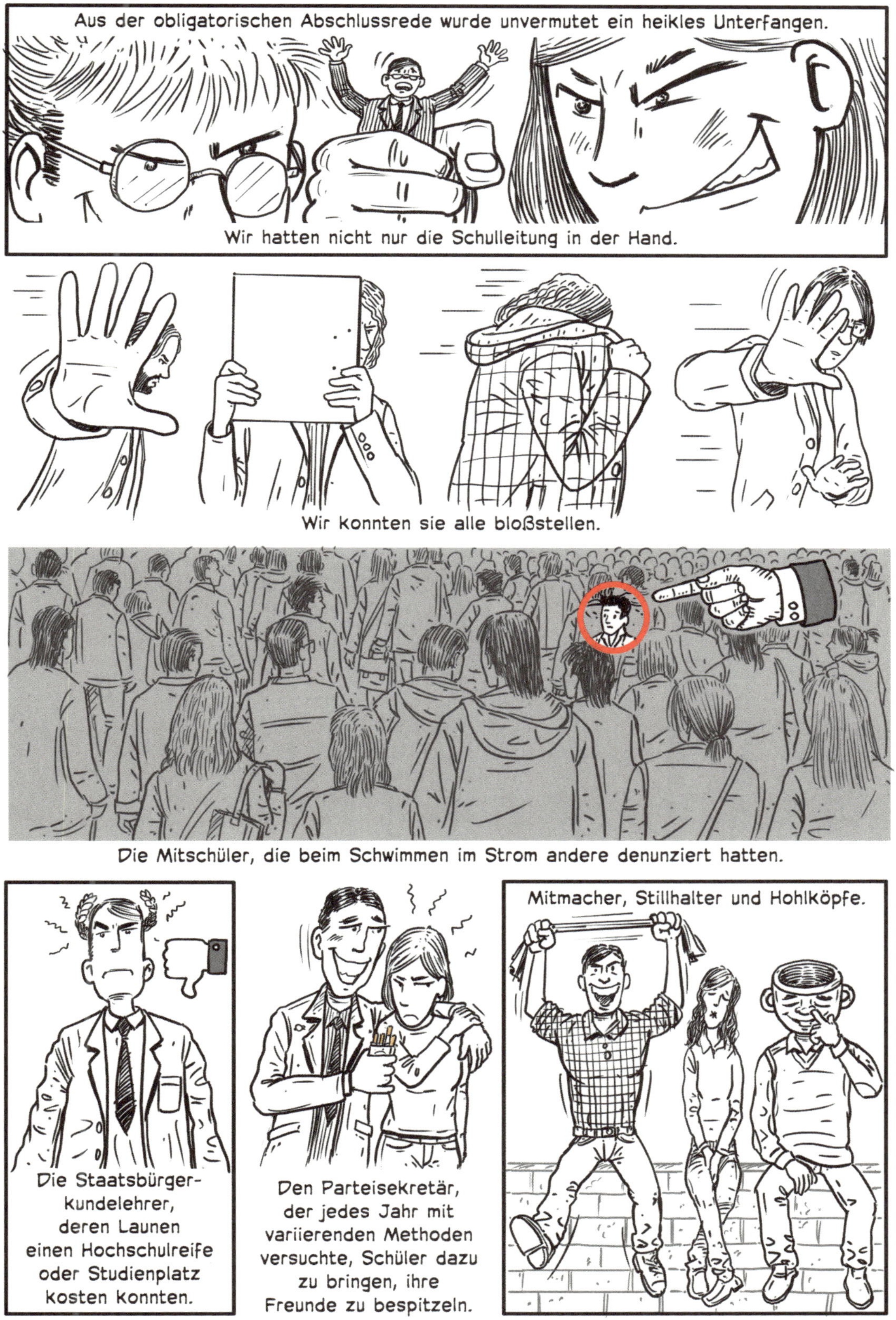
Aus der obligatorischen Abschlussrede wurde unvermutet ein heikles Unterfangen.
Wir hatten nicht nur die Schulleitung in der Hand.
Wir konnten sie alle bloßstellen.
Die Mitschüler, die beim Schwimmen im Strom andere denunziert hatten.
Die Staatsbürgerkundelehrer, deren Launen einen Hochschulreife oder Studienplatz kosten konnten.
Den Parteisekretär, der jedes Jahr mit variierenden Methoden versuchte, Schüler dazu zu bringen, ihre Freunde zu bespitzeln.
Mitmacher, Stillhalter und Hohlköpfe.

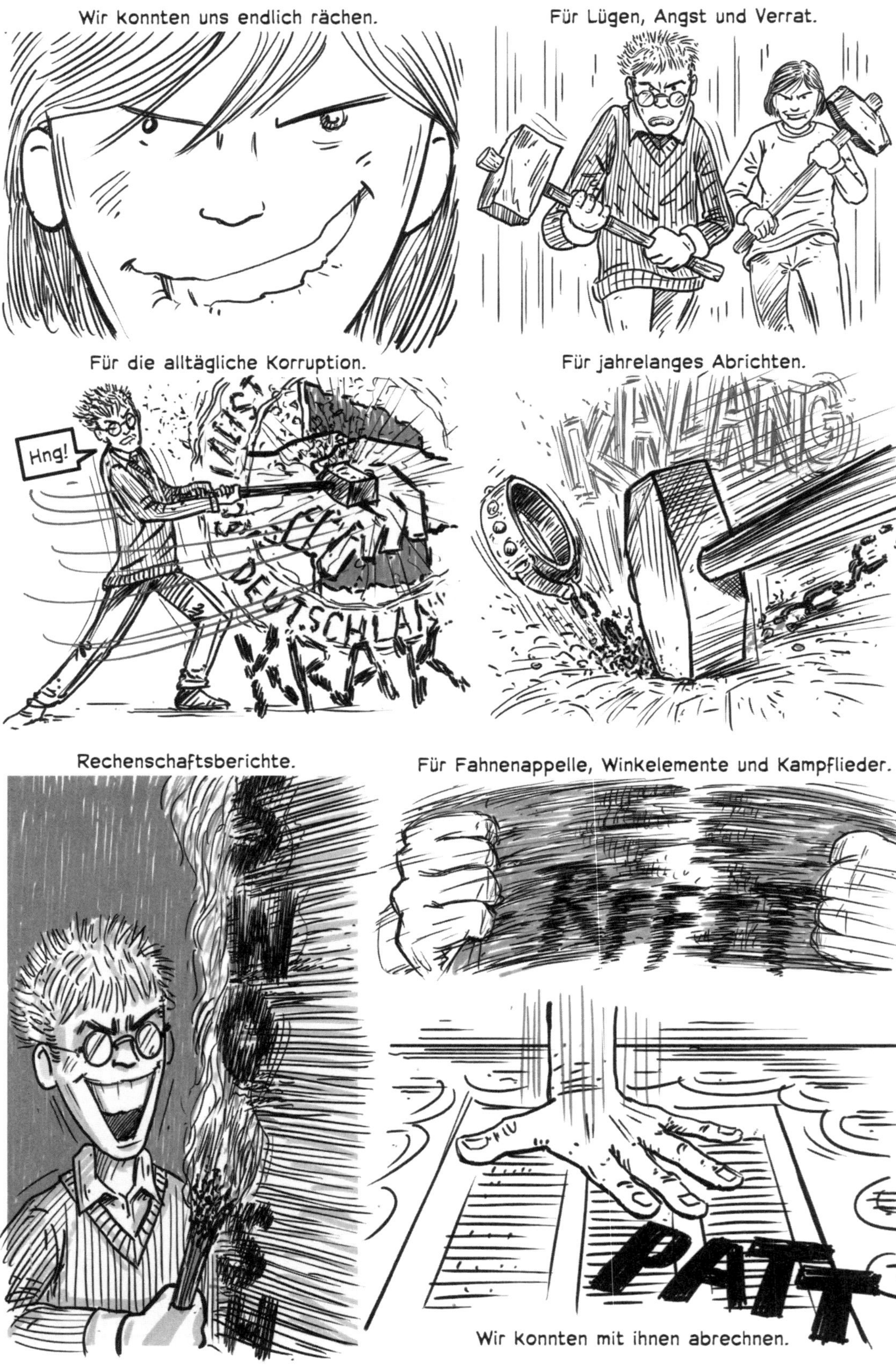
Wir konnten uns endlich rächen.
Für Lügen, Angst und Verrat.
Für die alltägliche Korruption.
Hng!
DEUTSCHLAN
KRAK
Für jahrelanges Abrichten.
Rechenschaftsberichte.
Für Fahnenappelle, Winkelemente und Kampflieder.
PATT
Wir konnten mit ihnen abrechnen.

Wir konnten es auch lassen.

Gerade weil Robert und ich allen Grund zum Draufhauen gehabt hätten, entschieden wir uns für etwas, was die DDR uns selbst nie gewährt hatte:
Loyalität.

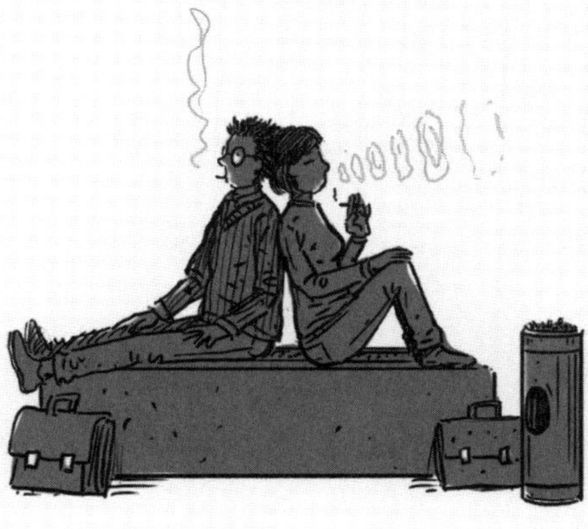

Wir mussten keine Eulen nach Athen tragen.
Das hatten wir gar nicht nötig.

Das Leben war auf unserer Seite.

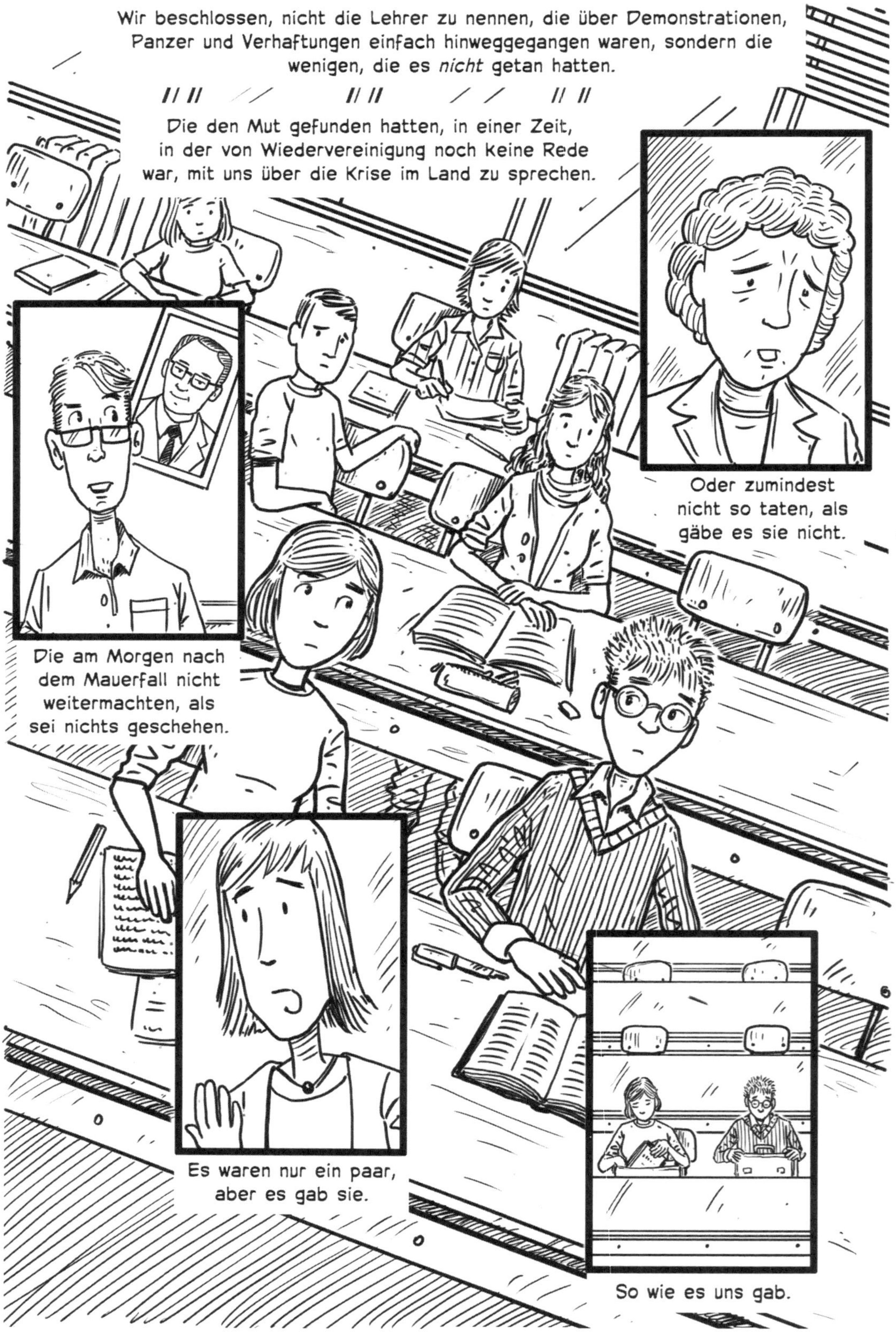
Wir beschlossen, nicht die Lehrer zu nennen, die über Demonstrationen, Panzer und Verhaftungen einfach hinweggegangen waren, sondern die wenigen, die es *nicht* getan hatten.
Die den Mut gefunden hatten, in einer Zeit, in der von Wiedervereinigung noch keine Rede war, mit uns über die Krise im Land zu sprechen.
Die am Morgen nach dem Mauerfall nicht weitermachten, als sei nichts geschehen.
Oder zumindest nicht so taten, als gäbe es sie nicht.
Es waren nur ein paar, aber es gab sie.
So wie es uns gab.

Drei Monate bevor sich alles für immer auflöste,
nahmen wir doch noch die Identität an, die wir so sehr von uns gewiesen hatten.

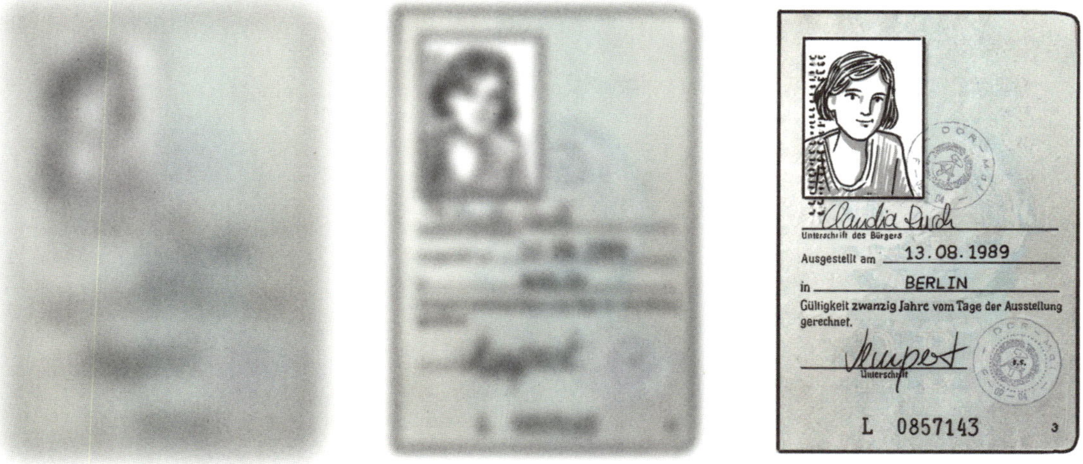

Wir waren auch DDR.
Nicht nur Spitzel und Karrieristen, auch unsere Familien und Freunde lebten hier.

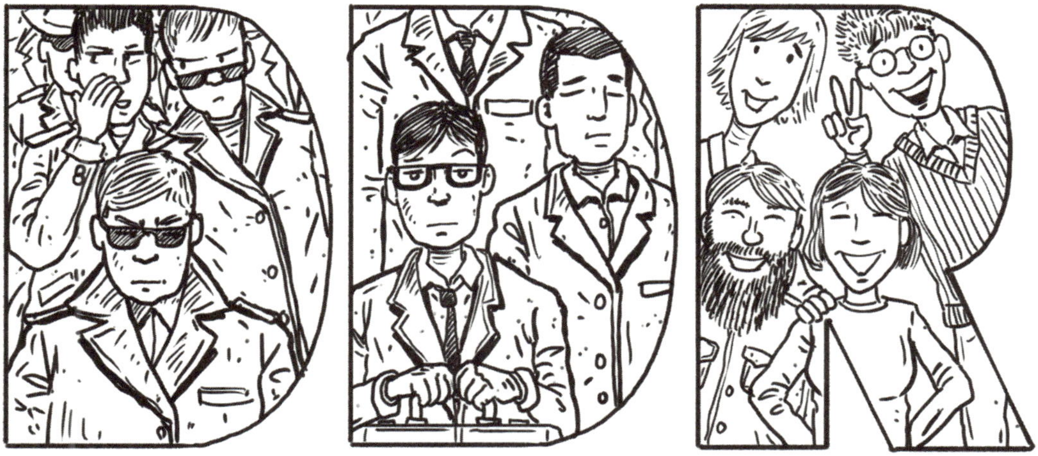

Nicht nur diejenigen, die uns in ihr Schema pressen wollten, waren ein Teil dieses Landes,
sondern auch die, die aus uns wache Köpfe gemacht hatten.

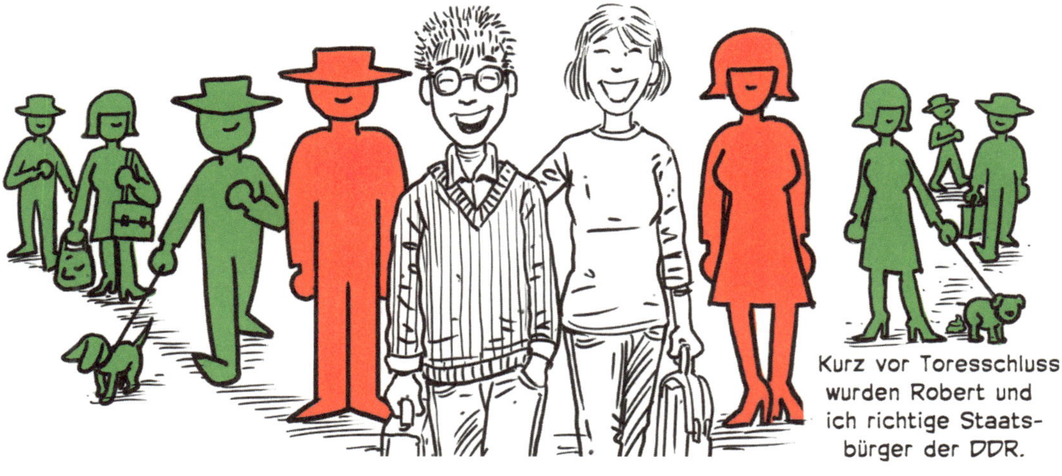

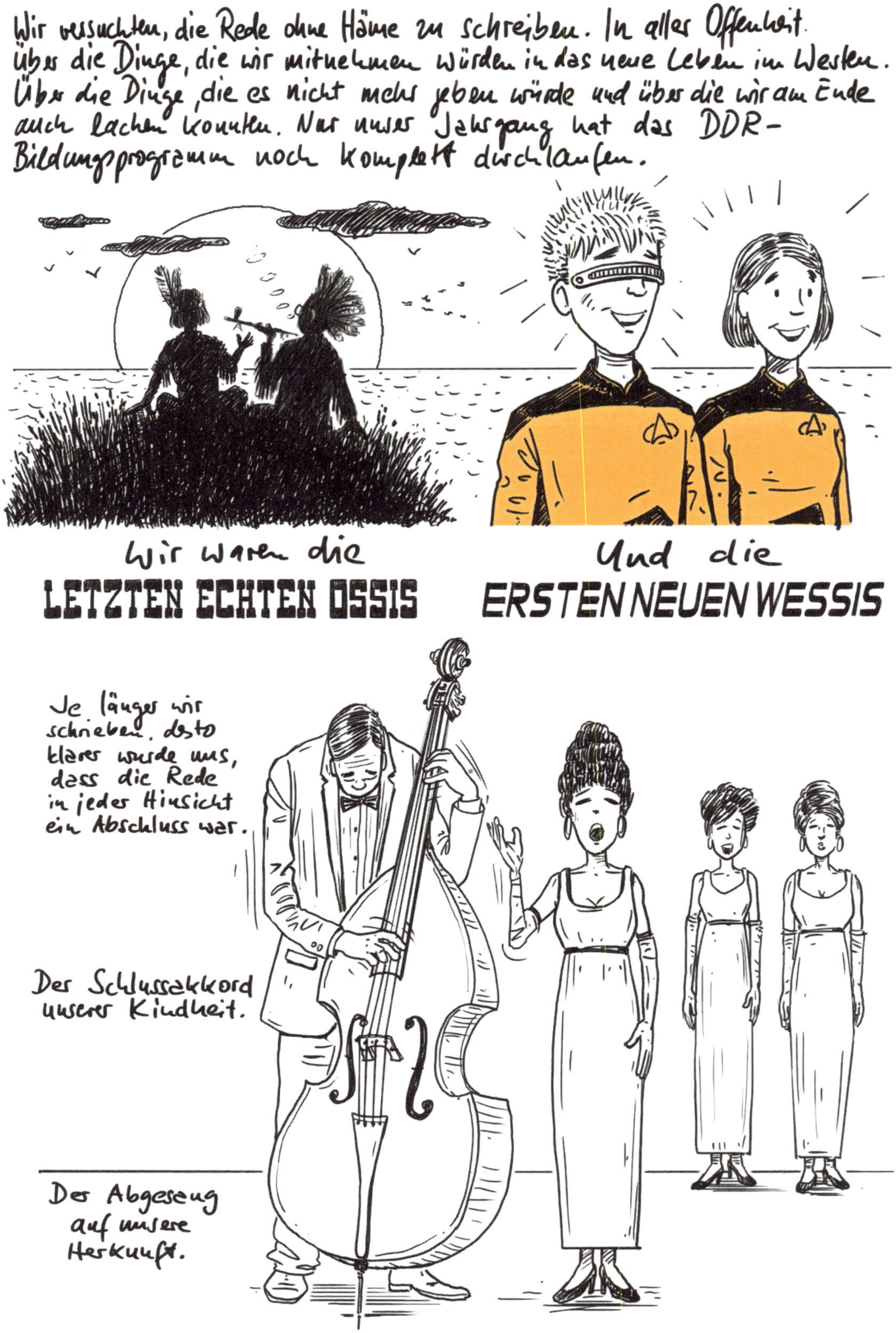
Wir versuchten, die Rede ohne Häme zu schreiben. In aller Offenheit. Über die Dinge, die wir mitnehmen würden in das neue Leben im Westen. Über die Dinge, die es nicht mehr geben würde und über die wir am Ende auch lachen konnten. Nur unser Jahrgang hat das DDR-Bildungsprogramm noch komplett durchlaufen.
Wir waren die
LETZTEN ECHTEN OSSIS
Und die
ERSTEN NEUEN WESSIS
Je länger wir schrieben, desto klarer wurde uns, dass die Rede in jeder Hinsicht ein Abschluss war.
Der Schlussakkord unserer Kindheit.
Der Abgesang auf unsere Herkunft.

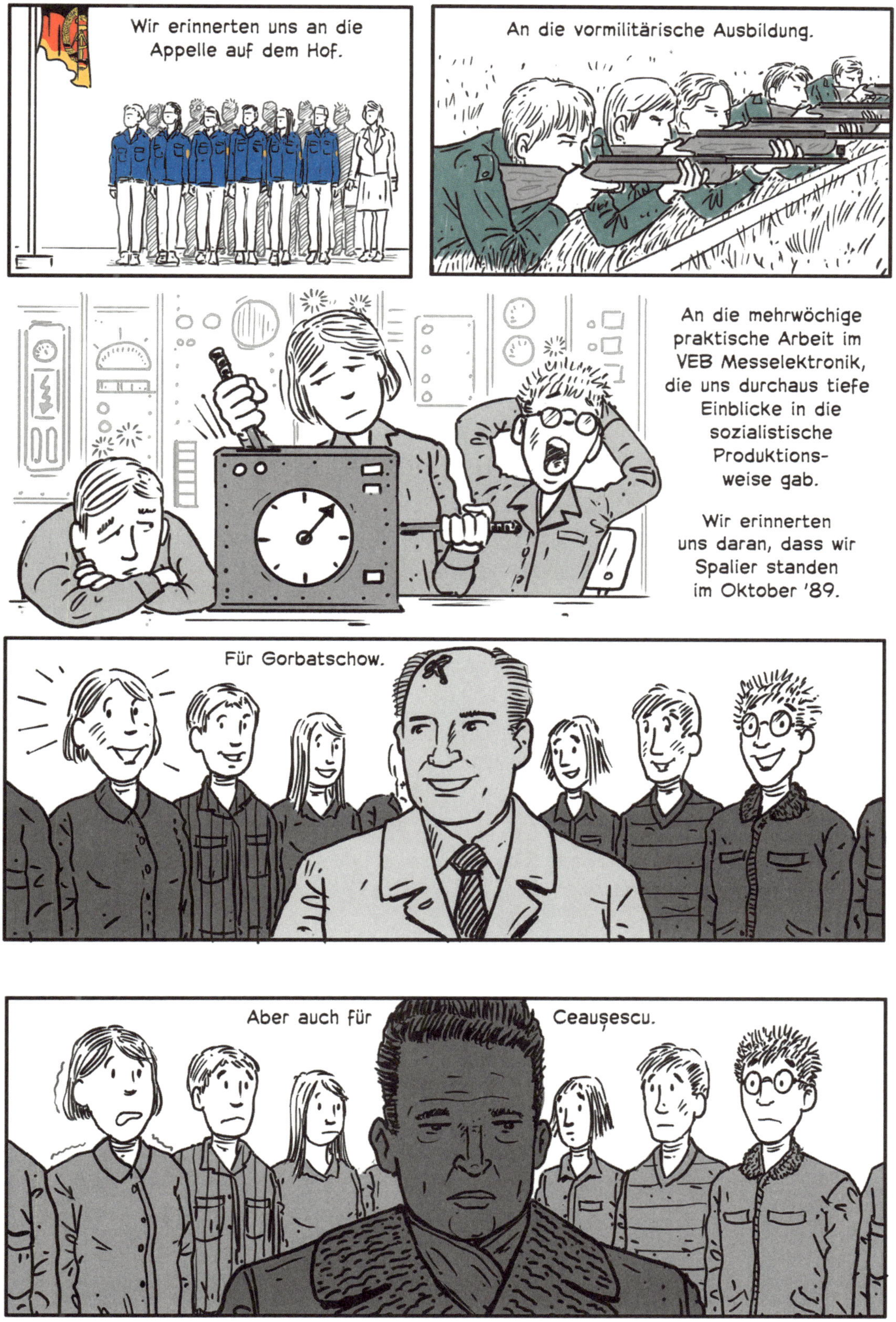
Wir erinnerten uns an die Appelle auf dem Hof.
An die vormilitärische Ausbildung.
An die mehrwöchige praktische Arbeit im VEB Messelektronik, die uns durchaus tiefe Einblicke in die sozialistische Produktionsweise gab.
Wir erinnerten uns daran, dass wir Spalier standen im Oktober '89.
Für Gorbatschow.
Aber auch für
Ceaușescu.

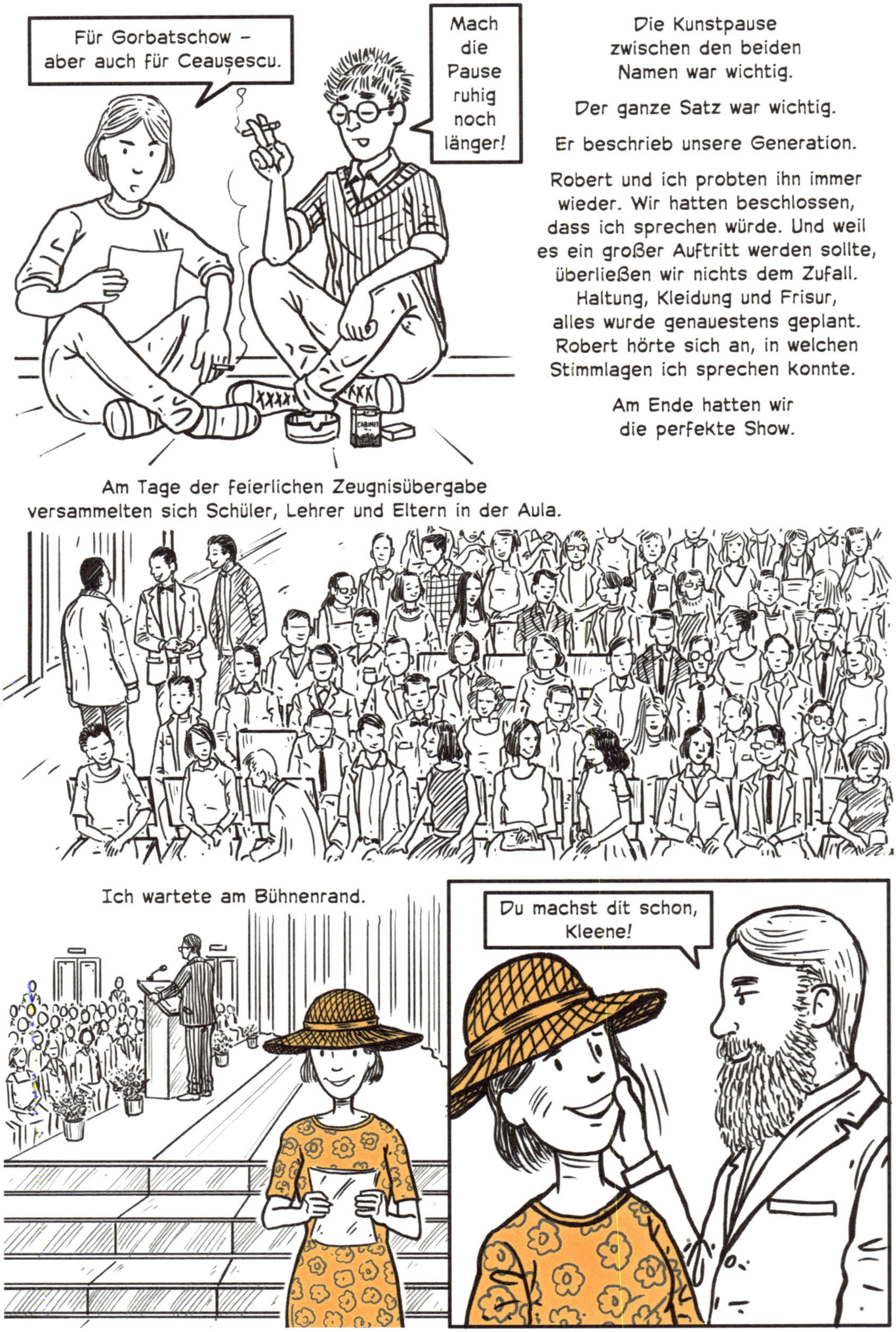
Für Gorbatschow – aber auch für Ceaușescu.
Mach die Pause ruhig noch länger!
Die Kunstpause zwischen den beiden Namen war wichtig.
Der ganze Satz war wichtig.
Er beschrieb unsere Generation.
Robert und ich probten ihn immer wieder. Wir hatten beschlossen, dass ich sprechen würde. Und weil es ein großer Auftritt werden sollte, überließen wir nichts dem Zufall. Haltung, Kleidung und Frisur, alles wurde genauestens geplant. Robert hörte sich an, in welchen Stimmlagen ich sprechen konnte.
Am Ende hatten wir die perfekte Show.
Am Tage der feierlichen Zeugnisübergabe versammelten sich Schüler, Lehrer und Eltern in der Aula.
Ich wartete am Bühnenrand.
Du machst dit schon, Kleene!

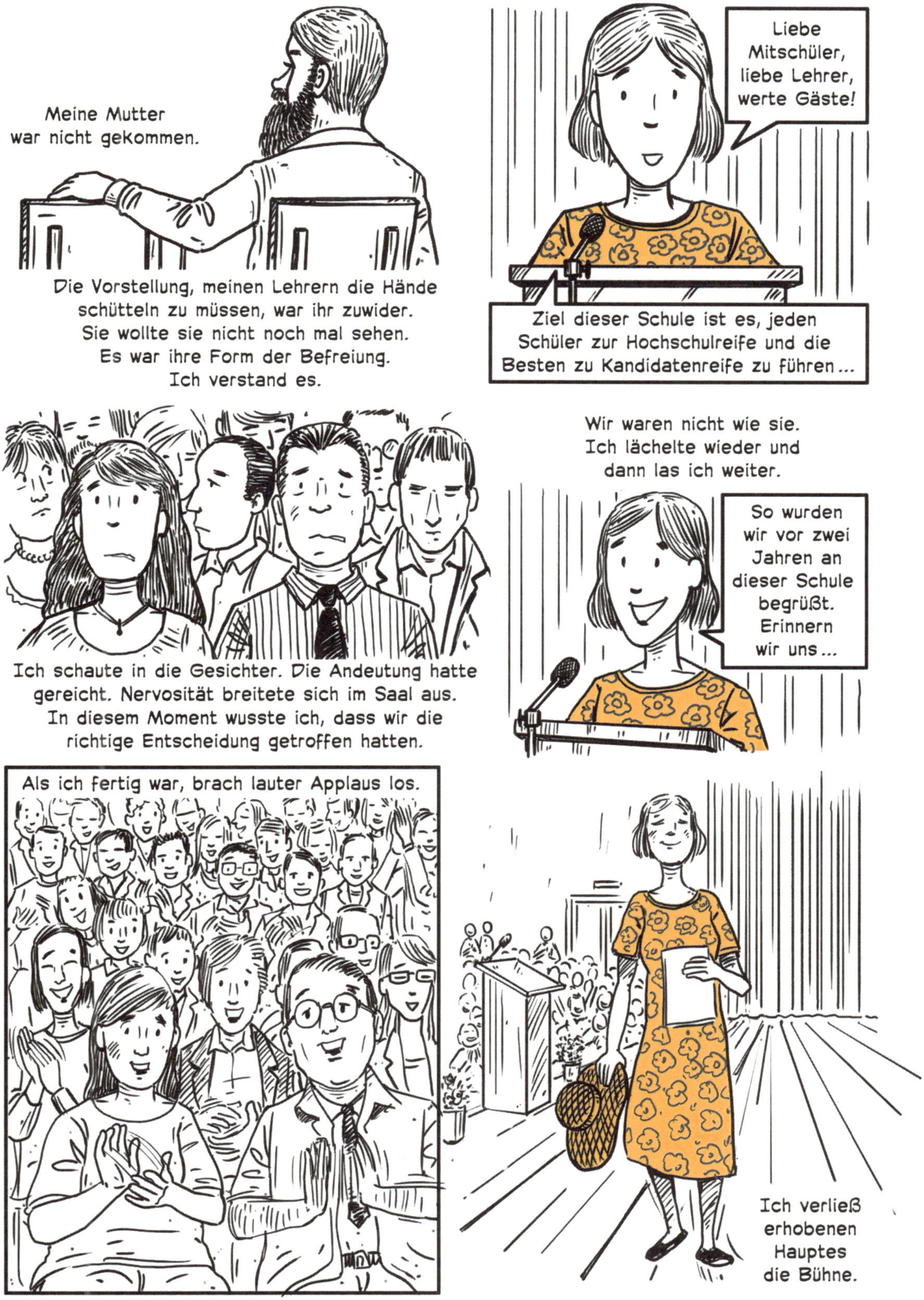
Meine Mutter war nicht gekommen.
Die Vorstellung, meinen Lehrern die Hände schütteln zu müssen, war ihr zuwider. Sie wollte sie nicht noch mal sehen. Es war ihre Form der Befreiung. Ich verstand es.
Liebe Mitschüler, liebe Lehrer, werte Gäste!
Ziel dieser Schule ist es, jeden Schüler zur Hochschulreife und die Besten zu Kandidatenreife zu führen ...
Ich schaute in die Gesichter. Die Andeutung hatte gereicht. Nervosität breitete sich im Saal aus. In diesem Moment wusste ich, dass wir die richtige Entscheidung getroffen hatten.
Wir waren nicht wie sie. Ich lächelte wieder und dann las ich weiter.
So wurden wir vor zwei Jahren an dieser Schule begrüßt. Erinnern wir uns ...
Als ich fertig war, brach lauter Applaus los.
Ich verließ erhobenen Hauptes die Bühne.

Der Verdacht

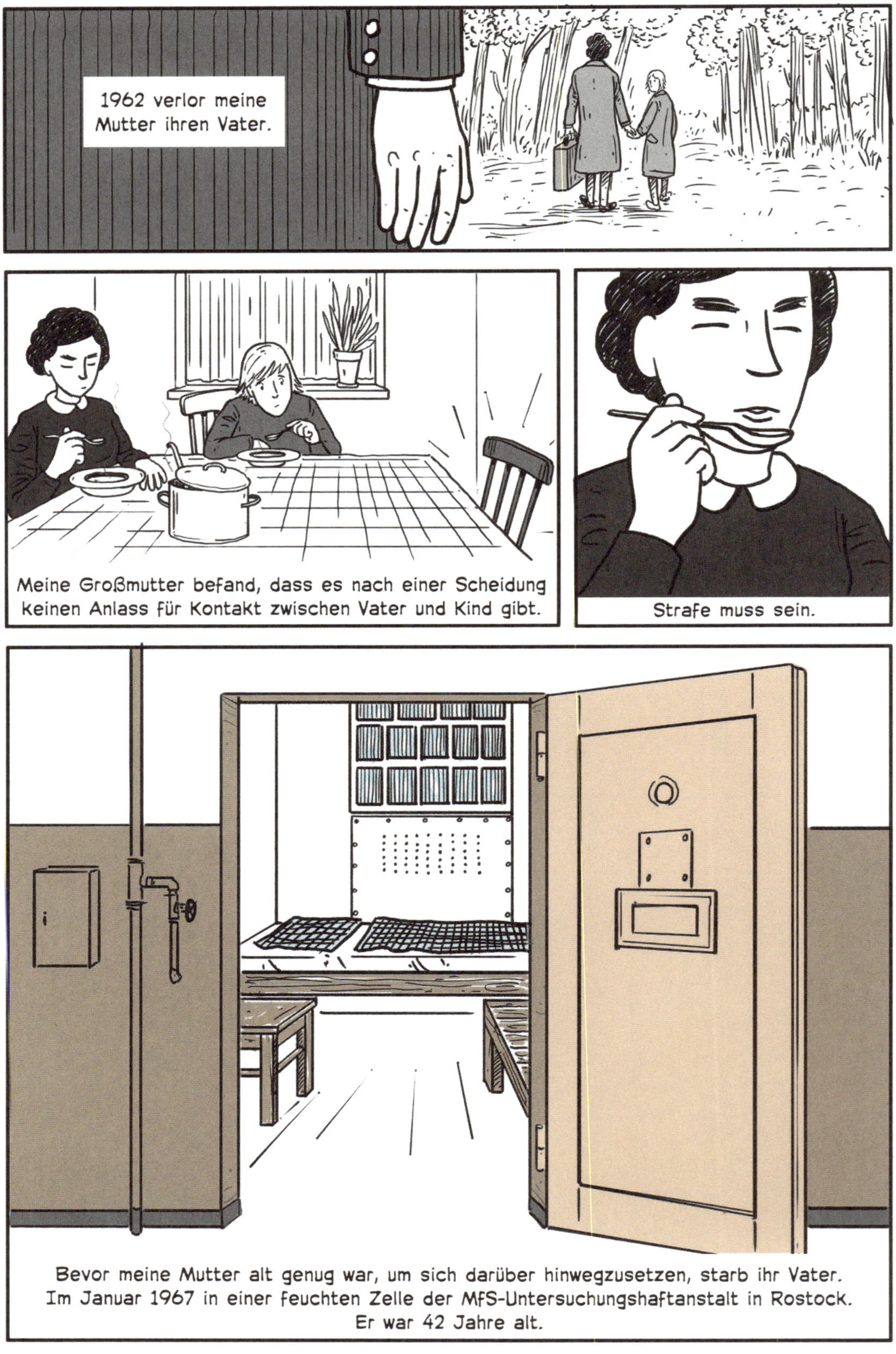

Niemand hat jemals mit meiner Mutter darüber gesprochen.

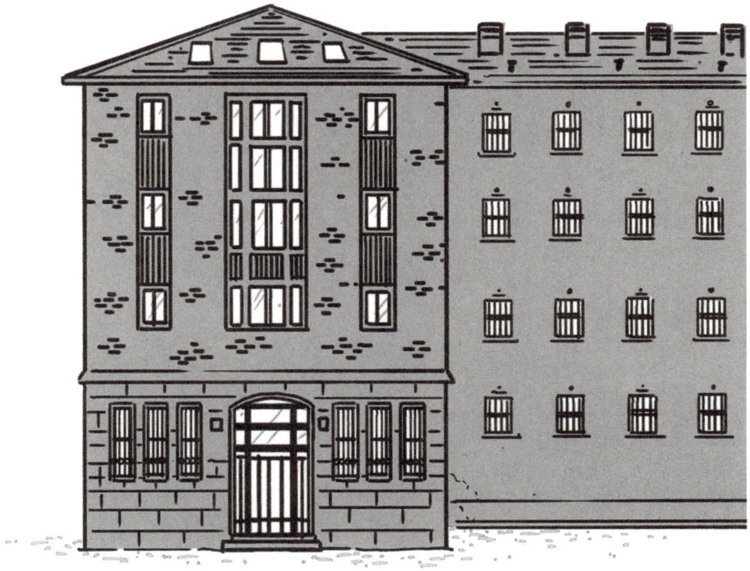

Erst drei Jahre nach der Wende fand sie endlich ein Gegenüber: das Ministerium für Staatssicherheit.

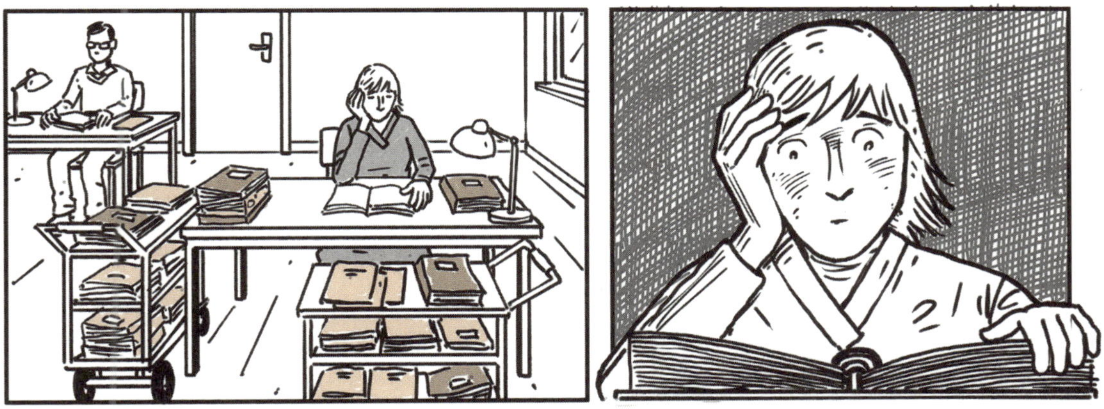

Dessen verhasste Akten waren ihre einzigen Verbündeten auf der Suche nach dem verschollenen Vater und seiner Geschichte.

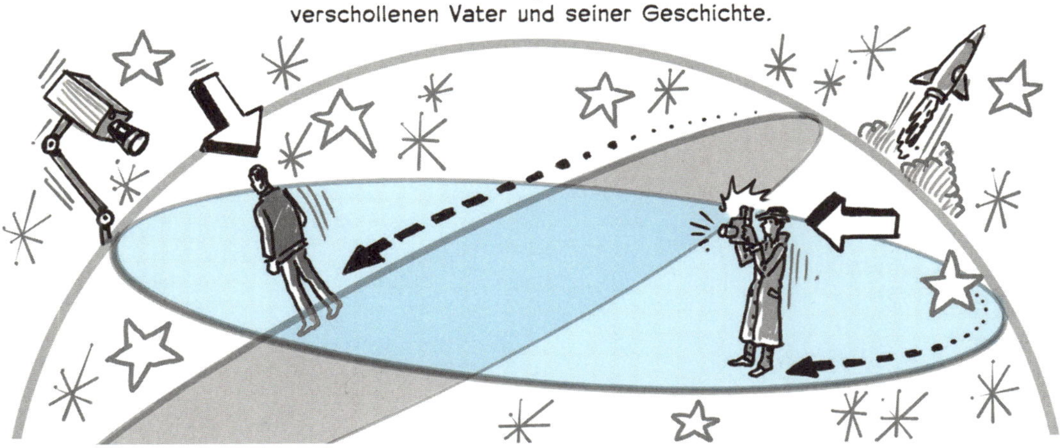

Im Universum des MfS hatten nicht nur die Spitzel Decknamen, sondern auch die Observierten. Die operativen Zwangspseudonyme widerspiegelten berufliche, gesellschaftliche oder charakterliche Bezüge. Jedenfalls, was die Genossen dafür hielten.

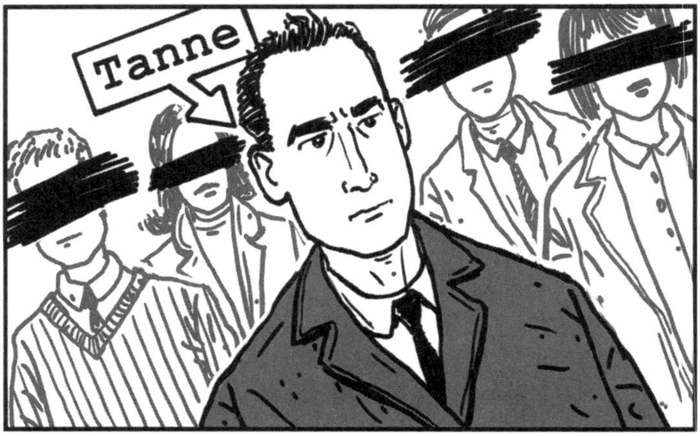

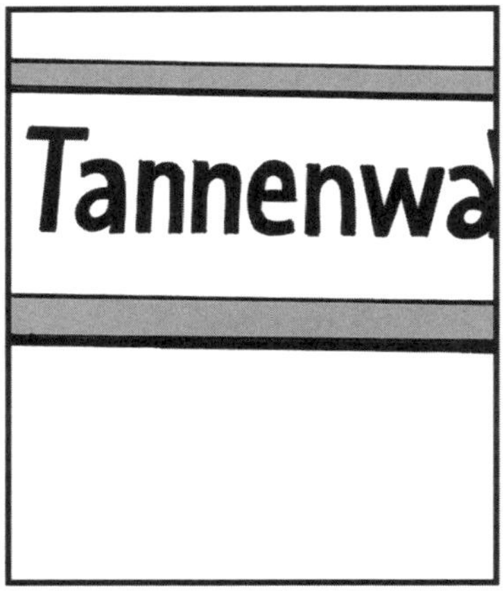

Mein Großvater hieß Tanne. Die zuständige Dienststelle hat sich vielleicht dafür entschieden, weil er so groß und stattlich wie eine Tanne war. Oder so dunkel.

Aber wohl eher, weil er in einer Straße namens Tannenwall wohnte.

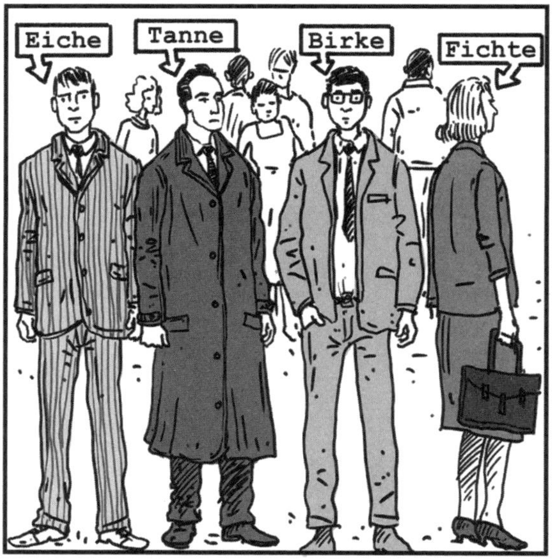

Auch die Menschen um ihn herum wurden nach Bäumen benannt, Freund und Feind. Tanne, Eiche, Birke, Fichte, Lärche.

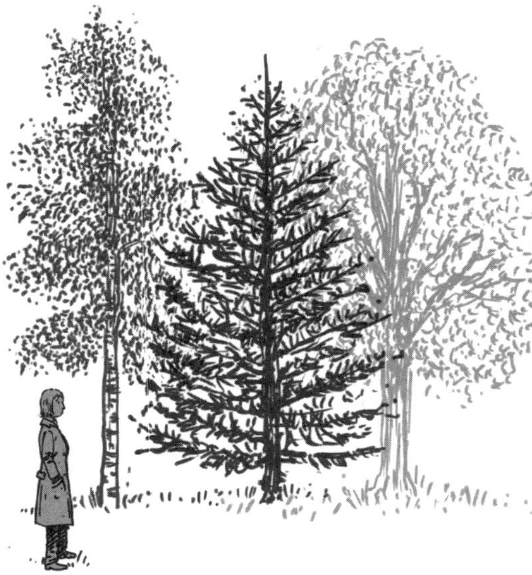

Das ist alles, was meiner Mutter von ihrem toten Vater geblieben ist: ein konspirativer Mischwald.

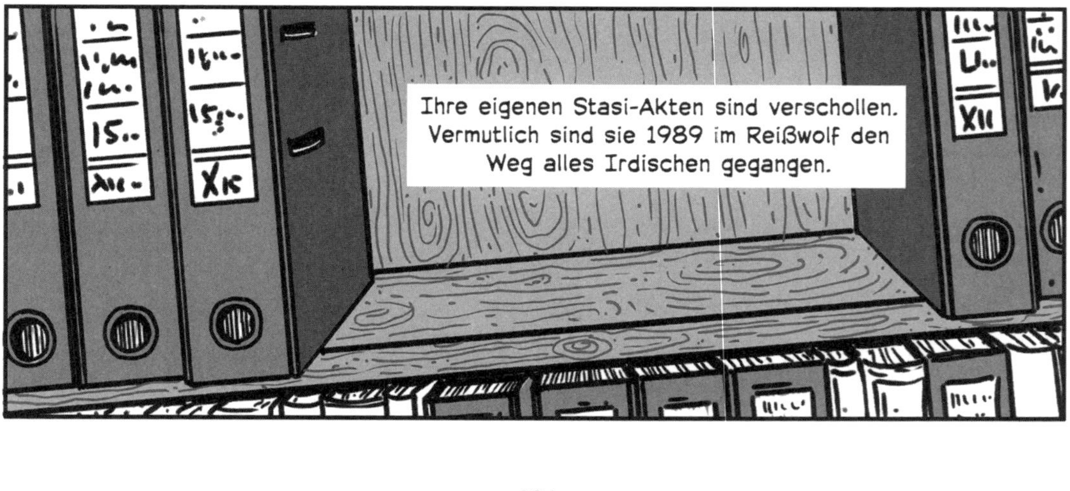

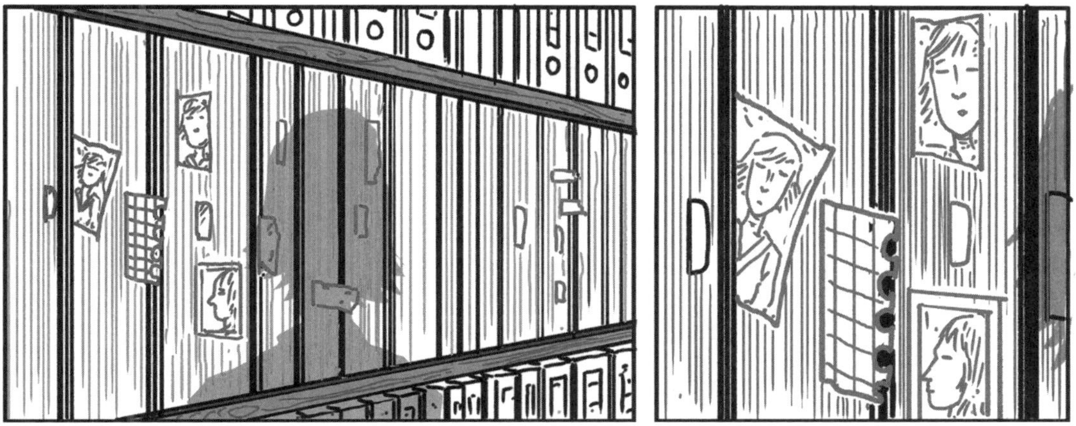

Ihre Geschichte ist nicht weg. Sie ist mitkonserviert in den kilometerlangen Vorgängen ihrer Freunde. Weil private Verbindungen zu Regimegegnern überaus interessant waren, ist sie in diesen Akten Dauergast.

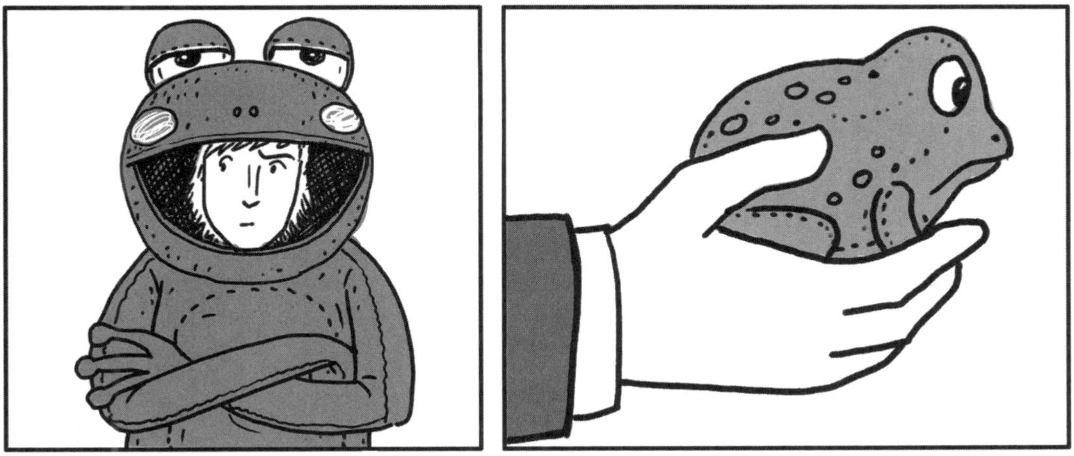

Vom MfS offenbar kein gern gesehener: Deckname „Kröte". Den musste man sich erst mal verdienen.

Seitdem das bekannt ist, bekommt meine Mutter Heerscharen von Amphibien aus Holz und Keramik.

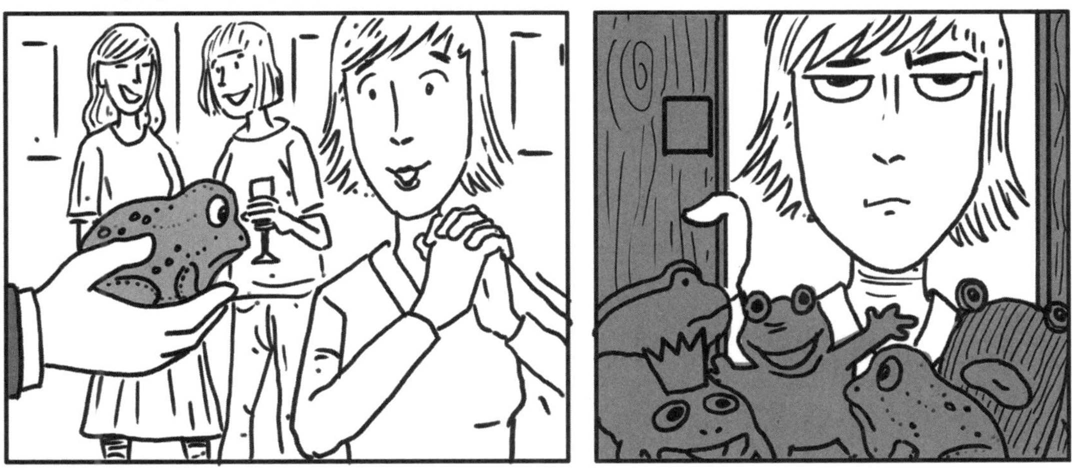

Der Strom reißt nicht ab. Bei jeder neuen Kröte tut sie überrascht, lächelt den Schenker freundlich an und verbannt das ungeliebte Tier dann unauffällig zu den anderen Lurchen.

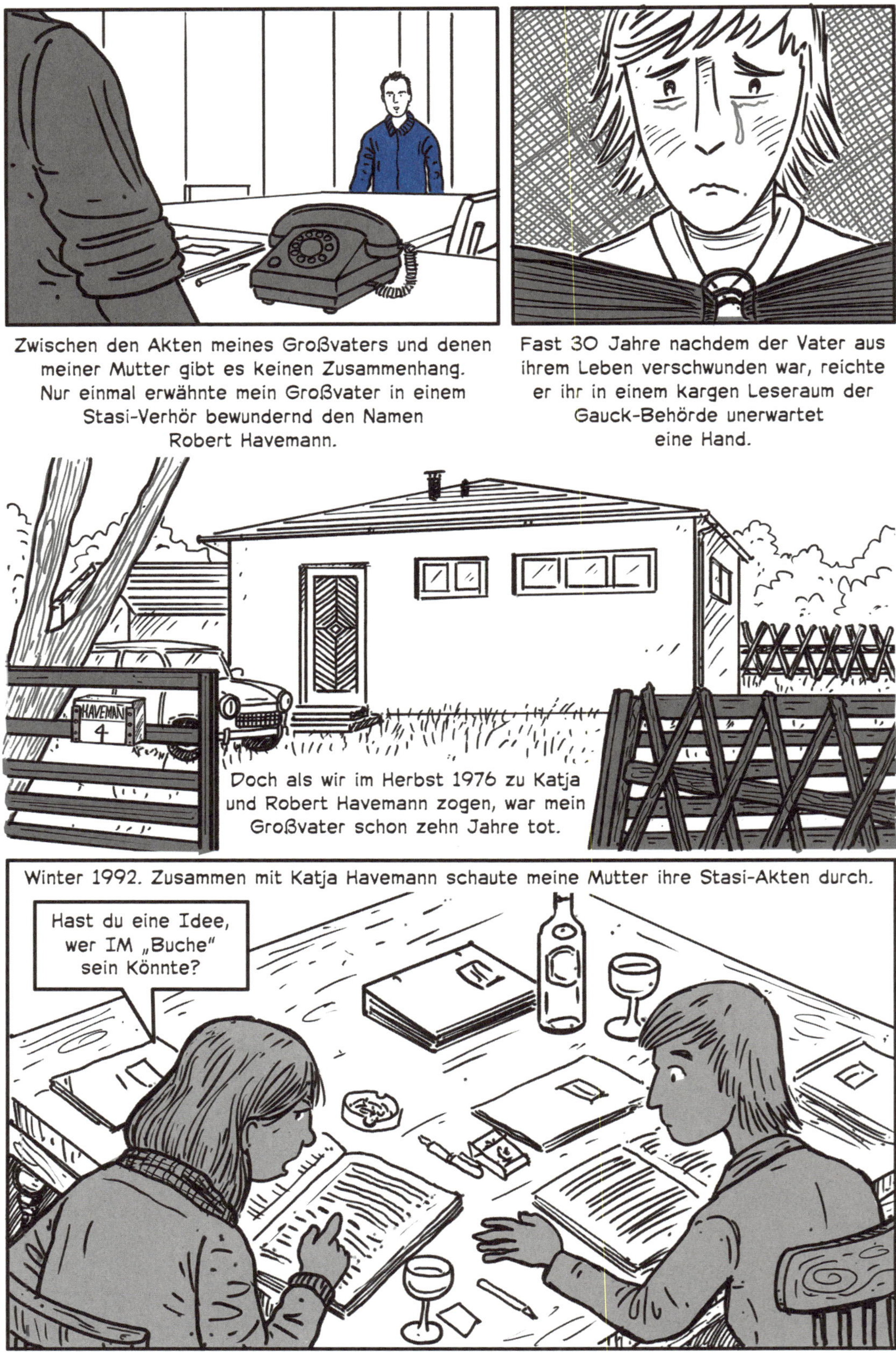
Zwischen den Akten meines Großvaters und denen meiner Mutter gibt es keinen Zusammenhang. Nur einmal erwähnte mein Großvater in einem Stasi-Verhör bewundernd den Namen Robert Havemann.
Fast 30 Jahre nachdem der Vater aus ihrem Leben verschwunden war, reichte er ihr in einem kargen Leseraum der Gauck-Behörde unerwartet eine Hand.
Doch als wir im Herbst 1976 zu Katja und Robert Havemann zogen, war mein Großvater schon zehn Jahre tot.
Winter 1992. Zusammen mit Katja Havemann schaute meine Mutter ihre Stasi-Akten durch.
Hast du eine Idee, wer IM „Buche" sein könnte?

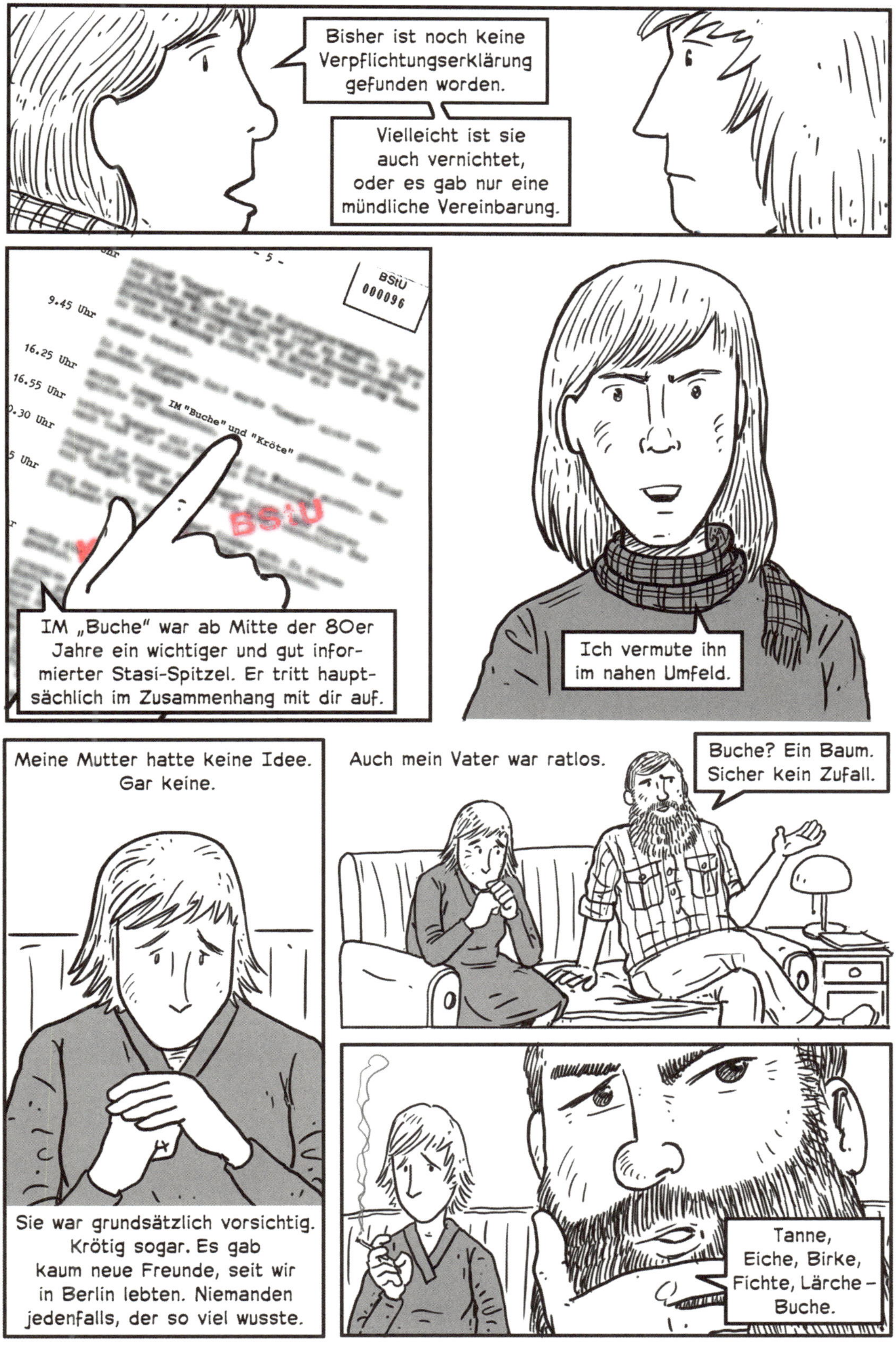

Bisher ist noch keine Verpflichtungserklärung gefunden worden.
Vielleicht ist sie auch vernichtet, oder es gab nur eine mündliche Vereinbarung.
- 5 -
BStU 000096
9.45 Uhr
16.25 Uhr
16.55 Uhr
IM "Buche" und "Kröte"
BStU
IM „Buche" war ab Mitte der 80er Jahre ein wichtiger und gut informierter Stasi-Spitzel. Er tritt hauptsächlich im Zusammenhang mit dir auf.
Ich vermute ihn im nahen Umfeld.
Meine Mutter hatte keine Idee. Gar keine.
Sie war grundsätzlich vorsichtig. Krötig sogar. Es gab kaum neue Freunde, seit wir in Berlin lebten. Niemanden jedenfalls, der so viel wusste.
Auch mein Vater war ratlos.
Buche? Ein Baum. Sicher kein Zufall.
Tanne, Eiche, Birke, Fichte, Lärche – Buche.

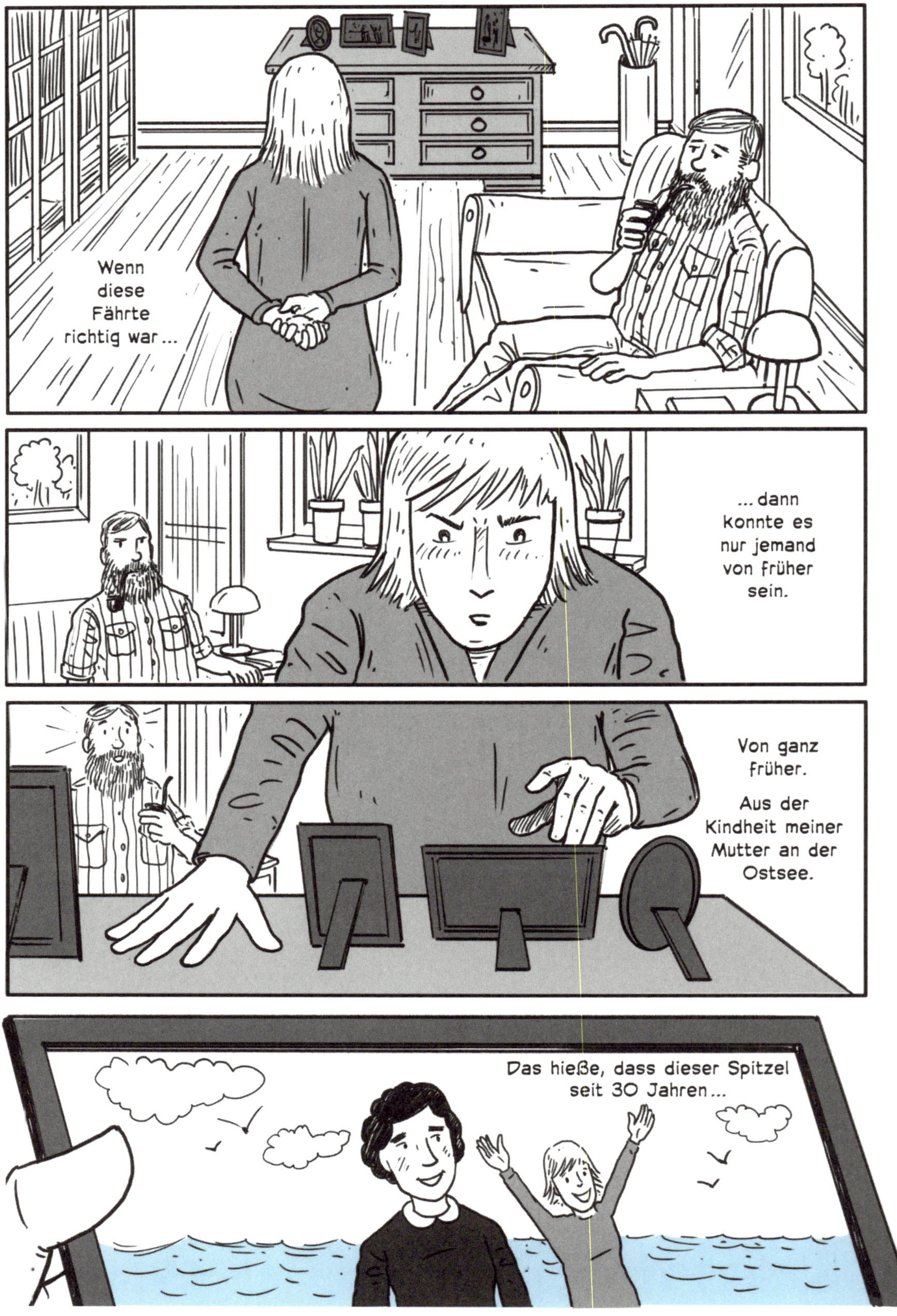

Wenn diese Fährte richtig war …
… dann konnte es nur jemand von früher sein.
Von ganz früher.
Aus der Kindheit meiner Mutter an der Ostsee.
Das hieße, dass dieser Spitzel seit 30 Jahren …

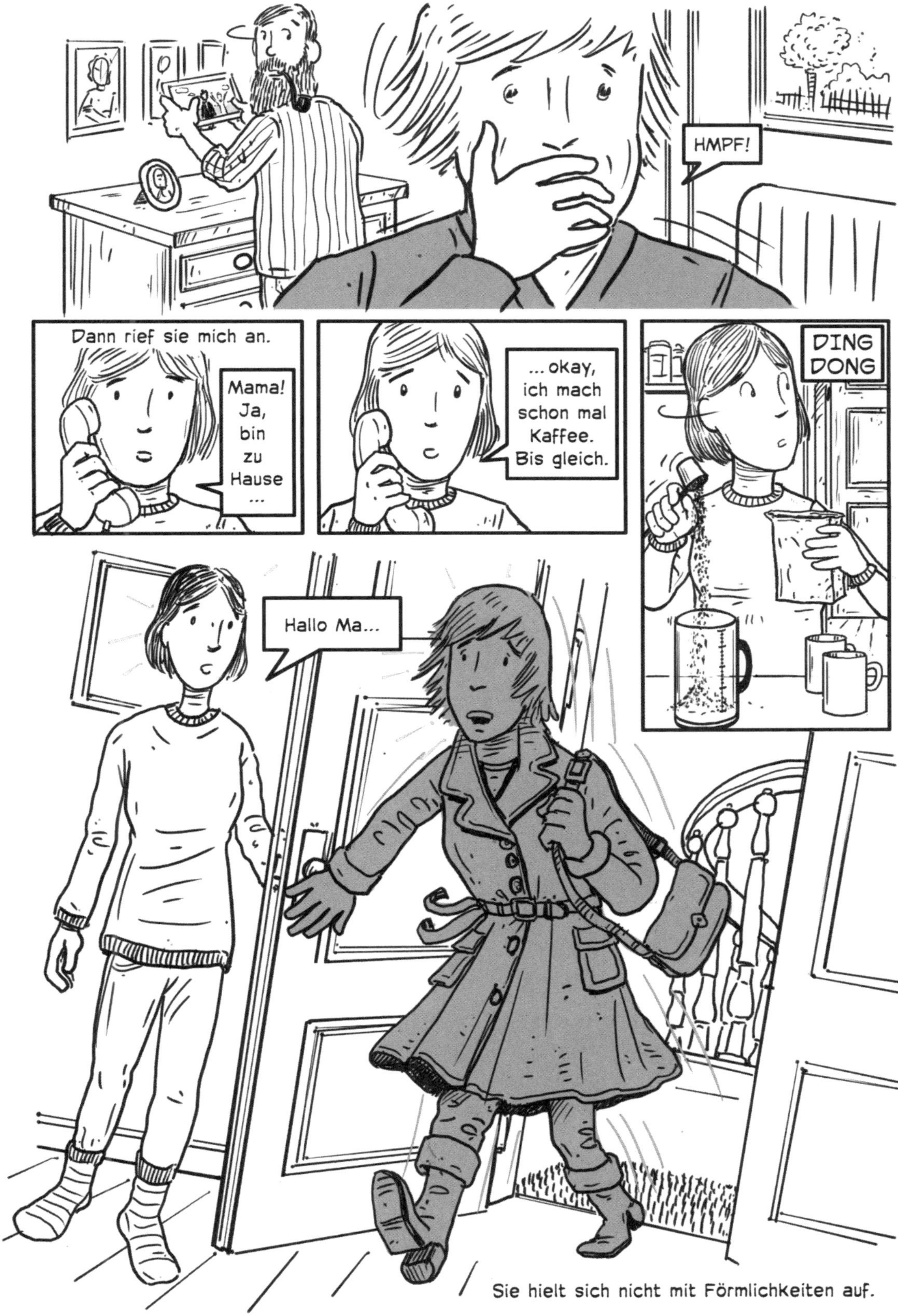
HMPF!
Dann rief sie mich an.
Mama! Ja, bin zu Hause ...
...okay, ich mach schon mal Kaffee. Bis gleich.
DING DONG
Hallo Ma...
Sie hielt sich nicht mit Förmlichkeiten auf.

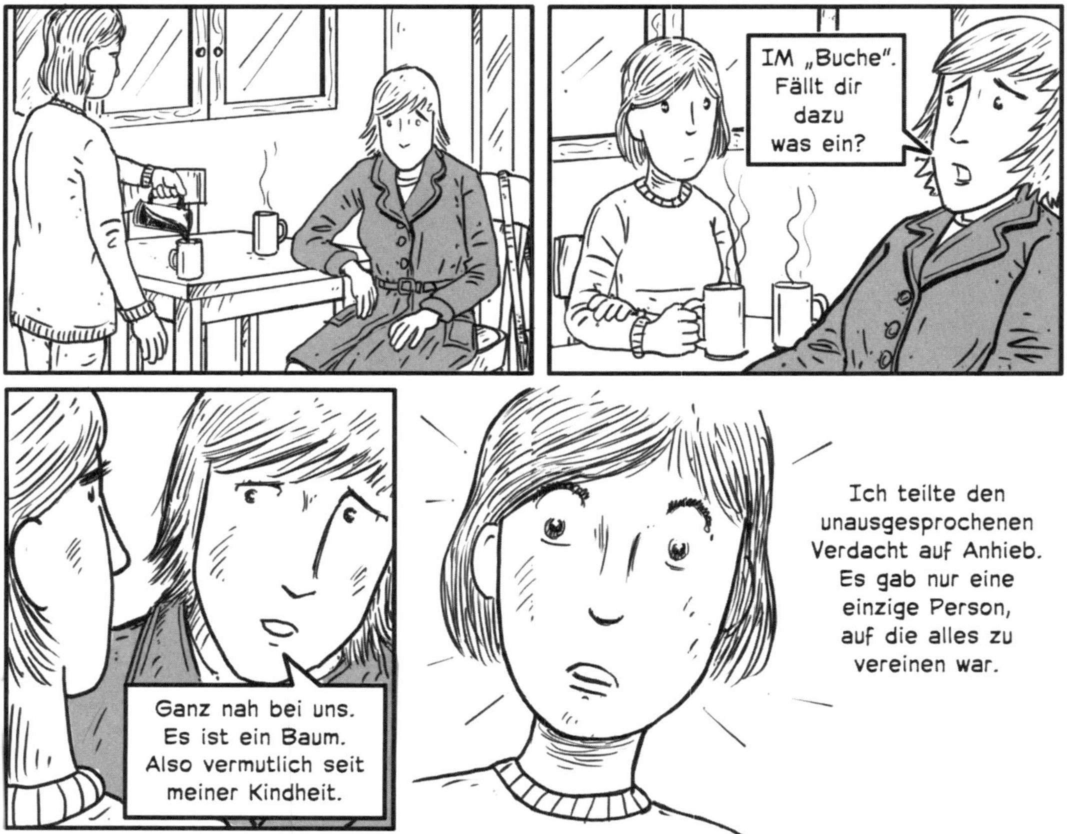

In mir sträubte es sich. Ich schämte mich für diesen Gedanken. Wenn IM „Buche“ wirklich schon zum Stasi-Wald meines Großvaters gehörte, dann kam niemand in Frage außer meiner Großmutter. Tanne, Fichte, Buche – die Verwandtschaft der Decknamen ließ kaum eine andere Interpretation zu.

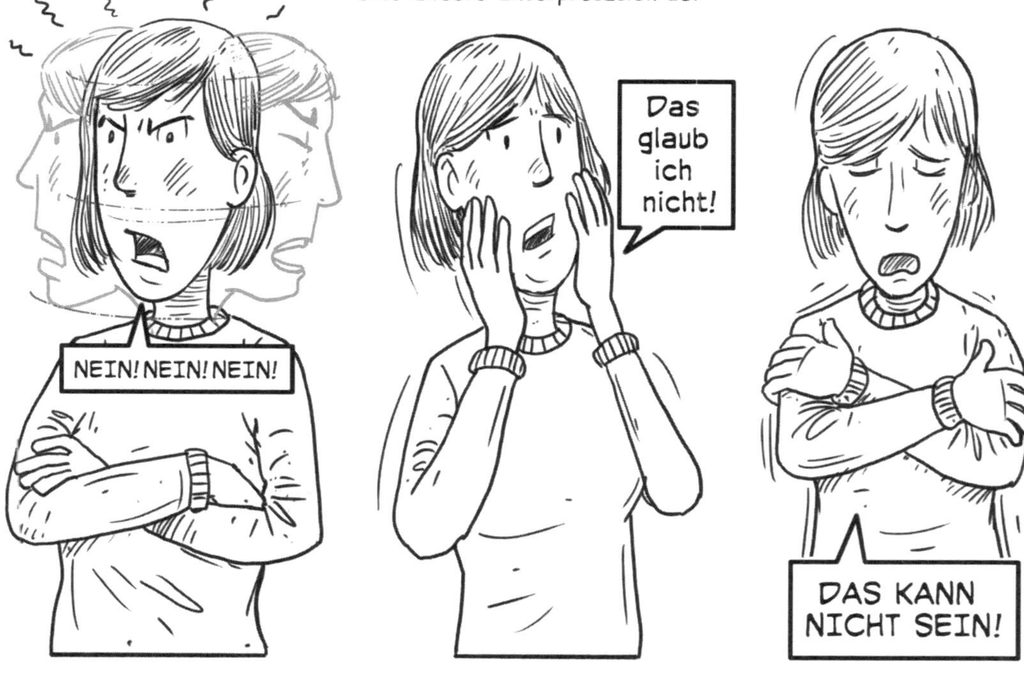

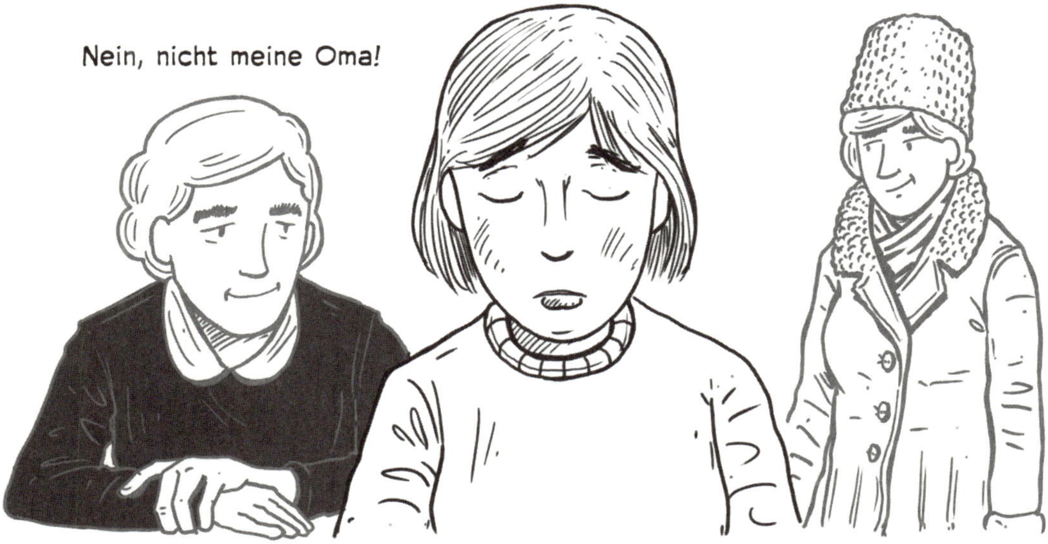

Natürlich wäre meine Großmutter theoretisch erpressbar gewesen. Sie hatte damals das Kind, arbeitete als Zivile in einer Kaserne, und es gab niemanden, der ihr half und dem sie wirklich vertrauen konnte. Und hatte sie nicht immer gewarnt, meine Mutter bringe sich nur in Gefahr mit diesem Lebensstil?

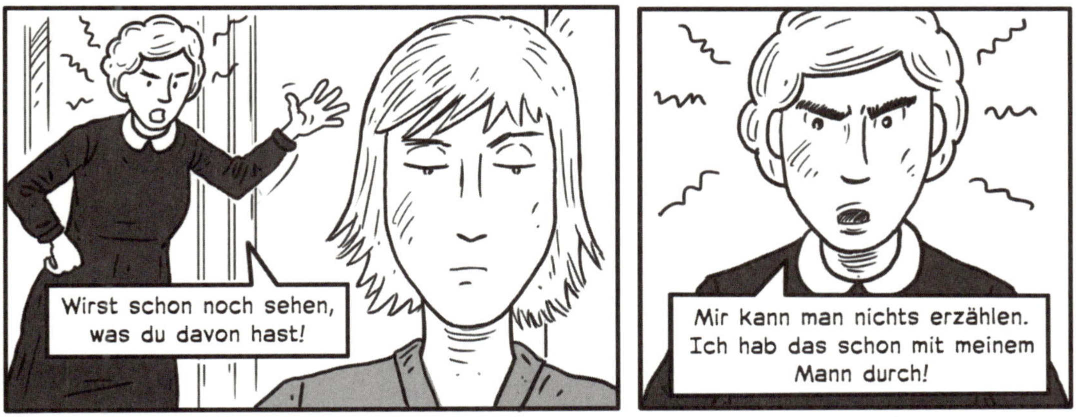

Trotzdem. Sie hätte nicht mit der Stasi geklüngelt. Sie hasste dieses System. Sie hätte es uns sofort erzählt. Meine Großmutter wusste gut, wie man die Stasi ihrer Macht berauben konnte:

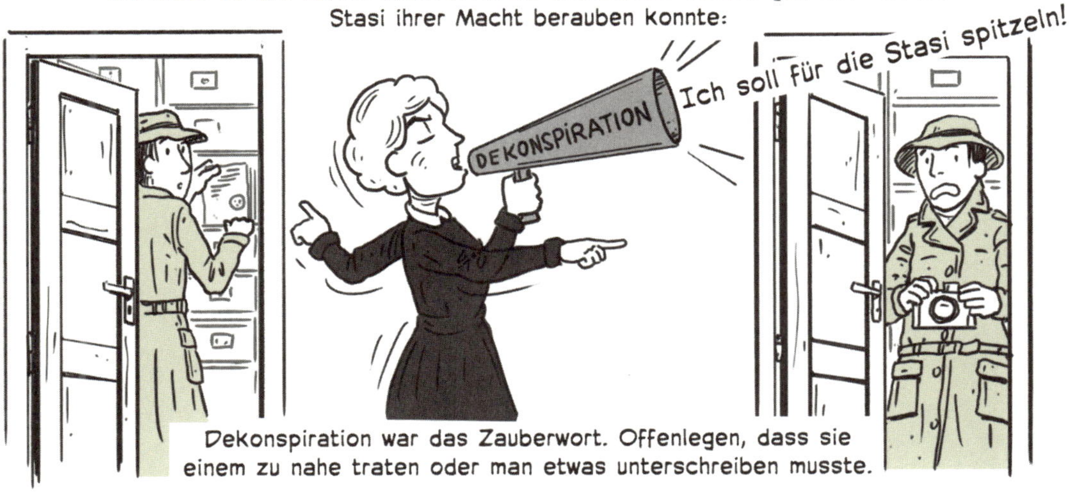

Denn das war die eigentliche Stärke der Staatssicherheit: zu schaffen, dass Millionen Menschen sich ängstlich, ruhig und misstrauisch verhielten. Sie sorgte dafür, dass man beim Erzählen eines politischen Witzes automatisch die Stimme senkte. Der vorauseilende Gehorsam griff in jede Faser der Gesellschaft und schüchterte ein ganzes Volk ein.

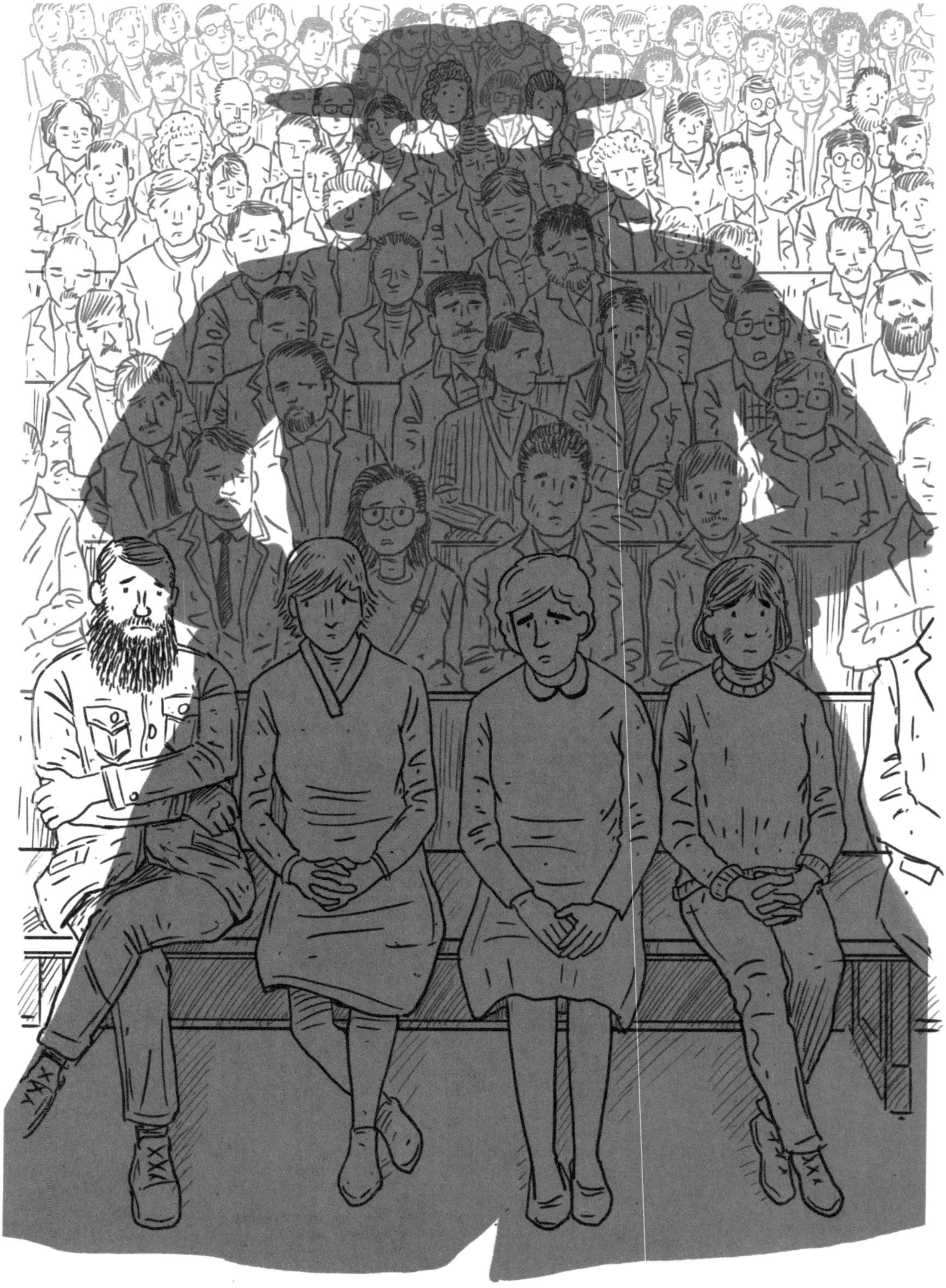

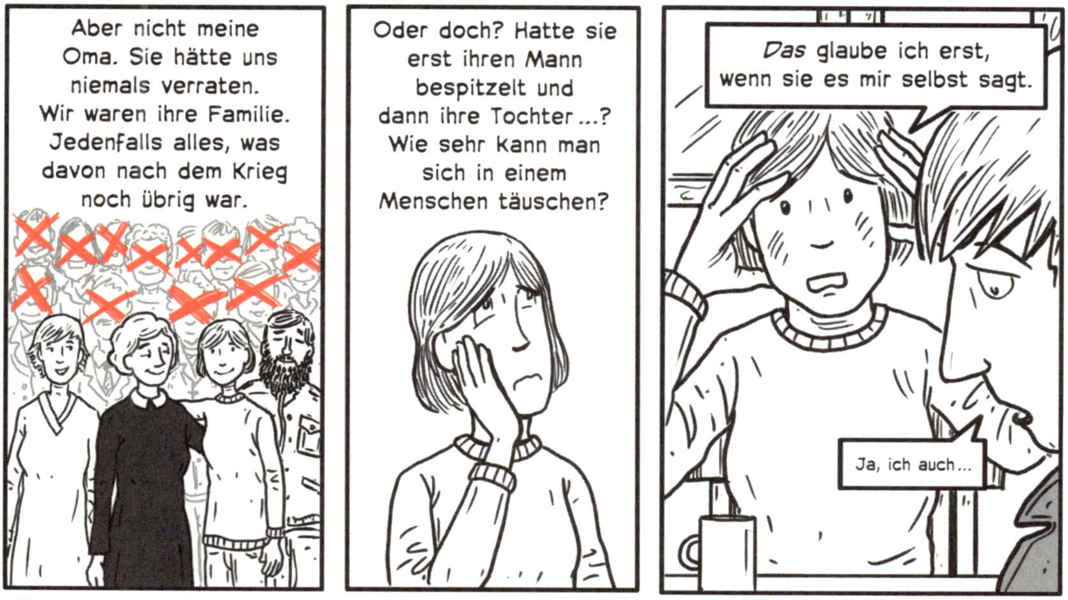

Ich setzte mich zu meiner Mutter und nahm sie in den Arm. Wir sprachen minutenlang nicht. Beide alleine in der Schande unserer Vermutung, allein im Schmerz des Verdachts.

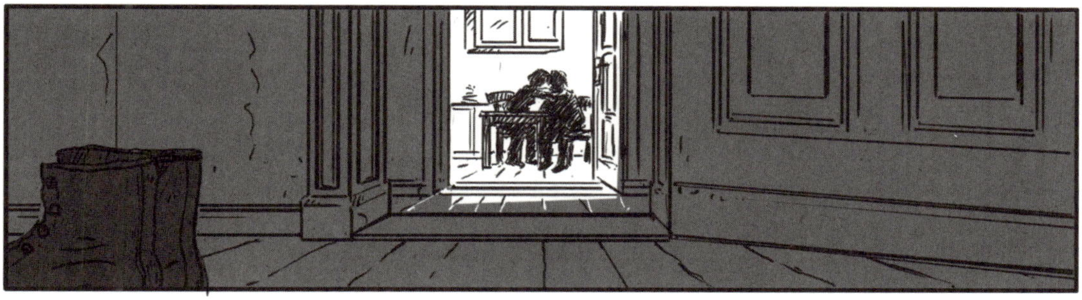

Für den Abend verabredete sich meine Mutter mit einer ihrer engsten Vertrauten. Der einzigen, die nicht in den Kreis ihrer anderen Freunde gehörte. Eine Psychologin, für die meine Mutter ihre Hand ins Feuer gelegt hätte. Vielleicht hatte sie eine Idee. Unbeteiligte sind manchmal die besten Ratgeber.

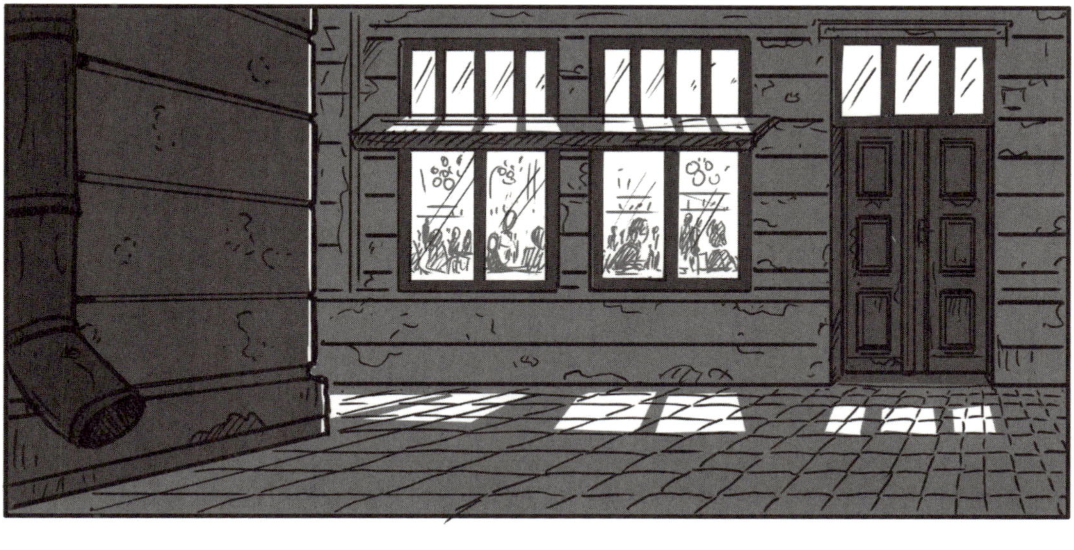

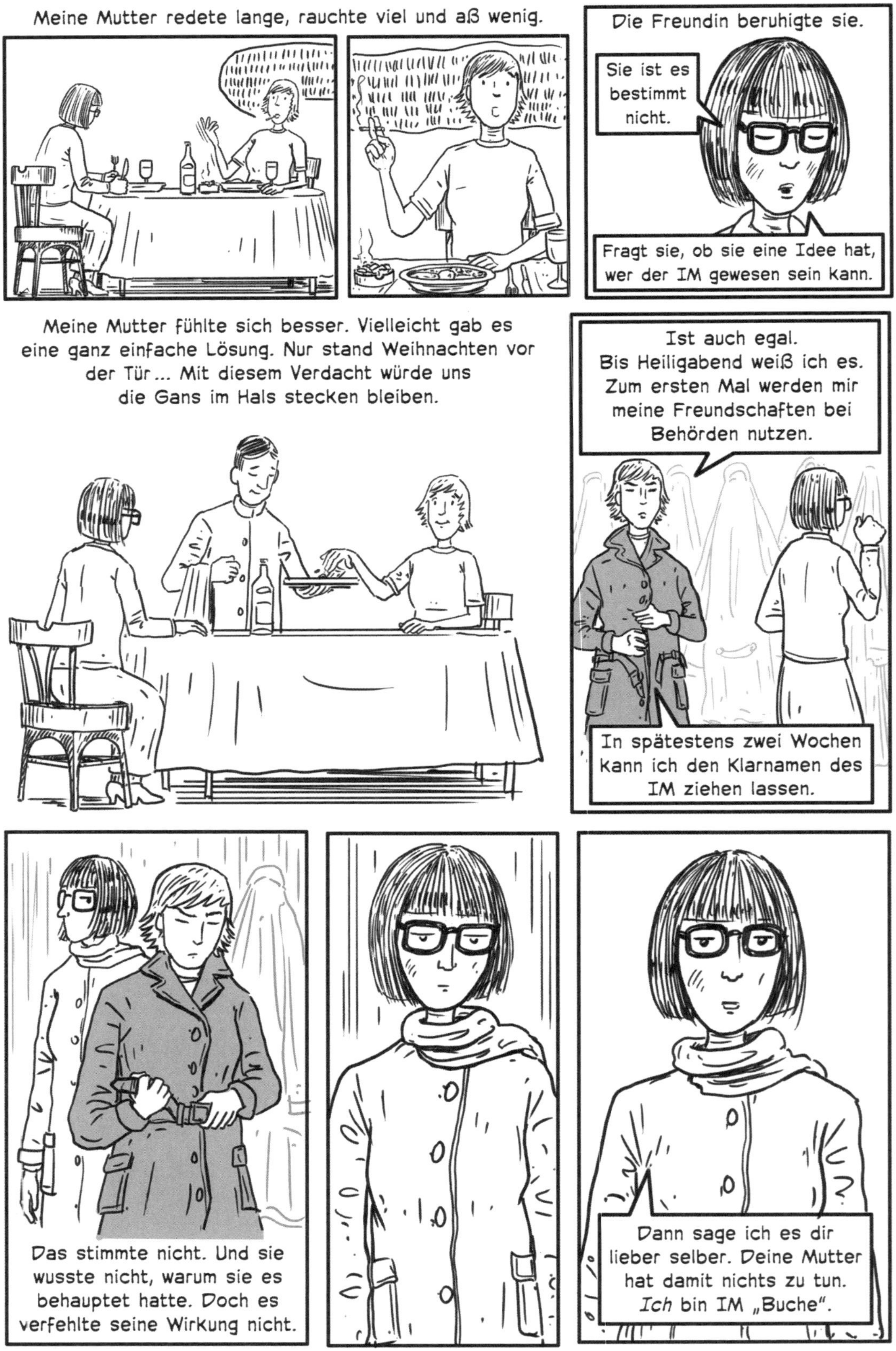

Meine Mutter redete lange, rauchte viel und aß wenig.
Die Freundin beruhigte sie.
Sie ist es bestimmt nicht.
Fragt sie, ob sie eine Idee hat, wer der IM gewesen sein kann.
Meine Mutter fühlte sich besser. Vielleicht gab es eine ganz einfache Lösung. Nur stand Weihnachten vor der Tür ... Mit diesem Verdacht würde uns die Gans im Hals stecken bleiben.
Ist auch egal. Bis Heiligabend weiß ich es. Zum ersten Mal werden mir meine Freundschaften bei Behörden nutzen.
In spätestens zwei Wochen kann ich den Klarnamen des IM ziehen lassen.
Das stimmte nicht. Und sie wusste nicht, warum sie es behauptet hatte. Doch es verfehlte seine Wirkung nicht.
Dann sage ich es dir lieber selber. Deine Mutter hat damit nichts zu tun. *Ich* bin IM „Buche".

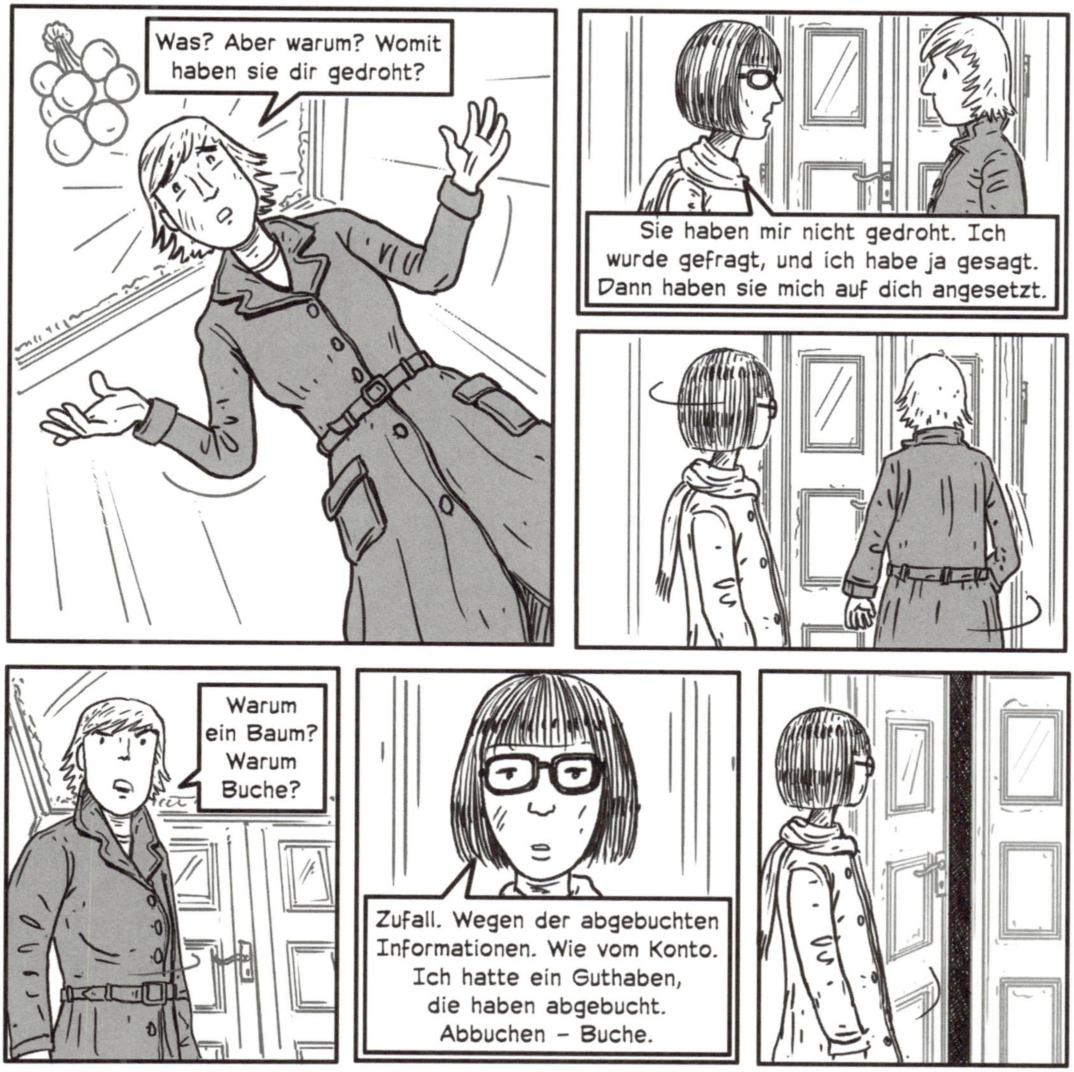

Meine Mutter wusste nicht, was stärker in ihrem Schädel dröhnte: der Schmerz über den Verrat oder die Erleichterung über den ausgeräumten Verdacht gegen meine Oma.

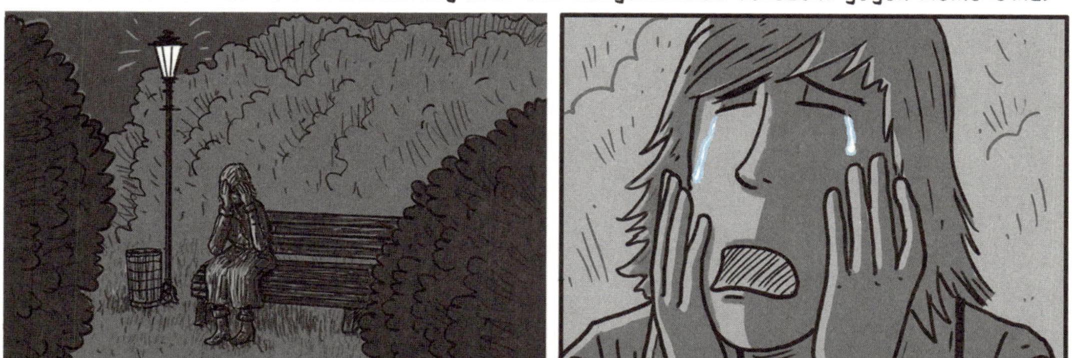

Jeden Versuch dieser Frau, noch einmal mit ihr zu sprechen, blockte meine Mutter ab. Es ging nicht um die gelogene Freundschaft oder das Bespitzeln. Es ging darum, dass sie bewusst ein System unterstützt hatte, das jeden Verrat möglich machte.

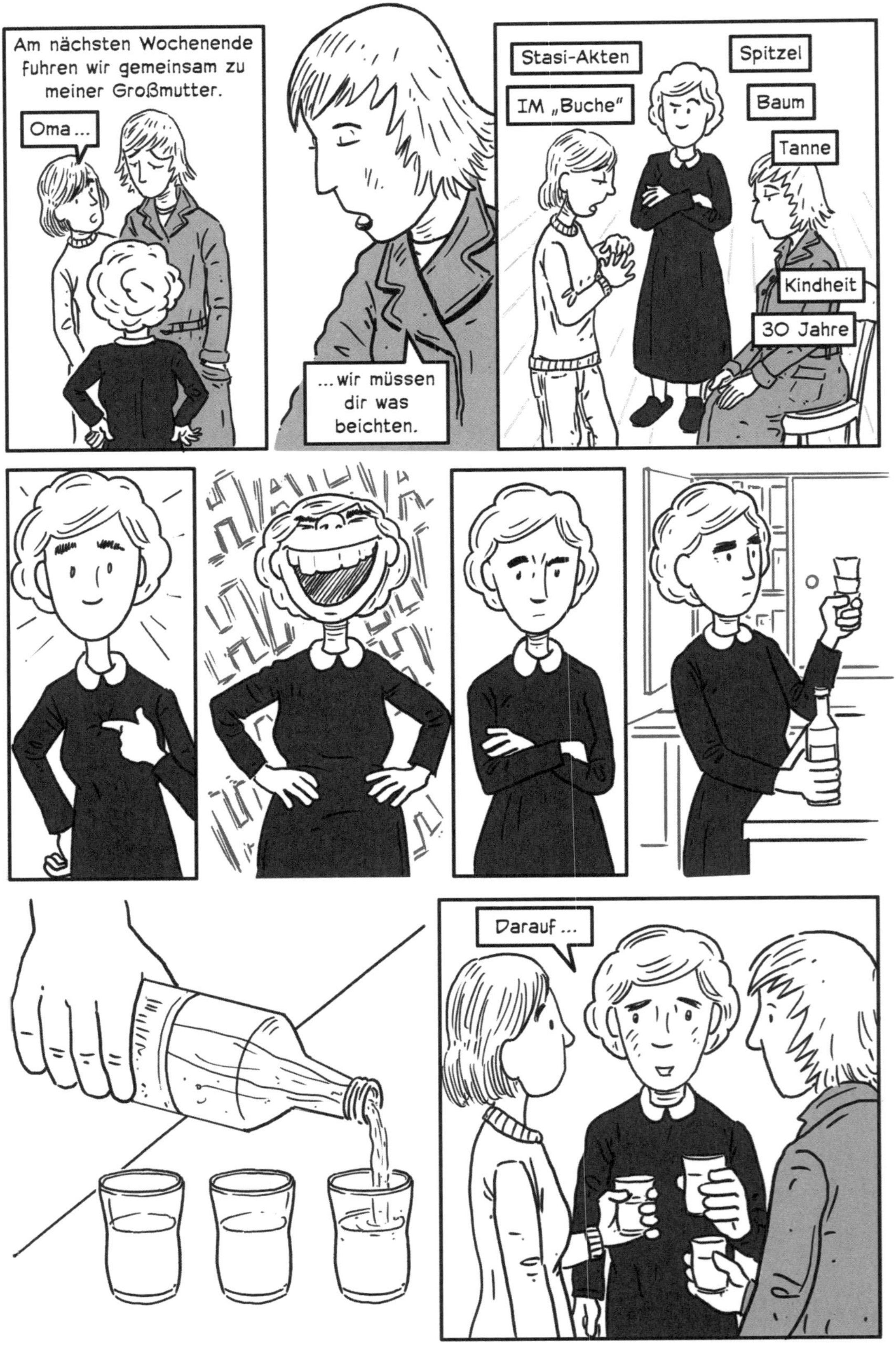
Am nächsten Wochenende fuhren wir gemeinsam zu meiner Großmutter.
Oma ...
...wir müssen dir was beichten.
Stasi-Akten
IM „Buche“
Spitzel
Baum
Tanne
Kindheit
30 Jahre
Darauf ...

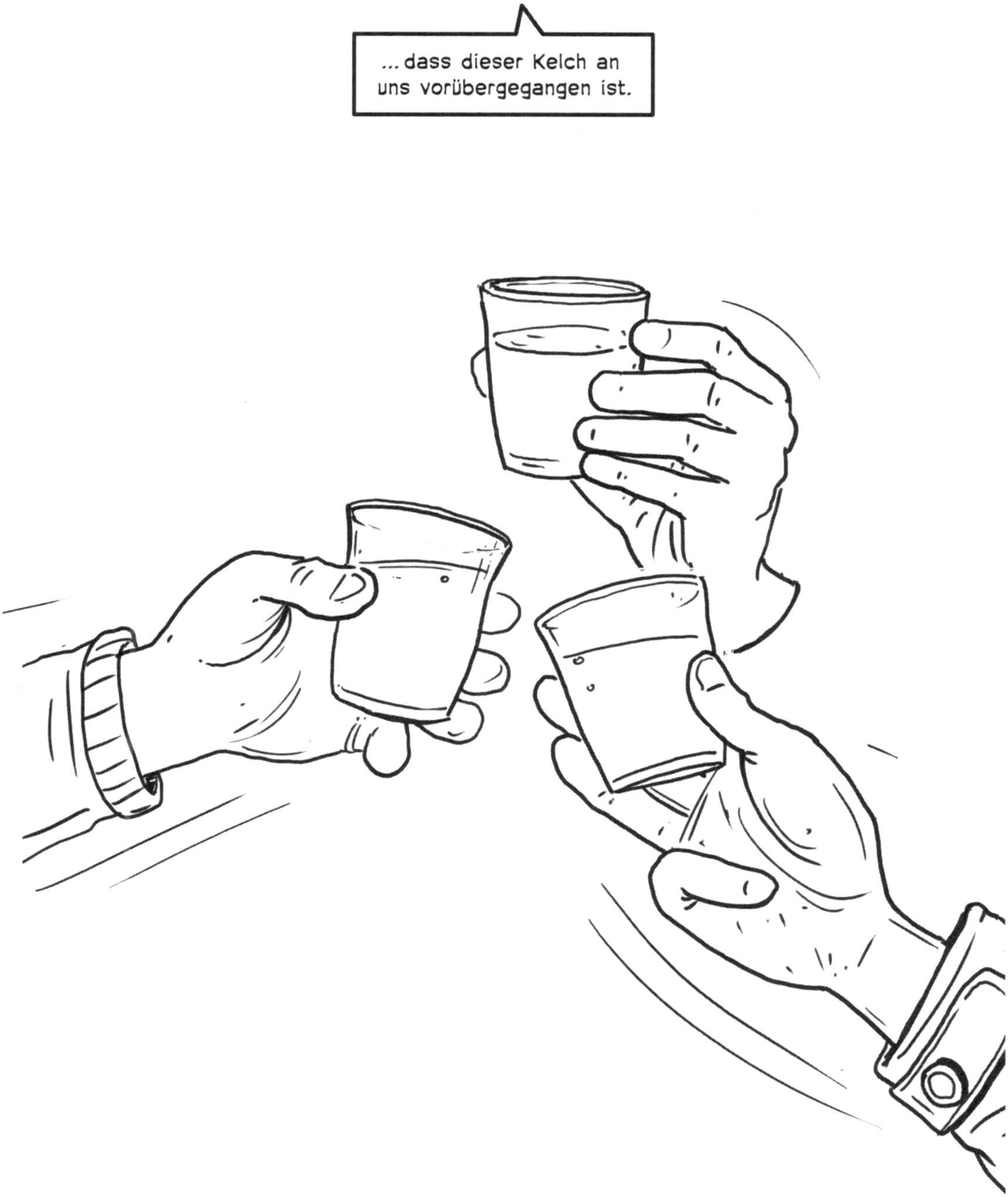
...dass dieser Kelch an
uns vorübergegangen ist.

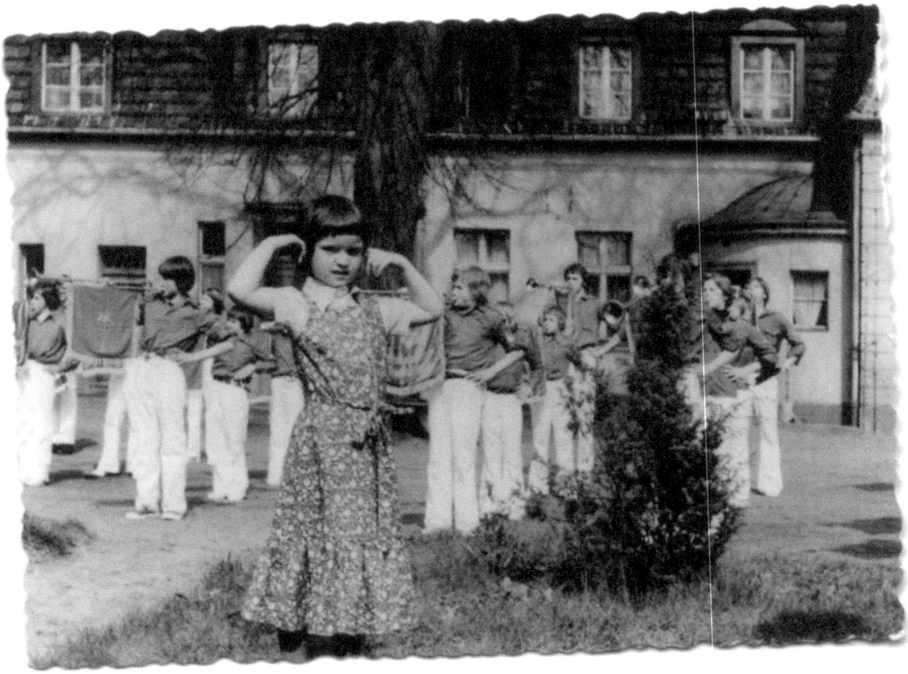

Claudia Rusch

geboren 1971 in Stralsund, wuchs auf der Insel Rügen auf, bis ihre Mutter, die zum engen Freundeskreis des Dissidenten Robert Havemann gehörte, mit ihr nach Grünheide (Mark Brandenburg) und 1982 schließlich nach Berlin zog. Nach dem Abitur 1990 studierte sie Germanistik und Romanistik in Berlin und Bologna. 2003 erschien im S. Fischer Verlag ihr Debüt „Meine freie deutsche Jugend“, das sofort zum Bestseller wurde. 2009 folgte „Aufbau Ost. Unterwegs zwischen Zinnowitz und Zwickau“. Nach „Mein Rügen“ erschienen zuletzt die Kriminalromane „Zapotek und die strafende Hand“ und „Zapotek und die schlafenden Hunde“ im mareverlag. Sie lebt als freie Schriftstellerin in Berlin.

Danke!

Besonderer Dank
an Claudia Rusch für ihr Vertrauen und die Zeit, die sie sich für unsere vielen Fragen genommen hat. Sie hat das Buch überhaupt erst möglich gemacht.

Unserem Förderer:
Bundesstiftung zur Aufarbeitung der SED-Diktatur

Unserem Verlag:
Dr. Christoph Links
Jana Fröbel
und allen anderen

Unserem Grafiker:
Andreas Rupprecht

Unserem Kind, unseren Familien, Freunden und Unterstützern

Die Autoren

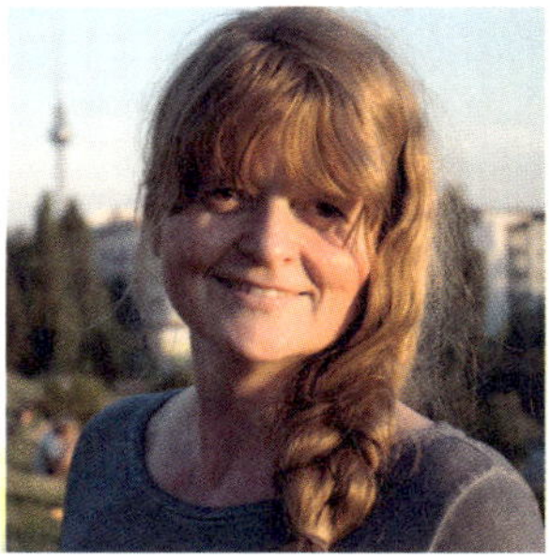 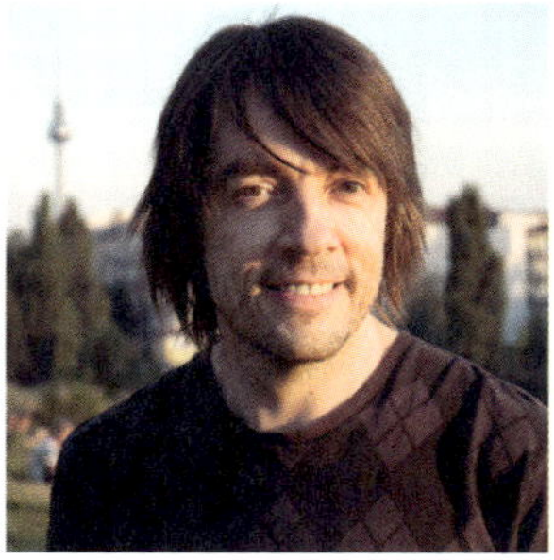

Susanne Buddenberg und **Thomas Henseler** studierten Design an der Fachhochschule Aachen sowie Film an der Hochschule für Film und Fernsehen (heute Filmuniversität) „Konrad Wolf“ in Potsdam-Babelsberg. Nach dem Studium gründeten sie die Zoom und Tinte Buddenberg und Henseler GbR und spezialisierten sich auf sequenzielle Illustration. Beide unterrichten und geben Workshops in der politischen und kulturellen Bildung. Zum Schwerpunkt DDR-Geschichte haben sie bereits vier Comics veröffentlicht:

Grenzfall
avant-verlag, Berlin 2011

Berlin – Geteilte Stadt
avant-verlag, Berlin 2012 (deutsch und englisch)

Tunnel 57 – Eine Fluchtgeschichte als Comic
Ch. Links Verlag, Berlin 2013 (deutsch und englisch)

DDR-Geschichte zum Einkleben – Die Teilung Berlins in 8 Stationen
Berlin Story Verlag, Berlin 2015

DDR-Geschichte im Comic

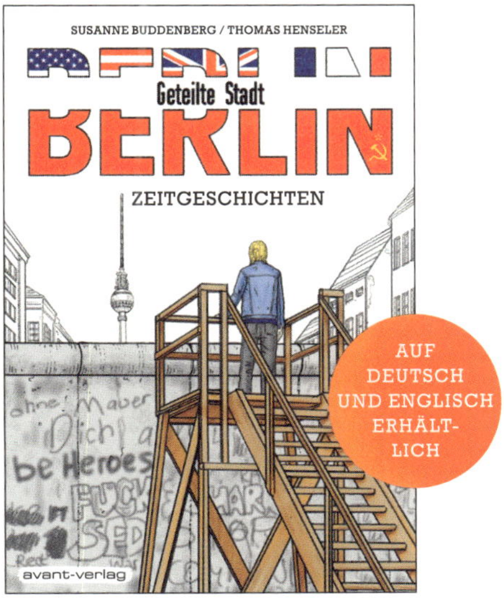

„Ein Comic klärt auf."
taz

„Bemerkenswertes Doku-Buch."
WELT am SONNTAG

„Dieser Comic ist gezeichnete Hauptstadt-Geschichte!"
BILD

„Hier wird – höchst beeindruckend, spannend, detailgenau – Geschichte mit Sachkenntnis und mit wahrhaftig anmutendem Gefühl vermittelt."
Deutschlandfunk

„Hier lernen unsere Kinder, die schmerzliche Teilung Berlins zu verstehen."
Berliner Kurier

www.avant-verlag.de
ISBN: 978-3-939080-70-1
Paperback, 100 Seiten
14,95 Euro

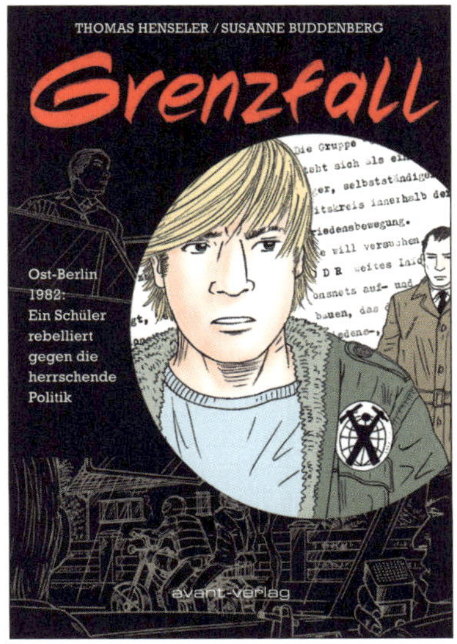

„Packend geschildert und professionell gezeichnet."
Der Tagesspiegel

„Unterhaltsam und lehrreich."
DDR-Museum

„Lehrern, die Comics bekanntlich oft kritisch gegenüberstehen, sei dringend angeraten, sich das Buch einmal anzusehen."
Berliner Zeitung

„Auch für Erwachsene machen die Zeichnungen und Dialoge den Alltag einer Meinungsdiktatur plastisch – und was es hieß, dagegen aufzubegehren."
Deutschlandradio

www.avant-verlag.de
ISBN: 978-3-939080-48-0
Paperback, 104 Seiten
14,95 Euro

Gefördert mit Mitteln der Bundesstiftung zur Aufarbeitung der SED-Diktatur

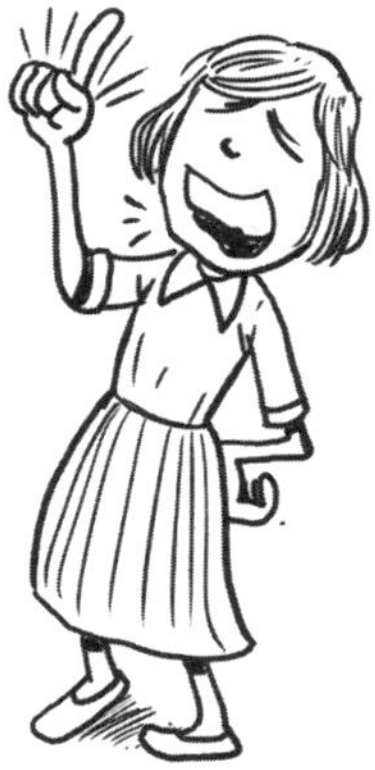

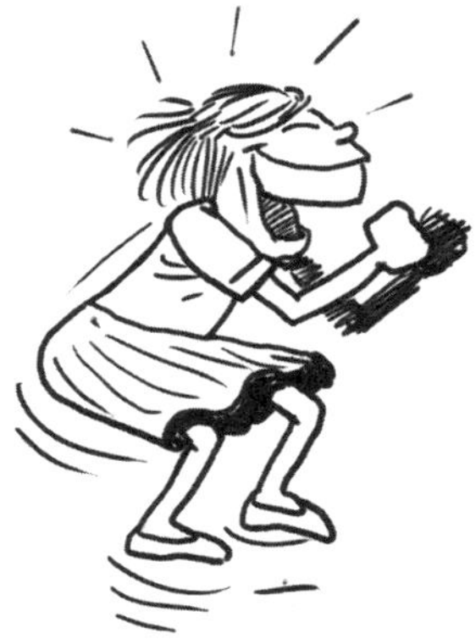

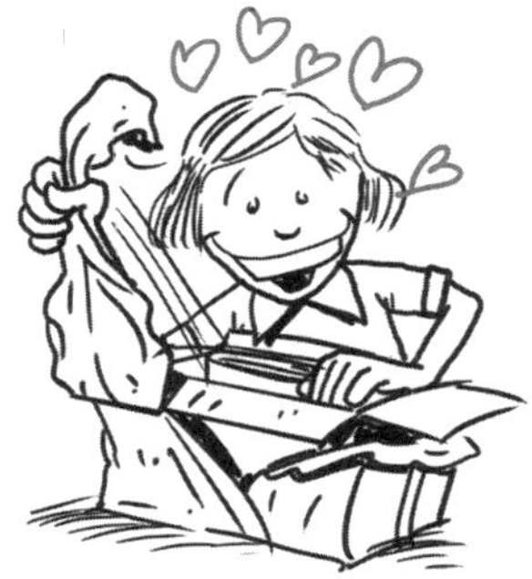

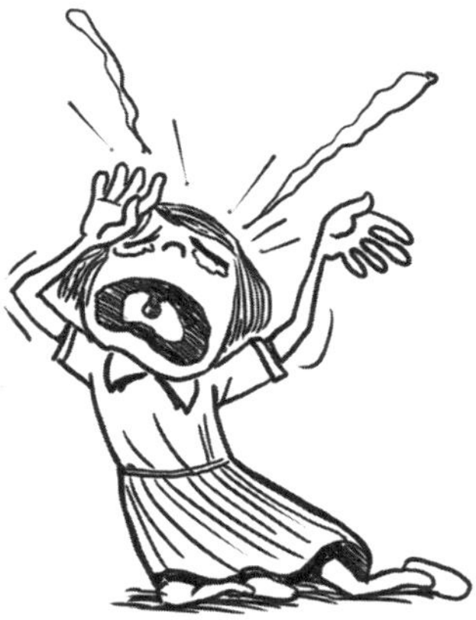

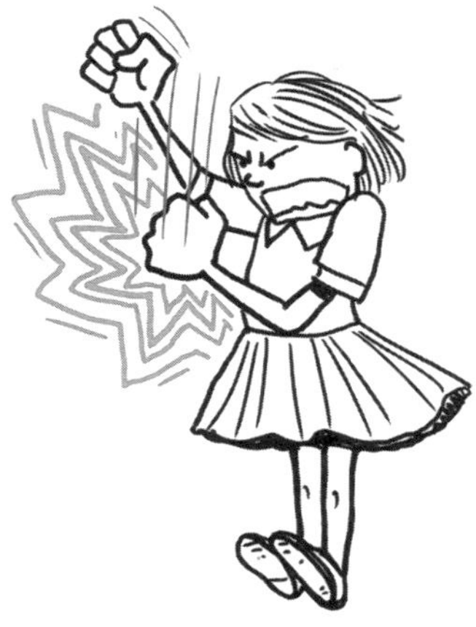

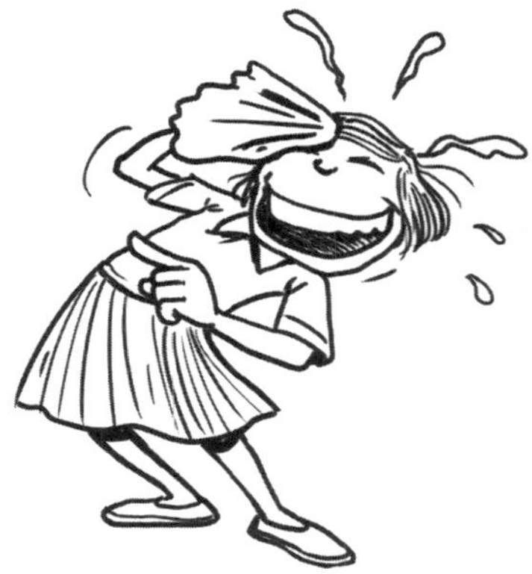

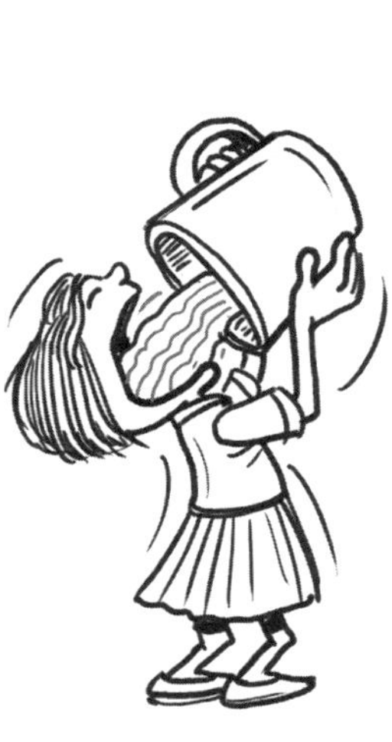

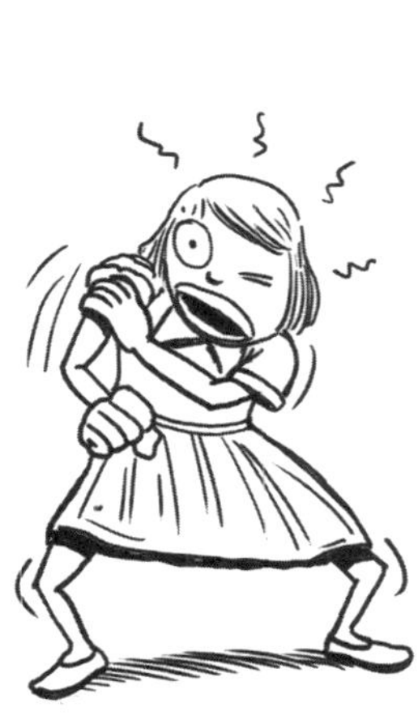